内容之王

出版业的颠覆与重生

[英] 迈克尔·巴斯卡尔（Michael Bhaskar）著　赵丹 梁嘉馨 译

TOWARDS A THEORY OF
PUBLISHING FROM THE
PRINTING PRESS TO THE DIGITAL NETWORK

机械工业出版社
China Machine Press

图书在版编目（CIP）数据

内容之王：出版业的颠覆与重生 /（英）迈克尔·巴斯卡尔（Michael Bhaskar）著；赵丹，梁嘉馨译．—北京：机械工业出版社，2017.7

书名原文：The Content Machine：Towards a Theory of Publishing from the Printing Press to the Digital Network

ISBN 978-7-111-57340-1

I. 内… II. ①迈… ②赵… ③梁… III. 出版业 - 研究 - 世界 IV. G239.1

中国版本图书馆 CIP 数据核字（2017）第 157439 号

本书版权登记号：图字：01-2017-2492

内容之王：出版业的颠覆与重生

出版发行：机械工业出版社（北京市西城区百万庄大街 22 号 邮政编码：100037）
责任编辑：孟宪勐
责任校对：李秋荣
印　　刷：北京天宇万达印刷有限公司
版　　次：2017 年 8 月第 1 版第 1 次印刷
开　　本：147mm×210mm 1/32
印　　张：8.5
书　　号：ISBN 978-7-111-57340-1
定　　价：55.00 元

凡购本书，如有缺页、倒页、脱页，由本社发行部调换
客服热线：（010）68995261 88361066　　投稿热线：（010）88379007
购书热线：（010）68326294 88379649 68995259　　读者信箱：hzjg@hzbook.com

数字时代 Anthem 学术组织

数字时代 Anthem 学术组织调查了科学技术及社会计算机化的全球影响。通过追踪近年来发生在沟通、学习和研究层面的变化，这一系列的突破性调查研究足以证明数字革命在跨学科、跨文化和跨语言层面产生了深远影响。

Anthem 出版研究系列

Anthem 出版研究系列出版了很多主题新颖、品质优良的出版方面的指南丛书以及一些深入浅出的出版贸易丛书，这些丛书对出版以及图书贸易等专题进行了详尽探讨，内容涉及该行业的各类从业人员，包括作者、编辑、出版商、图书销售商以及图书管理员。正是这些人员的通力合作，才使得各国文明和文化通过图书、期刊以及数字媒体等途径在全世界范围内传播，得以弘扬并受到保护。出版业正发生着前所未有的变化，而这一系列丛书旨在记录并向前推动出版业在这一特殊时期的发展。

这些作品具有不同程度上的相关性、专业性以及可读性，进而可以满足普通大众、专业人员、学生以及学者等不同人群的阅读需求。此外，这些著作的出现使所有图书出版过程的参与者可以像生产者和消费者那样进行信息交换。该系列丛书极具创新性，所有那些关注图书、出版以及媒体发展的人们都会从中受益匪浅。

由于丛书的作者都坚持了作品的原创性，书中所写也都来自正规的科研成果，因此作品禀承高品质特质，为我们赢得了美誉。

编辑委员

|致　　谢|

THE CONTENT MACHINE

非常感谢每一个阅读过本书初稿并提出建议的人。尤其要感谢沙龙·阿钦斯坦、罗伊·巴斯卡、克里斯·邦恩、伊恩·米勒、安格斯·菲利普斯、帕德米尼·雷·默里以及威廉·圣克莱尔，感谢他们为此书提出的宝贵意见。数字出版随着我们的对话、聊天和推特讨论变得鲜活起来。当然，在法兰克福书展上的各种奇思妙想的讨论也为这本书的诞生做出了贡献。感谢普罗菲尔出版公司的斯蒂芬·布拉夫和安德鲁·富兰克林让我有幸成为这本书的作者。正是这些人以及公司的其他同事代表着出版业的精神。此外，大英图书馆的员工在我的研究中充当着至关重要的角色，这证明了该机构的不可或缺性。我非常感激 Anthem 出版社的泰杰·苏德自始至终对这本书的文风以及观点的支持。罗伯·雷迪克以及 Anthem 出版社的所有其他成员有条不紊地把控了该书的出版过程。最后，感谢丹尼尔为我做的一切！

| 引 言 |

THE CONTENT MACHINE

有用的中介

这些文字在出版前与出版后的区别是什么？出版是一个有形的过程吗？当文字从未出版变为出版时，你可以找到具体的实例吗？出版究竟指的是什么？

关于出版的描述和定义比比皆是。约翰·汤普森认为出版商是“文化商人”（或者如内德·沃德对18世纪出版商巨头雅各布·汤森的描述：“离缪斯最近的首席商人”）；在加里·史塔克看来，出版商是“意识形态的企业家”。哈珀与罗出版公司（Harper&Row）董事长卡斯·坎菲尔德与贝内特·赛尔夫和贾森·爱泼斯坦一样是美国著名出版商，而他则指出了出版的复杂性：“我是一名出版商，一种杂交动物：一部分是占星师，一部分是赌徒，一部分是商人，一部分是助产师，而另外三部分则是乐天派。”

贯穿其中的共通点就是出版商具有双重面孔，一面着眼于文化，另一面则聚焦于商业。埃米尔·左拉曾定义视觉艺术家是诗人和工人的合体，雷蒙·莫蒂默仿照这种方式，定义出版“兼具艺术、技艺和产业三重身份”。理查德·纳什认为出版是一种“制造文化的产业”，而编辑黛安娜·阿西尔则把出版看作包括购买、销售、加工或引发加工行为的一种复杂产业。其中买卖的内容是人们想象力作用下的产物、制作图书的材料以及各种各样的合法权利，而加工的内容则在不断变化。(Athill 2000，6)

亨特·斯托克顿·汤普森认为出版商是商业理性和盲目性的结合体，“众所周知，人类只有在看见金钱迹象的时候才会对数字变得敏感起来”。还有许多对出版更不友善的观点。儿童作家莫里斯·桑达克更为犀利地称：“出版是一个非常愚蠢不堪的行业，或者说已经变成了如此模样。没有人知道他们在做什么。难道一直就是这种情况吗？”哲学家艾尔弗雷德·朱尔斯·艾耶尔刻薄地表示：“如果我不是一个聪明人的话，我肯定会选择出版业这种更为简单的工作。出版是我所能想到的最简单的工作。”歌德也持有同样的观点。他认为出版商就是“一群魔鬼”。这些不同的观点也足以说明长久以来人们对于出版的解读一直是众说纷纭。

也许，毋庸置疑，对出版解释得最为清晰明确的人当属奥斯卡·王尔德。他的说法既简洁又通俗易懂，“出版商就是一种有用的中介而已”。㊀

㊀ 参考 Thompson（2010），Stark（1981）和 Nash（2012）。想了解卡斯的话，可以参考《纽约时报》(1986)；要了解亨特·斯托克顿·汤普森的话，可查阅 http://www.theguardian.com/books/2005/feb/21/huntersthompson（访问 2013 年 8 月 21 日的报道）；桑达克的话参考 Brockes（2012）；艾耶尔则参考 Knowles（2008）；歌德则参考 Esposito（2013）；王尔德的话则参考 Cole（1989）。

为什么我们需要一种出版理论

出版与其他大部分产业不同，它包括很多无形价值和道德价值问题。它也与艺术或科学不同，因为它与资产负债表和利润率纠缠在一起。出版是一门怪诞的产业。我们可以用产业化模式来分析图书：只要有足够的资源分配，任何数量的复印本都可以产生稳步增长的回报；同时这些图书也是文化和经验方面的独有现象，如同美术和芭蕾一样，经销上的局限性只是其符号价值和经济价值命题中的一部分。

出版是一种必要的原始创意产业。[⊖]它是印刷机再生产的动力，印刷机是第一种用于批量生产和广泛传播文化智力产品的科技，它取代了新型的作坊式组织模式、人工印刷和“固定印刷”。欧洲的印刷业发展速度惊人，并引发了宗教、科学和教育界的革命（Eisenstein，1980）。可以说与其他产业相比，印刷和出版走在了现代化的最前沿。甚至在古腾堡之前，在中世纪的修道院和写字间及大型古代学习中心，出版的多种功能早已存在，毕竟书籍（或卷轴）始终在生产着。在文化历史中，出版占据着独特的地位。此外，我们应该思考出版对其他创意产业有着何种影响。

因此，我们有了一个怪异的产业，而且也是一种古代的原始产业。这一原始产业也是当代经济领域发展最快的板块之一。现在，这种产业还面临着危机。

⊖ 这一直都是一个难题。在整个 19 世纪，出版已经变得更加工业化了，图书出版世界会发现自身正处于一种身份认同的危机中，在认为自身优越于工业的机器和劳动力内涵的同时，又热衷于拥抱科技的生产潜力。尽管大多数出版社会选择后者，但是如威廉·莫里斯的凯姆斯科特出版社（Kelmscott Press）等出版社则完全把自己置身于对“工业”的排斥中（Stetz，2007）。

众所周知，出版业一直处于危机当中。而目前这一危机表现出一些比较棘手的特征。在这一产业中，合并已经成为一种主流趋势。新型工作方法和文化已经逐步取代了旧世界的传统。尤其在英美文化界，实体店零售商正艰难地寻求一丝生机。[⊖]成本不可避免地不断升高。各项宏观指标也每况愈下，比如长篇阅读的衰退以及另类媒体的崛起和读者时间上的压力，令人忧心。贸易板块出版商发现自己的清单已呈中空状态；学术板块出版商面临来自高等教育削减开支的压力，而教育板块出版商则面临市场上日益激烈的竞争。

随之而来的是数字化所带来的挑战不断破坏出版业的旧产业模式，出版商已经陷入一场追逐赛中，他们需要加速赶超、实现规模性增长并且增强硬件设施。和传统计算机制造商一样，贸易出版商也陷入了困局，被夹在上游生产商（如作家和经纪人）与诸如亚马逊与巴诺书店（Banes & Noble）等下游经销商和零售商中间。要想盈利，需要上下游相应的配合，而互联网的闯入暴露了这种结构上的弱点。

不论对于新生代作家还是经验丰富的学者而言，自助出版从来不是一件很容易的事，首先不仅会给产业，也会给出版业的本质带来战略性问题。由于本身竞争已经呈白热化状态，所以，对于局外人而言想要进行出版工作更是举步维艰。几乎没有哪个部门会为了得到如此可怜的经济盈利而花费等量的智力资本。无论是旧媒体巨头还是灵活的网络化本土初创公司，新的参与者仍然在不断涌现。但是在有关诸如汤森路透与企鹅兰登书屋等实体公

⊖ 2011年连锁书店巨头鲍德斯（Borders）的破产是这一观点的例证之一。

司进行合并后所产生的差异以及在新兴市场出版商会如何发展等方面的问题还有待于进一步观察。由于其低门槛、高速增长以及与消费者直接建立联系等特性，数字出版界市场份额在不断变化着。

不管出版商喜不喜欢，几个世纪以来，外界对他们的定义不断发生变化。无论怎样变化，书籍销量始终呈上升态势。出版商自定义为书籍制作者，使他们失去了创新的机会，这或许是专业化分工和市场分割所造成的一种不可避免的结果，又或许并非如此。而无论哪种情况，出版商都需要对自己的角色有一个更为清晰的认识，必须认识到出版的实质，并由此找到突出重围的核心竞争力。未来他们也许会更为灵活地应对科技的变化，并且不再把这种变化看成威胁而是当作一种机会。目前出版商缺乏一个更为清晰的身份认同，这会使出版商在很大程度上迷失在历史和科技的发展洪流中。

从一个更为偏向理论的层面而言，我们对于媒介的概念比较困惑。在现在的传播学标准教科书中，Denis McQuail（2010）列出了一些与媒介相关的比喻：窗户、镜子、过滤器、守门人或入口、指示牌、导游或口译者、论坛或平台、传播者、对话者。与出版一样，媒介既复杂又晦涩难懂。出版理论就是一种关于文化产品是如何以及为何能实现传播的媒介理论。出版理论指的是媒介背后的故事而并非媒介本身（如书籍或文字）的故事，有助于我们更好地理解传播学。

出版是一项活动，一种生产模式，它是一项很困难的劳动。与此同时，它与判断、品位、美学和理性运用以及深思熟虑之后的资源调度相关，并且与金钱挂钩。出版是一种很直接的表现。然而，很多书籍，如历史类或文化研究类的图书，都是在未弄清楚“出版”一词真正含义的情况下就进行了出版。不论过去还是现在，人们已经对出版实务进行了充分的研究，但是对其在理论层面所做的研究还远远不够。

人们无时无刻不在进行交流。到目前为止，越来越多的书籍不断得到出版。一方面，我们需要人手，出版部门冉冉升起，而且随着互联网的发展，交流也变得盛况空前。长篇阅读并未消失，而是处于一个黄金时代。另一方面，我们发现有一种产业、一套标准以及生活方式面临威胁。所以，到底发生了什么？我们需要透过这些肤浅的描述、未经检验的假设、产业宣传和生硬的字典式定义去深入挖掘“出版”的本质。我们需要对这些假设进行检验，然后观察是否有任何与出版相关的概念可以被整合起来。

我们需要将其定义清晰化。人们通常把出版等同于把某件事情公之于众。可是这是出版的本质吗？出版必须具有商业性质吗？它与盈利之间又是何种关系？出版与新科技的发展是相辅相成还是背道而驰的呢？具体又是如何运作的？世界美景的宣传册和《金融时报》的 Web 应用程序，巴赫的唱片和游戏“模拟人生”等都是可出版的材料。这是如何实现的？为了深入了解出版是如何在面临巨大挑战的情况下成功生存并繁荣发展的，我们需要把为什么在数字技术产生以前会存在出版这一问题重视起来。

出版发挥着非常关键的作用。它处于我们文学、研究、民主社会、公共领域和政治讨论的中心位置。出版不断推动我们的科技和文化向前发展。出版并非一种被动的媒介，它已经成为我们生活和社会的一部分，并不断地塑造它们，引导它们，甚至有时候可以操纵它们。若能认识到其本质的话，人们会发现是出版帮助我们定义了这个世界。几个世纪以来，把出版视作“骗子与人道主义者的经典组合”的观点产生了非常巨大的影响。因此，出版的定义值得我们进行更深一步的研究。

在我看来，一种出版理论必须要能够解释如下问题：

- 出版的公开性和体制性，进而解释是什么使得某件事被公之于众
- 作为一种媒介，出版所扮演的角色
- 各式各样的前人对出版的理解
- 各式各样的出版媒介形式
- 有关出版的各方面，如（金融）风险、出版内容与市场构成之间的关系
- 出版的历史以及当前它与数字媒体是如何共处的

论点

首先，我认为出版远非人们所想的那般简单。尽管雇用着世界上成百上千甚至数以百万计的人员，可是，也并非如人们所想的那样，很容易就能明确出版的构成成分。比方说，电子游戏或音乐出版如何与图书出版进行相应的比较？出版的悠久历史与当今时代的丰富多样性是如何与我们提出的有关出版的概念相适应的？

作为 Clayton Christensen（1997）所提出的“颠覆性创新”的一种，数字出版使得情况变得更为复杂。如今，任何人都能够进行出版活动或者成为一名出版商，但是出版的真正含义究竟是什么？虽然有大量的材料针对数字科技是如何影响出版的进行了讨论，但是，权威专家和主管们大多集中在最显而易见的短期发

展上。很明显，当电子书和数字市场战略等这些重要产物理所当然地成为宠儿时，他们也将忽略那些由于互联网结构所引发的更为本质、波及范围更广的问题。稀缺性和知识产权奠定的基础，作为守门人、连接者和中介，所发挥的作用都在遭受错误认识自身的出版商的无视。

传统出版业在遭遇新技术的冲击后形成困局，只有对这一现象有清晰的认识，整个出版业才不会再畏缩不前。出版业不会像那些数字崇拜者所预期的那样彻底破产或者突然退出舞台，又或是慢慢收缩退回到与自己不相干的角落中。对于我们这些认为出版业在当今世界发挥着重要作用的人来说，哪种情况都不是很理想。

在框架、模式、审核和推广这四个关键术语的基础上，我把所提观点的核心内容构建了一种出版理论，它们才是真正的内容机器。理论的大前提是出版永远无法与内容相割裂。不管你出版什么，你都会找到相应的内容。也就是说，一种出版理论是在相应的内容理论中衍生出来的，这也就是构造和模式生成的契机。内容都是根据某种模式进行构造的——包装之后进行发行，进而呈现在观众面前。框架构建和模式构建的概念是在大量的材料和细节收集中提炼出来的，对于我们充分理解出版的运作起着至关重要的作用。这部分内容我会同出版与科技、商业的关系等问题一起在本书第 3 章和第 5 章进行相应的讲解。

然而，出版的本质在于内容审核和推广。出版就是一个筛选的过程。即使是那些独立出版商也会对这个过程进行筛选，毕竟他们也需要选择相应的作品进行出版，也就是他们自己的作品。广义上而言，出版是一种边缘化的筛选过程。如果没有这种筛选过程的话，我们就只需要处理媒介本身，而不再需要研究在媒介中工作的出版商。整个构造过程的真实目的是对内容进行一种推广。出版需要在生产出第一份文本后，再对其进行大量的复制，使文本数量成比例增长。而模式指的就是为什么你希望不断增加文本数量，为什么你会把文本进行推广（在通常情况下，正如接下来要分析的那样，绝不仅仅是因为金钱）。如果出版以及公开的内容是有意义的话，这种意义也存在于推广这一环节里。

最后，我把这一理论或者说是出版的“系统”与比较完善的数字前景进行了结合。引言前半部分中出现的那些观点也直接被提了出来。本土网络组织所引起的向市场营销的转换、知识产权新模式的增加、管理以及战略的理念都成了应对数字网络所带来挑战的一些可能的方法。我的目标并不是把出版理论当作某种工具来使用，更不是为了梳理出版的一般趋势所引起的广泛影响。如果一定要说有什么目的的话，那就是为了弄清楚出版的不可捉摸性。

那些正在寻找当代或者数字时代的观点的读者可以仔细阅读第 2 章以及第 6 章。在第 6 章可以找到我关于市场营销、出版的服务业特性、公开式营业执照、精益出版、管理以及新型出版商前景展望的大部分评论。而那些希望看到有关出版、内容、媒介和经济学相关内容的读者可以重点阅读第 3 章、第 4 章和第 5 章。当然，我认为阅读本书最好的方式还是传统的从头至尾的地毯式阅读。

我所说的“出版”主要指的是书籍的出版。但是，当我们把出版的含义限定在图书或者文章中时，就会对出版所扮演的角色有一个传统的认识。事实上，我们无法轻易地去把“这种出版”和

“那种出版”进行区分。在这一论点上，“出版”行走在狭义上的“图书出版”与广义上的“内容出版”之间的绳索上，并在两者之间不断摇摆。

出版理论

目前在学界，关于书籍和出版的研究已经成为一个永恒的热门话题。单在过去的几年里，出版研究就在解释这一灵活的行为上已经取得很大进展。我们以下面几位在该领域最有建树的作家为例，John Thompson（2005，2010）在细节上对英美出版业的模式以及潜能进行了相关研究；Albert Greco（2005，2007）调查了出版公司和图书市场中所包含的复杂的经济学原理；Claire Squires（2007）对当今出版业中营销的生产力要素进行了阐述。此外，Miha Kovač（2008）、Angus Phillips and Adriaan van der Weel（2011）等作家和很多博主也针对“数字革命”提出了一些深刻见解。然而，在我们的知识和焦点之间仍然存在差距。另外，比如在业界享有威名的 *Oxford Companion to the Book*（2010）只是一种有关“出版”的象征性入门书籍，主要集中在出版的融资方面，描述了书籍出版史上所取得的进步为什么没有使出版业获得更大的增值，毕竟，没有出版的话，书籍发展史也无法为大家所承认。㊀

尽管取得了一些进展，但是出版知识所处的状态仍然长期不容乐观。而且与书籍和媒介的研究历史一样，出版作为学术科目的身份仍然没有明确，也没有得到进一步的发展，而是被困在范

㊀ 当然，在 *Oxford Companion to the Book*（2010）中包含了大量出版方面的信息。

围更广、更成熟的研究领域之间。20 世纪 80 年代，文学评论家约翰·萨瑟兰德把我们对出版的理解看作“位于文艺社会学中心的一个洞”（Sutherland，1988，576）。他非常清楚地意识到我们并不缺乏相关的历史知识，而是缺乏一种理论视角：“尽管出版史以惊人的活力不断发展，但是却缺乏相应的理论连贯性”（Sutherland，1988，576）。他后来又对该研究项目进行了更为清晰的表述：

“与以实现进一步发展为目的的新理论基础相比，出版史……将不再需要那种蚁群式的合作，传统规范理论以内容为中心，以学术英语为基础，这与新的理论基础截然不同。而且如果没有理论公式的话，出版史很快就会陷入困境。”（Sutherland，1988，588）

与那个时期萨瑟兰德的表述相比，很多东西都发生了改变，尤其对于上述研究中的出版业来说更是如此。但是，与出版业中的一切一样，这些变化远比人们想象的要慢。在文化或媒介研究中很常见的理论攻击相对而言在出版研究中很少产生。Richard Nash（2013）的著作《商业文学》就是一个罕见的很受欢迎的例子：纳什既感性好辩同时又深思熟虑，他把出版描述为一个激进的代理人，不只是参与图书的生产，而且与资本主义和当代文化也有关联。自萨瑟兰德之后 20 年左右的时间里，Simone Murray（2006）开始抱怨出版研究身份的不确定性；那些存在争议性或者属于重点研究区域的地方，通常都属于专业领域或者是具有举例说明性质的领域。

在研究了近期出版相关作品的基础上，本研究旨在构建这样一种“出版理论”。对于一些人来说这是一种令人生厌的术语和观点。理论一词具有太多的诸如反启蒙主义者、陈旧、混乱等消极含义，这些东西早已从有关出版的激烈争论中被剔除。当然，这里所做出的尝试并不是在理解的难易程度上超过别人，我的目的是从理论之中提取那些有价值的东西。鉴于“大多数情况下对出版的通俗性解读完全可以为人所接受，但是那些理解起来较为困难且有细微差别的观点则更有价值”，我们可以拿作者的形象（或者本书作者的形象）进行类比分析。一旦所有人都知道了作者的所作所为——他们写书、给故事添加一个结尾，那么很多难题将接踵而至。美国新批评主将 W.K. 维姆萨特和门罗 · 比尔兹利提出，重要的是内容以及读者的解读，作家的意图并不会影响我们对文学作品的理解。罗兰 · 巴特则又往前迈了一步，提出了著名的“作者死亡论”以及解读作品意义时读者的首要性。

Michel Foucault（1980）对作者的“去中心性”有着不同的理解。他问道：什么算是一个作者的作品？如果你把别人收集的资料拼在一起，这可以称为他们的著作吗？如果我们承认某个人是一位作者，那么他所写的全部内容包括只言片语、收据以及琐碎的篇章也可以算作其著作吗？经过反思，一个作者作品的构成远比我们想象的更为复杂。作为回应，福柯继续对“作者功能”展开描述：从本质上而言，作者有两个完全一样的名字，他们“真实生活”中的姓名以及他们用于作品分类的名字。因此，即使那些并非同一作者所写的作品也会归类到同一个作者的功能栏，比如希波克拉底或赫尔墨斯 · 特利斯墨吉斯忒斯这两个名字会归为一种作者功能。

历史上很多时候，对于很多诸如史诗等作品而言，作者并非是不可或缺的，它们属于共同遗产的一部分。之后，在 17 和 18 世纪，越来越多的人开始询问“谁创作了这部作品？”作者日益得到重视，这一现象正好与知识产权法律机构不断增加的趋势不谋而合。以前，作者要想拥有自己的作品需要用一种作者－功能来标榜它们。最终 Foucault（1980）认为作者－功能把我们的话语系统按作者类别划分成了若干板块，并且成了我们这个以个人主义、产权和商业为特征的资产阶级时代的一部分。

问题的关键并不在于福柯等人的观点是否正确，而是他们所做的工作丰富了我们对作者身份的认识，它正确处理了世界的极端复杂性。我们可以选择接受或者忽略这些争论，但是我们不能简单地选择接受或者忽略以下这些观念，如“作者身份也许并非只是指其可以写文章”“读者和作者共同创建了意义”以及“社会和个人首先要对作者身份等范畴的创立承担全部责任”。

我们并不需要一种夹杂在不成熟的辅助性文学理论中的出版理论。我们真正需要的是一种在危急关头能够对“什么是出版”“出版都需要做什么”等做出解释的出版理论。⊖用出版顾问 Mike Shatzkin（2012）的话说就是“试着解释出版，甚至是理解出版仍然是一项巨大的挑战”。我们应该继续迎接这些挑战。

这是一项需要大量综合的工作。我收集了一些研究出版的思想家在无数博客、推特、会议、杂志、图书以及其他论坛上发表的有关出版业发展前景和该如何应对数字时代挑战的各种言论。以这些为基础，本书把它们放在了一个更为具体详尽的历史和理论框架中。本书不仅探究了出版的含义，并且也对其与印刷和数字出版的关系以及它们彼此之间的相互作用做出了相关研究。

我非常感激那些研究出版各个相关领域的权威著作：出版研

⊖ “出版商是如何进行出版的”这一标题与社会学家 Göran Therborn（2008）曾提出的“统治阶级是如何进行统治的”有异曲同工之妙。

究和行业评论。当然，还有图书史、媒介和传播学研究、文化和文学理论、商业研究和经济学、历史和传记、社会学以及与数字媒体相关的大量新兴文学。毋庸置疑，这是一种跨学科的协同研究。但是在蒙田看来，这些研究仍然停留在梗概、论文等层面上，只是一种尝试，是讨论中的一部分而并非是很明确的分析。该研究必然范围很广，我也已经做好了再次对其进行局部修改的准备。

我是同时站在一名研究者及参与实践的数字出版商的角度上进行的这些研究。我希望这样可以使自己对出版业发生的变化既能有一个全面的了解，又有一个实地的考察。从内部观察出版业的变化，并且时不时地推动其向前发展，一直都是一件令人振奋并且益处无穷的事情。坐在普通的办公桌前，数字出版商已经感受到踏上通往未知目的地新征程的那种兴奋以及冒险感。研究出版的这些人是幸运的，出版是一个不同寻常的、公开和具有自我参照的产业。也许由于其自身的文学背景，出版商比其他人更容易对自己的工作内容、工作目的以及工作方式进行思考、阐释和传播。我希望在不用对有关这个众说纷纭、与智力和利益保护相关的产业的所有普通观点和自我描述都进行打包式吸收的情况下，本书在一定程度上能够成为一种产业的自我评论。自我反省和自我认知向来都是相伴相生的。

我一直都尽可能地避开这种面面俱到式的观察，避免做那些事倍功半的工作。出版业的前景是最主要的主题之一，但是这并不等同于说某个特定因素就决定了出版业的未来。尽管我并不会回避那些标准的战略性结论，但是我所讨论的是行业的长期发展轨迹，最多会讨论某种特定的可能性。对于任意一种好的假设而言，都会有与之相应的检验目标。毋庸置疑，对于那些仍然阅读与出版相关的商业分析言论，以期为网络世界中出版商应该做的工作找到一个简单的答案的人而言，等待他们的必然是失望。这并不是否认他们所做工作的价值，只是这些价值并不能以“成功出版的十个步骤”等方式实现，这样显然没有任何益处。如果世界上真的存在魔法公式的话，我真希望自己知道这个公式。我主要着眼于行业的长期发展：出版商作为文化和信息解说者的身份，以及商业、科技和数字媒介所带来的主要问题。有大量的作者会告诉出版商应该怎么做，而本书旨在发现一些细微的差别，而不是采用以数字去评判出版业的方式。本书所做的分析主要聚焦在什么是广义上的“传统”出版商。以推特或亚马逊的高管为例，他们总是置身事外，从不与自己眼中的“枯木出版商”一起用焦虑的眼光看待出版业的未来。我相信出版业，不论是传统的“枯木式”，还是新兴的数字式，都发挥着重要作用，并且仍然为内容、内容生产者以及这整个世界创造了不可估量的价值。尽管数字科技使人振奋并且有其先进性，但是如果枯木出版商真的变成死掉的出版商的话，将会是业界的极大损失。

目　录

THE CONTENT MACHINE

⊖ 参考文献请参见华章图书网站 www.hzbook.com。

图书出版商所采用的科技早已过时，他们甚至几乎没有科技可言。

——J. G. 巴拉德

出版并不是在逐步进化反而是在渐渐消退。这是因为“出版”一词的含义是：一群专家在克服重重困难和复杂性并且付出相应代价的情况下，把某件事物公之于众。这已经不再是某个特定的工作，而是一个按钮。这个按钮上写着“出版”，当你按下去的时候，出版工作也就随之完成。

——克莱·舍基

|第1章|

出 版 问 题

试着在脑海中想象一个出版社的样子。编辑都在阅读手中的稿件，接着他们要在交流学习会上说出自己这些稿件的优点。这里有生产部、销售部、市场部和宣传部；这里的编辑部配有校对员、文字编辑、文本设计师和排字工；设计部门配有非常大的屏幕和彩色打印机。这里有高管也有实习生，有秘书也有策划者，有业务经理、人事经理、合同条例、IT 团队以及法律顾问；我们有大规模的自由职业者：从异地读者到端咖啡的服务生，应有尽有。分销商、代理商和辅助服务等异地的大型机构虽然不在人们的视线当中，但这些也是最本质的东西。在当今时代，出版社各部门之间的界限已经变得越来越模糊了。举例来说，市场部和宣传部共同负责运营公司的社交媒体账号。不过，或多或少还是有一个工作流程，这是在组织结构中衍生出的一条非常重要的路径。

一份稿件往往要通过这条路径，开始时，它只是一份未经任何加工的 Word 文档。而在流程的结尾处，它已经成了一份很完善的文档，经验丰富的编辑和设计师处理过它，让其散发出闪闪光芒，使它成为一本气派的精装书，包装上夺人眼球的封面，放到绝好的销售地，在主流报纸上大幅刊登令人满意的广告，受到网络上喋喋不休的讨论，它早期强势的销售表现让它出现在畅销书榜单当中。在这些流程的某一个节点，书就已经出版了。那么是哪个部门，又是什么人出版了这本书呢？有人可能会说是出版商，依照职权，自然如此：只有他才真正花费了大量时间去摆平一个庞大编辑团队的人员问题，只有他给出更高的预付款，制订出更大的计划去苦心求来那些大牌作家。也有人说是编辑，他们拿着个人负责的文本提交给出版社，出版社将文本整理成形，然后以出版社的名义打几个关键电话。但是，他们并不会去设计、生产这本书，也不会把这本书送到商店或努力让大众知道它的存在。要想成为一个出版商，需要进行委托、筹集资金或者分销图书吗？按照什么顺序来做呢？能不能只做其中的几项呢？必须要有一本用来出版的书吗？

当然，重要的一点是出版不是一个人完成的。出版，是一种奇特的文本点金术，它发生在整个出版机构和所有的出版活动当中，出版是属于出版商的一种特殊而难以捉摸的自然属性。那么这是哪种自然属性呢？

在开始之前，我们要思考一下什么是出版？在数字时代到来之前，出版业有几个断层线。第一，是对“出版”的定义以及“出版”的用法，举例来说，就是它们经常变化，而且两者之间也经常发生摩擦。第二，人们至今仍认同出版商在历史上的复杂情形，但这种情形很难与当今在同一个范畴内解决。第三，我们不仅仅要看到书籍出版，还要放眼于系列的“出版物”，并且要知道这在多媒体时代意味着什么。第四，我们要分析如何运作出版，找到大家认为完全符合出版特征的那些点，并加以确定。如果我们能够确定这些职能对于出版这个整体而言是不能够被简化的，我们就会面对一个难题，这个难题就像位于某个活动中心位置的“黑洞”一样，我们雇用了世界各地上百万的人，还有着一段追溯到数百甚至数千年前的历史。这是一个奇怪的情况。通过追溯每一条线，我们可以渐渐发现一个出版的理论，它不是什么奇怪又不实用的麻烦事，而是我们文化和智力存在于这片富有生命力的领域的附加品。

问题是什么

粒子物理学或许需要一种统一“场”理论，那出版呢？出版顾问布赖恩·奥利里（Brian O’Leary）也曾在旧金山的浏览器图书大会（Browsers conference）上表明态度，他认为存在“出版的统一‘场’理论”（O’Leary，2011b）。理论可以解释这个世界，可以解决明显的异常现象。这些理论在测试中证明与现实的一些部分是相违背的。概念是预设的，所以在起初便需要有所解释。无论是作为一个专业，某种程度上类似铅垂测量或者教学，还是作为一种产业，类似于电动机或者酒水产业，出版都不需要那些理论或者解释。大多数的产业和贸易都或多或少是不言自明的。没有人会为饮料业提出一个统一“场”理论。那为什么出版业需要这样一个理论呢？

O’Leary（2011b）创立理论是为了回应一个新问题：数字技术对出版商的影响。他开始批判“集装箱式的出版模式”，在这种模式下，出版商在“集装箱”或者书中填满内容，然后卖出去。在数字设定下，这种模式分崩离析，因为传统集装箱无法在这个浏览器与代码横行的自由移动世界中运作下去——我们不能再继续填装那些内容及其来龙去脉［“标记内容、研究、脚注链接、来源、音频与视频的背景资料，甚至是质量优良且老旧的标题级别元数据的重要混合”（O’Leary，2011b）］。但是这些来龙去脉并不次于那些离散的实物，它站在出版商所做工作的最前线，这些工作是将文本宣传到收敛性、数字化、开放自由、混搭杂交的空间中去。简单来说，随着数字时代的到来，奥利里“出版场理论”表明集装箱产业是可以转变成背景产业的。

那是一个很好的理论。但是这也引出了一个问题。出版只需要一个后数字时代的理论吗？此外，那真的是个理论吗？出版理论应该要解释出版在数字时代做些什么——奥利里解释了出版可以做什么，他给出了一个战略的轮廓，但他却没有探究集装箱模式是否能够充分解释数字时代之前的出版。实际上，出版的问题与出版本身一样古老。

出版从来都不是一件简单的事。举例来说，以下的问题哪一个将会探索到更多的细节？已出版的书和未出版的书究竟有什么确切的不同？如果我把我的稿件放到公众视线中，这从某种意义上说算不算出版？很久以来，印刷和出版之间都是有一定距离的，而这些由规定所带来的距离恰恰就是出版的核心所在。出版位于生产和图书宣传之上，既不是印刷，也不是分销、销售、插画、文字编辑或者仅仅是版权所有，而是一个奇怪的包含所有概念的混合品，否则就什么都不包含。越靠近就越能发现出版正以一个模糊不清的界限消散在不作为之中。互联网已对出版业造成了确实存在的挑战，甚至连居于优先地位的网络出版也受到了如此的挑战。不仅仅是数字出版需要一个统一“场”理论，而是整个出版业都需要这样一个理论。

借用 Raymond Williams（1983）的术语，出版是一个“关键词”。威廉姆斯把关键词看成问题，隐藏了背后的矛盾和可供选择的另一种意义。文化是关键词中很好的一个例子，这个词尴尬地跨坐在艺术和社会之间，同时又与两者紧密相连。如果关键词指的是与其他关键词的关系，大家共同来形成一个复合体，那么请将威廉姆斯的一些有关“出版”的关键词记入脑海中：美学、艺术、资本主义、事业、文明、商业性、交流、消费者、创新、文化、教育、专家、小说、工业、知识分子、文学、群众、媒体、调解、大众化、社会、技术、财富、工作，还有很多其他的词。

一个比较新的课题（Bennett, Grossberg and Morris，2005）更新了这个列表，提出更多关联词：受众、名流、商品、消费、复制、演说、经济、教育、信息、知识、管理、市场、网络、代表、迹象、文本、价值、虚拟的以及写作。这些紧密却不稳定的联系，让出版缺少了一种被威廉姆斯称为“额外意识边缘”的东西（Williams，1983，24）。指定“出版”（publishing）和“出版”（publish）的关键词并不是说将它们交付于一个语言游戏，而是用源于真实历史情形中的语言来讨论问题。想要了解出版，首先必须了解难点。

词语本身

英语词汇“出版”（publish）一词的出现至少比印刷机的发明

早 70 年，如果不比这个时间早的话可能是没有算上它到达英格兰时中间的延误时间。记录在《牛津英语词典》中最早的用法源于 1382 年的威克里夫《圣经》：“It is yhrd and with solempne word puplyschid[⊖] in the halle of the kyng.”当书和文化产品的历史价值与那些曝光、声明或是宣布某件事那种更为广泛的意义来比较时，就显得没那么重要，这些具有广泛意义的事情多有关传递消息，而非关于某种产业。《牛津英语词典》中的另一个例子源于林顿·斯特莱彻的《维多利亚女王》（*Queen Victoria*）（出版于 1921 年）：“对于女王，万万不要把与她亲密的友情变成一个秘密，而要小心翼翼地将它出版到全世界。”这里提到的“出版”是指直接采取一个行动或者表达一种情感态度——这中间没有任何媒介上的意义。无论这个词被用得多么口语化，维多利亚女王也不会被称作出版商。大多数早期的用法都有不要隐藏事物的意思，由于这种意义的传承，出版很难成为一种积极行为，它的存在就像是意味着秘密的缺失。

“出版”一词源于盎格鲁－诺曼语中的“puplier”一词和中古法语中的“publier”一词，大概的意思就是让某些事公开或者为人所知，即宣布或者公布某事。这两个词都可以追溯到拉丁词“puplicare”，是指将公共财产或公共地点交由群体处理。这个词的历史已经被植入欧洲人的公众生活。在后古典拉丁语中，它也指告发，同时还有“查抄”之意。罗杰·沙尔捷记录了这个词在法国有着“公开朗读”的意义：“‘出版物’一词原来的意义就是在王子、贵族或公共机构面前公开朗读专门献给这些人的文

⊖ 这里的“puplyschid”即“出版”。——译者注。

字。”[⊖]（Chartier，1995，33）

另一条非常重要的线索是机构性质的，比较典型的是有关教会、司法或政治团体的。因此，几个世纪以来，发布遗嘱、控诉、结婚预告或者国王法令的方式和意义并没有发生多大的变化。记录于1616年的莎士比亚的遗嘱是这样的：“撤销之前所有的遗嘱，将此条布告作为我最后的意志和遗嘱。”将此遗嘱与罗伯特·麦克斯韦被《金融时报》引用的遗嘱对比，“我，罗伯特·麦克斯韦，居住于英国牛津的海丁顿礼堂，特此，出版并宣告，这份遗嘱附录是我最后的意志和遗言。”这两份遗嘱都完全采用了惯例化的模式进行出版，并无任何其他内容。这也就是说，惯例本身就已经预设并且囊括了出版这部分。出版只能是在较为广阔的环境中的一种行为，被看成这种环境中的一种服务或是功能，并且能够反映到历史当中。举例来说，在近代英国的早期，皇家和教会出版一些内容，包括公告、圣经、诗篇、教义等，它们是获益最大的垄断型出版商。在伊丽莎白时代的后期，这两方实际上进行了合并，产生了一个利润丰厚的职位——“皇家印刷工”（一个可追溯到1541～1542年的职位），这让他们对官方文件的出版有了更加严密的控制。

事情总有一个过程，直到“出版”的第三个层面的定义才和产业有了关系，“准备并发布书、报纸、音乐等的副本，进行分销或销售给大众。包括准备并发布一个作者的作品”。这会造成一种公开而有趣的紧张关系，比如在出版音乐（声音）和出版书籍（文本）两者之间就会出现；也会产生一些程序上的问题，比如在出版

⊖ 把这一历史与其他语言的相关历史进行对比会颇有受益（比如*Verleger*，*editore*以及*éditeur*）。

副本最开始的时候都要做些什么。对于作者而言，这同样是具有指导意义的，我们看到作者的身份、创作，甚至看到作者就会联想人物和文本与作者有什么样的联系，但这些都与之前所说的出版在本质上是不同的。这种差别存在托马斯·莫尔所写的《异端邪说》中所描述的现代形态中，这本书写于印刷文字出现的初期："我正在被驱逐到出版的第三产业，我将自己置身于印刷之中。"

这里所说的出版既不是创作，也不是图书销售，它充分摆脱了为求名利而写作，已明确不再只是将文字印刷出来，而这在当时并不是那么清楚。与 Strachey（1921）时期的用法完全不一样，莫尔的出版开始变得有积极意义，变得有意识，并且有目的性，与 3b 时消极的用法来对比："逐渐让大家接受和利用它们（艺术作品、信息等)，将它们展示在公众面前，特别是通过印刷或者互联网这种媒介把新闻、研究成果等公之于众。"

印刷文字和文本是默认享有特权的。如今，出版的形式越来越多样化，为什么这种情况还在持续呢？[⊖]只有在这第三层的含义之下，媒介的概念才开始发挥作用；乍看之下，我们能看到一个无媒介含义的"出版"；但在每一个有关内容理解的地方，媒介都是关键所在。"公之于众"也许就是对出版最为通俗易懂的解释，[⊜]而其中的部分问题在于它没有把媒介带到人们的视线当中——公之于众这个行为好像就是自然而然地发生了，就好像不需

⊖ 当然，很难保证《牛津英语词典》是绝对可靠的，但是在 Williams（1983）看来，该词典的瑕疵和盲点依然耐人寻味。

⊜ 不同学者所提观点的侧重点也有所不同，比如安格斯·菲利普与贾尔斯·克拉克："'出版'通常被定义为'公之于众'"(2008，1)；理查德·格思里："出版是使人类进行公开交流的一种过程"(2011，x)；约翰·费瑟："正如通常人们所理解的那样，出版是一种使图书进入公众视野的商业活动"(2005，2)。

要任何媒介或是媒介背后所隐含的一系列过程，而这个行为应该是通过它完成的。

从最基本的层面来说，所有的词典和定义都是循环的，而在很多例子中，出版被一个非常严重的恶性循环包围着。出版商进行出版活动，就是让某事物为公众所知。很快，我们就由于缺少“公之于众”的概念而受到阻碍。在约翰逊教授1755年的词典当中，根据一个公众观点，他将“出版”定义为“将一本书发表到全世界”。没错，这是典型的基本常识，但是这个定义与一开始提出的“发布到全世界”有着模糊不清的相似之处。约翰逊也陷入了绝望的茫然之中。

有一个简单的思维实验：你写了一部小说，然后放到了公园的长椅上。这是一本出版的小说吗？再来看，你打印了1000份副本，然后将它们分别放在1000张公园长椅上，那么现在呢？或者，一个出版商买了你的小说，做了大量的广告，但是没有一个人买呢？究竟哪种意义才算是出版呢？需要到达多少数量，一封信或一封电子邮件才由个人通信转变为公共文本呢？是100个还是100 000个收件人？还是说，将“公之于众”的价值用数字表示本身就是一件荒谬的事情？如果确实如此，那么我们要做出怎样的概念上的区分呢？如果我在互联网上发送一封邮件，我们可以假设这封邮件被出版了，但是，如果没有人看到，它的公之于众的程度怎么能比得上一封发给100人的邮件的公开度呢？公之于众真的就是一种真真正正为公众所知的状态吗？或者说是一种认知论中为人所知的状态？或者就是让人们知道这个东西已经出版了？

简单来说，“公之于众”事实上所指无物。考虑这件事情的一种方法就是依据John Thompson（2010）对一件人们能够触手可及的作品和一件为人所知的作品之间的区别。另一种方法就是去着手处理“公之于众”的概念。但是，这将会使你陷入什么是公之于众，公之于众从哪里来，什么影响着它们发挥作用，以及什么构成和控制了它们等一系列讨论之中。社会理论家，如 Pierre Bourdieu（2005）和 Bruno Latour（1993），用不同的方式证明了“公之于众”这个概念是强加于这个世界之上的，并不是其固有的特征。如果我们说出版自然而然是同“公之于众”相关联的，那么我们制造出了很多问题，而这些问题多得让我们解决不完。这些讨论掩藏起了“公之于众”固有的概念可塑性，如果这个词存在的话，那么就是一个具有争议性的词。要想对出版有一个定义，那么就需要对“公之于众”到底包括哪些内容有一个更好的理解。

让我们再来看看《牛津英语词典》和它对“出版”的解释，可以发现一个略短一些而且比较新的词源：“1. 使某物为公众所知的行为；官方或公众通告；公布，公众宣告；2. 准备或发布书、报纸等，并进行公众销售或分销的行动或事业。”第一点中，又回到了机构所发挥的推动力上，这种情况下，出版就被包含在某些社会团体中，且依赖于他们，Thompson（2010）那种“知道”理论也大概包含其中了，因不信息被接收在概念中也是同等重要的。但是，从第一层含义来看，文化产品并没有被提到。在第二种定义中，可以发现传统纸媒仍然处于优势地位，而且有一样东西在修改它——“商业”，并且第一次带来了明确的商业倾向。在其他环境中，这非常重要，[⊖]就好像《韦氏词典》中的解释：“对文学作

⊖ 毋庸置疑，在这些分析现代出版业的书中，“商业”是主旋律。然而，承认出版并不等于这此理解，也不应被它们弄得筋疲力竭并受到它们的限制，是非常重要的。

品、信息、乐谱、音乐录音、艺术进行商业生产和发布的生意或事业。”商业投入、管理结构及其合作伙伴、财务风险等内容是这一定义的核心所在，这也许可以反映出这个词的北美起源。这种与资本主义之间的联系与非营利性教会团体、法律以及国家形成了鲜明对比。因此，我们发现了一个多层面且矛盾重重的公众特性。

在不提及生产、版权、内容和出版类型时，对“公之于众”一词会有一种强调，但人们并不清楚“公之于众”的意义是什么，只是感觉与社会机构有关，尽管这种感觉并没能阐明“公之于众”的特点、欧洲和拉丁语的起源以及陷入极端循环当中的关于出版的词典定义。[㊀]长时间研究词典，对任何词都会产生“复杂”的感觉，这里再一次引用了 Raymond Williams（1983）所说的话。我对具体的出版的复杂性很感兴趣。[㊁]在对不同层次的意义和历史残留做了大量研究之后，剩下需要我们面对的则是大量的语义上的冲突，这实际上就是一头怪兽。

这种对词源和词典编纂方面的分析能够大概为我们描述一下存在的矛盾是什么样的，这些矛盾表现出了出版所具有的“问题性”的特性。而统计学工具的使用则增大了这一特性的影响力。尽管我看到了它的局限性，但是谷歌的 Ngram 阅读器在这方面的帮助的确很大。

㊀ 这里引用了上述 More（1529）提出的相关言论。

㊁ 一些过时的用法也是有用的，尤其是 OED II 7 这版词典。“To populate（a country, etc.）;（refl.）繁殖、增加、养育”；与“peoplish”词义相似，这也是一个旧词。尽管由于篇幅问题无法在这本书中进行详细阐述，但这与我的图书出版理论的核心内容最为接近。

图 1-1 对 1600 ～ 2000 年期间“publishing”与“publish”的使用情况进行了相应描述。这里，依然需要注意一下发生在 17 世纪期间的波动，尽管在此期间既没有出版什么书籍，也没有什么显著趋势能告诉我们这一波动的意义。“publishing”与“publish”在意义上有些脱节。17 世纪 40 年代，图书出版量发生了一次大幅度增长，当然英国内战也引发了极大的政治动荡（Barnard 和 McKenzie，2002；Feather，2005），随之而来的是“publish”一词使用量的激增。整个 18 世纪期间，情况出乎意料地平缓，该时期正是咖啡屋流行的时代，在典型的哈贝马斯方案中，这两个单词都没有怎么出现在公众视野中，直到 18 世纪 90 年代，两个词同时被爆炸式地提及。这一现象出现的时期正好与英国历史上第二次小说出版高潮（Moretti，2007）出现的时期相对应，[⊖]也暗示出小说形式与出版之间存在着一些必然的联系。在这一时期前后，

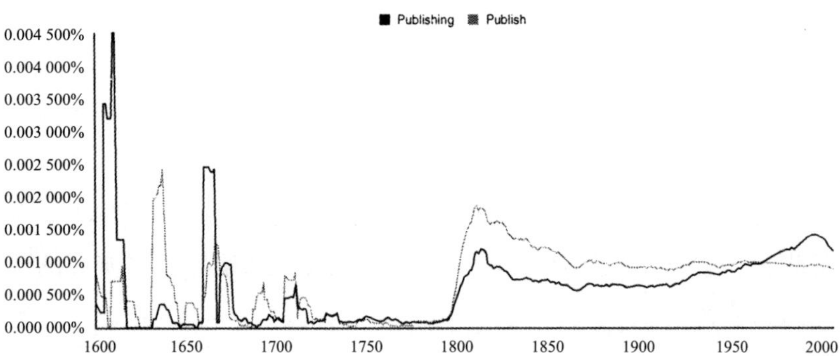

图 1-1　1600 ～ 2000 年“publishing”与“publish”两词的使用频率

⊖ Ngram 阅读器的使用就是受到 Moretti（2007）青睐的“远程阅读”的例子之一。

包括托马斯·朗文以及约翰·默里在内的现代出版公司是从价值链的其他板块中衍生出来的。17 世纪时，两个词语并未有固定的用法，也没有得到一个规范的定义，而结构上的演变以及通用的形式使得“publishing”和“publish”这两个词随着当代人的使用而同时被收录到了辞典之中。这两个词语诞生于 17 世纪，首先用于学术领域。最后，需要注意在 20 世纪中期，“publishing”的使用量已经超过了“publish”。那么，随着出版业规模的不断壮大，发展的稳定及专业化水平的不断提高，在作者和读者心中是不是认为出版业变得越来越统一，越来越重要了呢？

在“publishing”和“publish”被名词化之前，这两个词语与“book”这个词也有着密切关系。在 Moretti（2007）发现的出现在 18 世纪中期的第一次小说出版高潮时期，“book”一词的使用频率急速上涨，进而取代了“book”与“publishing”之间存在的微弱关联（见图 1-2）。

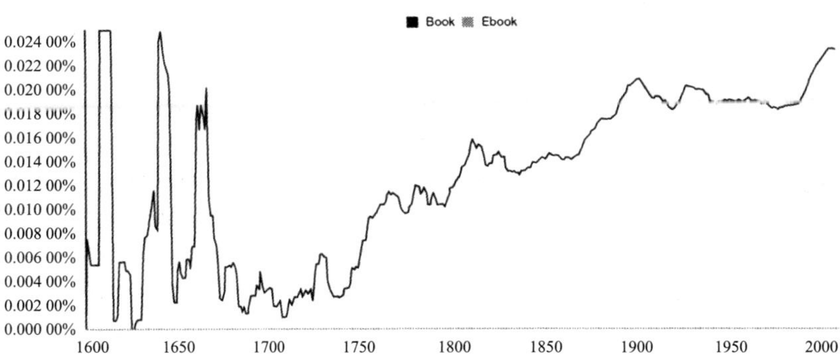

（纵轴：使用情况；横轴：时间；“Ebook”（电子书）一词的使用频率非常低，仿佛不存在一样）

图 1-2　1600 ～ 2000 年“Book”与“Ebook”两词的使用频率

有趣的是，“copyright”（版权）一词的应用范围已经超过了“publishing”。正如我们看到的那样，虽然“copyright”一词在出版业中发挥着重要作用，但是似乎在开放源代码软件兴起和互联网掀起一阵自我反省浪潮之前，它就已经取代了出版的位置。其他出版媒体也已经蚕食了传统的图书出版领域（见图 1-3）。

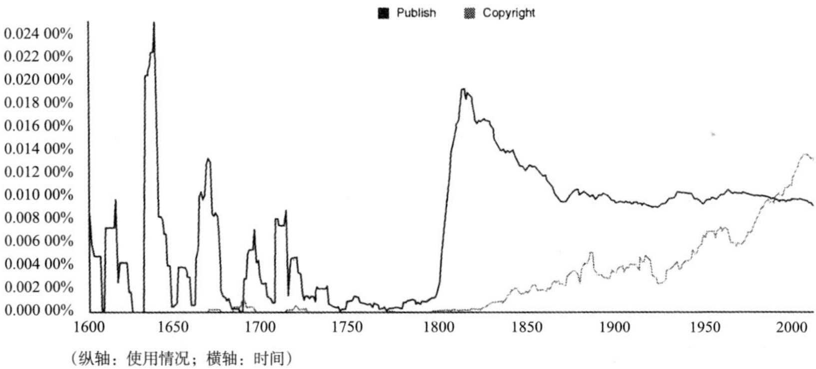

图 1-3　1600 ～ 2000 年“publish”与“Copyright”两词的使用频率

“publishing”和“publish”两个词的历史也揭示了一种活动，在这一活动中，我们观察得越仔细，就越能看到概念的多变性，而这一概念与图书、小说、印刷媒介和普通媒介、公开宣传功能、学术和权利、商业和金钱等都有着显而易见的联系。然而这些联系，尤其是处于“使某事物公之于众”这一概念的灰色区域的那些联系，会变得松散并且难以说清。词语及其用法会日复一日地发生相应的变化，而这些变化都在情理之中，是有迹可循的。随着对这些关键词所展开的调查，我们距离彻底理解出版的含义及其内容还有很远的路，仍然有很多问题亟待解决。

历史上的案例

由于其悠久且模糊的记录，大家可能会认为作为一种产业来讲，具有历史性的出版业不应被归到那些创意产业中。而根据我自身的经验来看，这一说法并不准确。记忆是短暂的，当下的烦恼才是最重要的。然而，通过对出版史的观察，可以发现尽管存在一些流露于表层的相似性，但究其本质，从来没有哪一种清晰明了的产业可以被称为“出版”。这里，我选择了三个历史上的案例，用以观察它们是如何使那些过于简单化的、有关出版的理念分崩离析的。

（1）安东·科贝格（1440/1445—1513）：科贝格是一位真正意义上多才多艺的人。他身兼学者、印刷工、出版商、商人、企业家、民间领袖、读者、美学艺术家以及地区大亨等多重身份。科贝格注定要在纽伦堡大展宏图，而且与古腾堡一样，他也被训练成了金匠。他几乎是整个15世纪时最多产的印刷工，出版了很多作家的作品，其中包括波伊提乌、邓斯·司各脱、托马斯·阿奎那、圣·奥古斯丁以及圣·叶理诺等作家的小说。15世纪时，“出版”和“印刷”两个词实际上是可以互换使用的，尽管通常情况下装订、配送以及图书销售分属不同的环节，但是，它们的功能无外乎是通过出版完成对图书的编辑。科贝格灵活地对这些环节进行了删减。例如，有时他会做印刷工的工作，而其他时候他又会充当出版商和图书销售商的角色（或者做市商）。如今，他最为世人所牢记的成就当属他完成了由哈特曼·舍德尔所著的被认为是最重要的古籍之一——《纽伦堡编年史》（*Liber Chronicarum*）的出版。书中呈现了一个丰富多彩的中世纪世界，其中在2000多块木刻版画上记载着有关德国城市的详细历史。通常科贝格都是依靠自己全权进行出版工作，但是这次却是个例外。另外两个非常开明的富商巴尔德·施莱尔和塞巴斯蒂安·卡莫梅斯特也参与了这项工程，并且承担了该书生产和销售的相关风险。科贝格负责印刷排字的决策，[㊀]其坐拥的大量出版社（24家，而同时期的绝大部分出版商只拥有一两家而已）以及100名左右的技工使其成为欧洲当时最勤勉忙碌的出版商。从科贝格最为著名的作品来看，他并不应被称作现代意义上的出版商。他并没有对《纽伦堡编年史》进行直接的委托、享有版权或者是参与其市场营销等，如此一来，他只能被算作是现代意义上的印刷工。

上述提到的科贝格的实践活动规模使我们能够肯定地把科贝格与印刷联系起来。但是根据费布尔和马丁的说法，科贝格是“当时最为强大的出版商”，他“买下了至少236本图书的出版权，并且这些书大部分都是非常重要、珍贵的作品”（Febvre and Martin，2010，124）。通常情况下，科贝格会在其出版社名下成立相应的装订所。他拥有很多本土人脉关系，并且专门出版当地宗教市场专用书以及大学课程所需的专业书籍。他创建了一张销售人员和情报人员的联系网，该联系网除覆盖了德国所有的主要城市外，更延伸至布达佩斯、布鲁日、佛罗伦萨以及巴黎等地。[㊁]科贝格是很多如人文主义印刷师让·阿默巴赫一般的大人物的导师。因此，这一身份使得他不仅是伊拉斯莫斯和阿尔布雷希特的朋友兼合作

㊀ 参阅 Morse Library（2003）。

㊁ 他命令一位叫布施的学徒去寻找有关自己意大利销售之旅的研究最为精细的手稿（Febvre and Martin，2010）。

伙伴，而且还是阿尔布雷希特·丢勒的教父。[⊖]他拥有数家造纸厂，并且被委派在市民委员会任职，成为纽伦堡最富有的人之一。他并不仅仅是一个印刷工，而是兴趣爱好广泛，投身于北方文艺复兴，不惜花费巨大资金在工业流程、组织机构以及文化产品的创新上。在那个时代，科贝格在本土的宗教、法律以及教育等的相关机构领域都取得了丰硕的成果，这些成果都是通过出版商这一模糊身份所取得的。曾经的出版商被认为是乞求式供应商，而与此同时他们又深谙神学以及哲学之道，所以在社会以及学术领域享有同等的身份。

科贝格是15世纪出版业一个极其典型的例子。一方面，他是站在潮流前端的实战者。他会亲自动手参与印刷而并非只是忙于做各种各样的决策，而且他自己也做雇工的工作。而另一方面，他也是学者兼美学家。正如他在法兰克福书展成立初期所发挥的辅助性作用一样，他会依靠自己通过一种新形式来出版最优秀的哲学作品，建立庞大的经销商网络并积极地进行营销。与同时代的印刷商相比，科贝格的这一双重身份为其带来了一条发展捷径。

很大程度上而言，版权并未得到相应的关注，而人们的注意力都放在金钱上。因此，我们可以这样认为，作为早期典型的出版商形象，科贝格比任何人都要接近“出版商”这一角色。但是在他那个年代，这种纯粹的印刷行为只是在出版的含义未被深入探讨时，才足以使某个人成为一名出版商。

（2）亨利·赫林曼（1628—1704）：早期英国的出版业主要集

⊖ 在Eisenstein（1980）看来，科贝格的出现对于杜勒艺术的发展是至关重要的，并引申说，他是一种新型的文艺复兴艺术家，一种游戏市场的企业家（*Economist*，2011）。

中在伦敦，而且就规模而言也完全无法与科贝格时期相竞争。英国最早出现的诸如威廉·卡克斯顿和温肯·德沃德等印刷商采用的是一种出版商和印刷商混合的模式。赫林曼正好出现在出版和印刷彻底决裂的时期。在科贝格那个时代，人们对知识产权的概念很淡薄，定义也不规范，知识产权几乎没有任何存在感；盗版四处可见，退一步说，文本的著作权一直都是一个很模糊的身份。在此种情况下，也难怪我们很难找到不带出版社痕迹的出版物。亨利·赫林曼最初是复辟时期的印刷商和图书销售商，也是最先把英国特有的出版业版图划到自己领域实现新突破的先行者之一。印刷业被紧紧地掌握在皇家特许出版公司手中，并且从 1662 年开始受到特许法的规约。这种制度以及法律结构使得人们可以对有“版权”之称的可买卖的知识产权（IP）进行相应的衡量。[⊖]早在 1565 年，皇家特许出版公司的管理者就已经拥有独自印刷相应作品的权力，并且成为那些作品的知识产权的所有者，尽管这些作品并不是由他们进行生产、经销或售卖的，但是他们仍然会从这些知识版权中获得相应的利润（Feather，2006）。当时，利润最高的那些作品如《圣经》或者法律类图书会被垄断出版，由王室授权皇家特许出版公司挑选特定的出版商，并且他们也会享有图书初版版权。

亨利·赫林曼最初就是在这种大环境之下作为图书销售商和出版商工作的，而后在 1684 年他走出了图书印刷和销售的圈子。他购买了同时代一些著名作家很多作品的版权，这些作家包括诗

⊖ 该权起源于皇家出版法庭。皇家特许出版公司成员可以在一部作品中行使自己的权利，正如同皇家特许出版公司登记簿（Company Register）“允许”图书进行出版一样。

人弥尔顿和多恩以及剧作家米德尔顿和琼森，而其中最为成功的当属约翰·德莱顿因为他几乎在整个17世纪60年代都在为赫林曼工作。Feather（2006）认为这可以被算作一种现代出版关系。赫林曼把德莱顿作为长期投资对象，就眼前的文学价值来看，他把其作品放在了潜在的、为人喜爱并广为传播的再版书目中。德莱顿定义了一个文学时代，而且得到赫林曼的支持对其来说也并无坏处。1678年前后，德莱顿出版了《俄狄浦斯》，同年，在其离开赫林曼之前，赫林曼在图书销售方面的自身经验、人脉关系以及个人能力对德莱顿而言都是难能可贵的。此外，赫林曼在资助莎士比亚四开本出版时又与另外三个人牵涉在一起。他很早就买下了贺拉斯作品《歌集》的翻译版权，并且拥有另一位出版商汉弗莱·莫塞莱手中的全部版权。自17世纪80年代起，赫林曼手中还有一部即使称不上无与伦比但也可以当作撒手锏的纯文学作品集，里面的作品包括直接获取的以及从其他版权所有者手中买下来的，而这一作品集使得赫林曼在1684年放弃了自己的零售业务，在这一年后转而成了皇家特许出版公司的领导者。

赫林曼开创了一股新风。他所采用的对书籍进行再包装并着眼于长远价值购买版权的商业模式对于很多现代出版商来说也有很强的借鉴价值。他是最重要的版权拥有者，是一个食利资本家，忙于处理知识产权这种无形资产和相关金融工具获取净利润以及建立业务。与科贝格不同，尽管当时在英国总共只有72家出版社，印刷业的规模相当小，但是赫林曼本能上就是一名出版商，因为他的公司是依托于版权建立起来的（Barnard and McKenzie，2002）。赫林曼列出了一个长期清单，因为盗版的出现就意味着其他人是无法出版这些作品的。的确，这一清单的概念较之科贝格时代，在赫林曼时代意义更为重要。赫林曼是早期推动出版业与图书流通其他环节实现完全脱离的先行者，他把版权当作那些与手工制造相比更为接近商业银行业务活动的重头戏。作为同时代最为活跃的出版商之一，赫林曼一直在不断地从那些具有可出版特性的古籍或者正待出版的作品中寻找获取价值的新方式。此外，他也为包括为收集现有的广泛作品而购买继承版权的家庭在内的其他版权所有者提供了一种模式。[⊖]这一时期，出版者不再是图书制造者或者经销者，而是成了风险资本的所有者以及明智的投资者。

（3）大运动：19 世纪初期，在大西洋两岸，出版已经成为一项广为认可的活动，随着诸如拜伦、斯科特以及后来的狄更斯等明星作家的出现，出版业也发展到了一个高潮。这些作品在市场上不断受到追捧，而在 19 世纪 80 年代之前国际化的版权机构还未出现，这也就意味着赫林曼成功开辟的生机勃勃的知识产权市场面临困难的挑战。美国的出版业变成了参与者口中的“大运动”，一场面向市场的重印竞赛，在这场竞赛中出版商最宝贵的资产就是他们超速复制文本的能力，这使他们打击了其他盗版并且对垄断也窥探了一隅。

与传统人工印刷相比，工业印刷技术大大提升了作品的印刷速度，进而能够满足由于文学作品及可支配收入的大量增长所带来的越来越多的作品需求。美国南北战争前的主要出版商如凯里

⊖ 在真实经济中获得一种有用的购买模式的详细情况并不总是那么容易：“并不存在某种有关伦敦贸易的令人满意的经济学模式，使其可以在人工印刷时代在作家、印刷工、图书销售商以及读者之间构建密集以及复杂的关系”（Barnard and McKenzi，2002，553）。

和哈珀兄弟明白，如果他们首先掌握图书原稿的话，就可以在其他廉价盗版书进入市场前提前获知一些相关信息。人们做的所有事情的目的都是为了能够在第一时间进行图书的出版。通常情况下，他们都有一个代理人在伦敦工作，而代理人存在的目的并非只是购买版权，更重要的是能首先拿到图书原稿并将其快递到美国。在其他出版社蜂拥而至想趁机获得独家版权前，凯里的代理人约翰·米勒花了100英镑购买了《尼古拉斯·尼克贝》的原稿，当时该原稿是通过新型轮船“大西方号”运回的。

出版商会雇用成倍的印刷工全天工作以完成书籍的印刷。1826年亨利·凯里雇用了30家出版社在36个小时之内完成了拜伦的《唐璜》的印刷工作。在19世纪20年代中期，哈珀研发了一个特别平滑的大型印刷设备，占据了位于纽约克里夫街的一间大型出版社的面积。然而，各种卑劣的小花招也屡见不鲜，印刷工会因为得到贿赂而把原稿泄露出去，与进口的英国版本之间大打价格战，评论家也会在接受贿赂后阅读某个固定的版本，甚至为了取得某部新作的版权也会对文本内容做出相应的修改。在纽约和费城这种大都市里，有时仅仅在新书出版后的几个小时里盗版书就开始贩卖了。在1842年狄更斯的美国之行中，他对这种行为进行了谴责，认为这完全是一种偷盗行为。㊀书籍的再版通过利用第一次出版产生的辐射效应而形成了出版的生态系统，每一次的再版都会发掘出新的价值层并吸引新的读者群体：

㊀ 在《贝弗利尔山顶》还未到达码头之前，它就已经下船了，而哈珀兄弟在仅仅21个小时之内就见证了该书籍的上架，轻而易举地打击了凯里（Tebbel，1987）。

> 一部狄更斯的小说可能第一次会由凯里或者其他名气较大的出版公司出版高质量的版本；然后就是对该版本的廉价盗版复印；继而是廉价的小册子；之后是以连载形式出现；再之后是出现在地方报纸上；随后是25美分的“铁路公路”版本；最后的结果则是书中章节会被印在铁路时刻表上。（Johns，2009，303）

除此之外，盗版还是一个高利润领域。在1824～1826年这两年的时间里，凯里获得了50万美元的进账。盗版导致了极大的不稳定性以及价格、利润和销量的彻底崩溃。

最终，各方达成了一项休战协议，做出了相应的让步，这一协议被称为“贸易的礼节”或“哈珀协议”。尽管没有完全消灭这场大运动，但是该协议实现了一定的稳定性——即使需要几十年的实践去建立一个正规的国际版权系统，比如哈珀向美国引进了很多英国当代文学巨匠的作品如勃朗特姐妹、乔治·艾略特、威廉·梅克比斯·萨克雷以及必须要提的查尔斯·狄更斯，并从中获利不少。跨大西洋的再版贸易与在赫林曼时期与科贝格时期的发展形成了鲜明的对比。对于赫林曼而言，新兴的版权形式是其业务模式的核心内容，而对于生活在印刷稀缺时期的科贝格来说，大批量印刷图书的能力才是最为关键的。而这两种情况对于美国弗莱彻·哈珀一类的出版商来说都不适用。即使在这个出版史上相对比较先进的阶段，与新闻或再版出版一样，他们讲求的是配送的速度。盗版行业由来已久，经常与法律、商业、创造性和包容性等名词密切联系在一起，而与出版业的联系却并不紧密。但是在这里，与“出版是在版权的基础上建立的”这一概念正好相反，很大程度上而言，出版是与盗版联系在一起的，而且把某物公之于众主要是关于传播的速度而并非是所有权或者仅仅是书籍印刷的问题。尽管如此，这在美国出版业史上仍然是一个激动人心的时期，这一时期出现了很多广为人知的名字：约翰·威利、查尔斯·斯克里布纳和纽约的乔治·帕尔默·帕特南、亨利·霍顿、查尔斯·利特尔以及波士顿的詹姆斯·布朗。

从纽伦堡到纽约，可以说其实出版并没有一个属于自己的历史，有的只是出版物的历史。起初，我们可能会问在哪种程度上人们才可以真正地被称为前卫的出版商。而如果出版业没有发生翻天覆地的变化，也会让我们感到诧异。这三个插曲都可以称得上图书出版领域的案例，但是也有着自身独特的操作模式和基本原理。不同的目标、身份以及经济学都参与其中。它们共同阐明了出版商究竟是怎样一种令人难以捉摸且进化诡异的生物。需要满足哪些共同的特征才能被称为出版？学者长期以来所认同的那种书籍史也在折磨着历史。[⊖]运用这种谱系学我们可以问这样一个问题：出版真的是人为地从一个通用词条经过一系列的分离而形成并被误以为出于对书籍的兴趣才产生的吗？也许我们不应该再像对待印刷锻造和社会网络营销那样将出版进行比较了。

出版媒介

图书和出版是一对非常般配的组合。然而，很大程度上而言，出版自身的复杂性是由其跨媒介性造成的。如果声音、图像和文

⊖ “除了在上世纪，‘publisher’已经成为过时的词语，并且隐藏了赞助人、印刷工、文具商和图书销售商等角色之间的各种复杂关系”（Adams and Barker，2006，50）。

章都可以被出版的话，这将意味着什么呢？鉴于这些产品彼此差异很大，所以我们在它们之间能够建立何种水平的对等呢？对其他媒介的分析为出版的概念提供了一个新视角。在过去40年里，电脑和网络出版变得日益重要，但是我将它们置于数字时代及其带来的挑战这一章。同样的，在图书出版业内部也存在着这种多样性，在STM教科书与历史演义小说之间，我们可以把它们勉强称为一种单一商业。我无意看轻这些差异，而是着重关注书籍之外相关词条的使用。

（1）音乐出版的发展与图书出版如出一辙：出版商制成印刷品通过经销商网进行分发，并控制在英格兰和威尼斯等地的垄断组织手中。18世纪，涌现了一些杰出的德国音乐出版商，如布赖特·科普夫与哈特尔公司，该公司出版了海顿、莫扎特、贝多芬、李斯特以及门德尔松等作曲家的作品。19世纪，如伦敦邦德街查普尔公司之类的出版商发挥着类似的作用。在19世纪末期，焦点开始转向位于纽约臭名远扬的锡盘巷（或者西街28号，如果你更喜欢这种称呼的话），那里聚集着一群狂热的音乐出版商，他们与百老汇的轻歌舞剧群体一起去发现并传播最流行的音乐曲调。唱片录制的出现改变了这一行业，使得绝大部分的权力和诱惑力被掌控在唱片录制行业手中，也使出版商与唱片录制公司彻底发生了分离。

目前最大的音乐出版商就是Sony/ATV，因为它在音乐产业中占据着重要的地位。然而图书出版商是典型的主要媒介，当然也是产品有目共睹的业务经理。而音乐则被唱片公司和出版商共同掌握在手中，它们共同充当一种版权的掌控者。出版商会收取版税，通常包括机械式（指唱片公司出版的CD一类的销售）、播放式（例如手机铃声和收音机）以及与音乐同步的一些其他领域（音乐和移动影像结合在一起）。[⊖]乐队会在收取相关费用后发布新的产品、特许手机铃声或者为影视剧创作相应的音乐，而出版商在国家授权机构体系的协助下对该流程进行相应的管理。由于唱片公司集中于确保自己单位销售模式下唱片的播放而出版商则正好相反，他们发现盈利机会减少了，而且更糟糕的是业务遭到了破坏，所以唱片公司和出版商之间的关系开始变得紧张起来。这一存在争议的“贿赂之风”（为了播放某首歌曲，会有人付钱给广播电台，这与出版模式下的情况正好相反）对于出版商而言毫无疑问是一个诅咒，而且也游走于相关行业法规之外。

1999 年纳普斯特公司文件分享服务的出现使得唱片出版销售陷入了危机之中。根据国际唱片业协会（IFPI）提供的相关数据，2004 ～ 2009 年间全球唱片销量下降了 30%。通常情况下，出版商和歌手会对收益进行五五分成，而随着唱片市场的低迷，出版商成功夺回了作为该行业主要推动者的原有身份，甚至在一些领域拥有大师级的唱片，而这也是唱片公司的传统据点（Wikström，2009）。

音乐出版并非单元式销售。它更像由图书出版商的权力部门与图书馆馆藏机构共同组成的一个大型混合物，然而这一特性也使它无法在更广阔的音乐领域中所占据的重要地位。我们在思考如何将音乐出版与图书出版的基本概念进行对比上采用这样一种

⊖ “尽管机械式版税已经随着唱片的实体销售一起减少了，但自从进入千禧年后，播放式以及同步费用等则增加了”（Wikström，2009，93）。其价值可以通过索尼为百代唱片（EMI）出版部门所支付的高昂价格看出，这一价格要高于百代唱片公司的成本。参考 Novak（1984）。

方法，即把在商店购买一本书籍当成一种发行物，而把在广告中听到一首歌曲也当成一种发行物。在这种情境下，听音乐不仅仅在物理层面上是无形的，在哲学层面而言更是如此。去听音乐广播就是去体验一些超出实体控制之外的事物，是一种短时性体验，并且会与其他媒介相互作用，相互配合。从本体论、经验性甚至是经济学的角度而言，这两种产品都完全不具有可比性，但是它们都是被出版的产品。与图书出版商不同，音乐出版商很少参与创意过程或者产品生产、包装、分销以及定位等环节。但是通过一种与唱片音乐产业完全不同的商业模式，以新的形式把音乐传播到新领域，可以让这些发行商获取巨大利润，而这也是与图书发行业最明显的相似之处。这里，有两个坐标在发挥着作用，一是发行产品的本质属性，另一个则是构成发行的各个环节的实践活动。

（2）与音乐一样，当提到电子游戏时，这种出版物上的差异性表现得也非常显著。此外，它与印刷出版之间这种松散的联系也并不能站住脚。电子游戏具有交互性和视觉性等特征，就像电影制作一样，需要配乐、演员、生产部门以及大量研发预算——开发一个三 A 级的游戏的成本通常是 4000 万美元，而这一数字即使是对于最大的图书发行商来说也是一个天文数字。[⊖]实际上，电子游戏产业与好莱坞片场系统之间，以及电子游戏产业与图书或

⊖ 这些开支可以在相关收入方面有所反映：动视暴雪（Activision Blizzard）公司的《决胜时刻：现代战争 3》在第一周的销售额就超过了 10 亿美元。实际上，这些数据是在出版领域发现的而并非其他地方，并且把电子游戏划分为当代全平台出版最为强大的商业增长领域之一——2012 年，全球收入预计达到 680 亿美元，与 2011 年同期相比增长了 10.3 个百分点。参考 Caron（2008）。

音乐发行商之间的相似程度差不多，被称为工作室的创意团队负责开发那些或得到资金支持，或俘获出版商，或者不断并购工作室的大型商业组织授权的游戏。这样的结构对于图书出版商而言并不是完全陌生的：主要创作者、作家或工作室会与出版商这一非对称中介打交道，因为出版商控制着“作品出版”的各个环节，包括分销、营销、宣传和销售等。尽管数字时代对该产业造成了一些负面影响，但是该行业的这一原则已经证明在被认为是无缝经销的这一时代，出版业仍然具有显著的回旋余地——比如游戏《愤怒的小鸟》开发商罗维奥公司（Rovio）就利用了发行商麒麟狗公司（Chillingo），在这里，发行商所发挥的唯一作用基本上就是使这款游戏能够引起苹果公司员工的注意，而这一不起眼的举动却是该款游戏取得现象级成功的最主要原因（Cheshire，2011）。

网络游戏的免费模式是该产业非常重要的一部分。该模式有赖于一群支持游戏货币化的游戏死忠粉。最近，大量多人联网对战游戏等一系列产品爆炸式涌现，这些游戏构建了运行着的虚拟世界，这些世界有其自身的地理、历史，甚至拥有可自由兑换的货币。通过构建这种世界，打破了单元式的销售理念。在这里，被发行的内容与其说是某个独立的产品，不如说是针对某一“现实”而进行的批发式模拟、维护以及货币化行为。另一方面，电子乒乓球游戏 *Pong* 这类简单的休闲小游戏仅涉及基本的交互，而且不需要标准显卡。但是这款游戏就像高度进化的《天际》或《魔兽世界》一样。这其实就是一个深渊——除了交互性以外，几乎再无任何共同之处。交互性本身就是出版的内容。

（3）英国的报纸、期刊的发行至少可以追溯至1665年——而且甚至可能更早，如果把古罗马的《罗马公报》、中国的邸报、中世纪年鉴、小报、意大利的《公报》以及德国的《时代周报》也包括在内的话。它们所拥有的最初比较相似的悠久历史以及对文字共同的依赖性使得图书出版和报纸出版有一些表层的相似之处。作家、印刷商和读者曾占据着早期新闻和图书出版的公共网络。19 世纪伊始，报纸的产生促进了印刷业的发展，包括印刷速度的提升、经销范围的扩大、效率更高的排字以及工业化进程的加速等，这些都刺激了印刷量的大幅度增加。正如其他发行形式一样，我们注意到了内容生成与商业之间发生的脱离现象。比较典型的就是一份杂志或报纸需要有编辑来负责其内容，也需要有出版商来负责其商业事务。然而，在内部与外部之间存在一个模糊地带，就好比一位游戏出版商购买了一个工作室。报纸中充满了外部输入的内容——他们一半是内容编辑者，一半是内容购买者，如同图书出版商一样。报纸会购买和包装那些来自新闻专线、情报员、摄影师、视频团队以及图片社的各种材料，与第三方相关联的内容授权和企业联合组织对于该行业而言非常重要。因此，他们不只会模糊内外部内容生成的界限，而且还会陷入商业模式的扭曲形式中。

可以从四个方面对报纸或杂志发行进行切分，不仅要在商业和符号规则（印在旨在报道事实的宽幅纸张上）之间考虑，还要在独立的读者——读者和广告商之间考虑，因为对于广告商而言，读者就是所发行的产品。这种状况会反映在利益分割上，报纸刊登广告的收入会占到其总收益的 57%（OECD，2010）。因此，报纸发行会与两个价值链对面而坐，不会大力把销售量的增长作为其第三方的收益。在这种情况下，销量或所谓成功不再只是与单元式销售量相关，而是需要把所含的广告商价值也考虑在内：

报纸出版商所扮演的传统角色是在内容生成者（记者）、信息消费者、广告商与其他焦点搜索者之间充当一种媒介。出版商一方面会对信息进行筛选、核实、整合和加工，而另一方面他们也会把对信息的需求与观众进行融合。他们会对信息进行传播，并使那些在双边市场充当中间媒介的广告商们能够“接近读者”。最后，重要的是他们会分摊在大量消费者和广告商之间进行信息传播以及信息生成所消耗的成本，因而最终能够让信息不仅能从本身的内容上，也能在价格方面为消费者所接受。（OECD，2010，56）

尽管有一些游戏出版商在寻求赞助或广告模式，但是却很少有图书出版商会忙于这些事情。成本结构反映了其做选择时的立场——只有 24% 的开支是用于编辑或者与内容相关的活动上，剩余的成本都用在了营销、经销、宣传以及生产等环节。这似乎与报纸对新闻收集成本的抗议背道而驰，而习惯上，这也是合理利润率所重视强调的内容。与游戏或音乐发行不同，报纸拥有一种与生俱来的、实时的且完全未被定义的产品：新闻。另外一点不同是，报纸拥有一种体制身份，是对以前社会结构的一种补充，能够使我们看到那些早期报纸的使用情况。比方说一本关于插花的商业杂志囊括完整的插花工序，并且必须要符合插花的原则、风俗以及价值，进而有针对性地发行给某一类观众。新闻出版带来了很多有关筛选和框架的难题，而这些难题却是媒体理论家喜闻乐见的，一些共有的模糊性也会出现，但是这些在其他形式的出版中并没有表现得那么明显。

出版具有跨媒介性质。我们再次以广告中的歌曲出版为例。人们通过收音机或者电视等媒介感受到声音本身，就传播声音的媒介而言，两者都是通过广播的形式传播声音，然而音乐却是通过出版才得以传播的。因此，声音的广播和出版是同步进行的。但是通过这种方式进行声音出版所取得的效果并不理想——不管怎么样，这种即时性以及任何形式的声音呈现并不符合我们对出版的概念。声音的出版更具主动性、实况转播性和干涉性。㊀

传播学理论 Bernard Miège（1989）对其所说的“出版逻辑”与“流逻辑”或广播模式进行了对比。㊁如果出版逻辑指的是销售忠于创作者的独立内容单元的话，流逻辑则有关连续规划以及广大听众。在 Miège（1989）对它们进行描述后的 10 年或 15 年里，它们之间有一个共同的特征——网络，即都被证实是可以完全转换的。正如我们将要看到的那样，如果 Miège（1989）对数字融合进行全方位解释的话，我们则需要重新评估出版逻辑。另外一点值得注意的是它们在利润方面各自所占的比重。OECD 的相关数据显示，2009 年时新闻利润超过了 1640 亿美元；所有销售的图书、STM 以及其他教材带来了 1120 亿美元的利润；电子游戏利润是 850 亿美元而唱片音乐是 270 亿美元，影片则为 850 亿美元（但是最后这两项并非严格意义上的出版）。

马勒的《第九交响曲》，哈利·波特拼图、《世界报》、卢西安·弗洛伊德的绘画集以及游戏《侠盗飞车》：这些全都是被出版的作品，尽管彼此有着不同的文化背景、风格特征、媒体形式、商业模式、受众、组织系统、创作者类型、时间以及地理根源。

㊀ 有声读物是一个中转站——某种层面而言，它们是有声的，而从另一层面而言，它们又是另一种文本形式，正如平装本或电子书一样。它们已经充分接近一种图书，因此更容易吸收“图书出版”而并非是“音乐出版”的相关关联。

㊁ 在 Miège 的体系中，报纸出版物也具有了自身的逻辑，界于“出版逻辑”与“流逻辑”之间。

所以，怎样的一种发行概念能够将这些支线统一起来吗？或者我们难道已经对这些发行实践活动进行了错误的划分吗？

哪些不是出版

为了消除那些关于出版定义的困惑，我们必须建立核心活动。我们必须要问这种或者那种要素一直都是出版的一部分吗？如果答案是否定的，那么该项活动就不是不可或缺的成分。出版不能被简化为该要素，这样一来，又会产生对在这样一个社会性的不断进化的产业中是否真的存在固定且不可或缺的要素的疑问。社会建构主义者会提出反驳：存在于社会生活里的出版业就是一种能够反映所有社会实体任意性的各个实践活动的聚集体。

通过分析哪些不属于出版，可以预先假设一种现实主义观点，即把出版看作一种连续的、可以辨识的并且具有历史连贯性的实践活动。这并不是说把出版进行简化，而是把它看成一种可理解的、连续的但是又在不断变化的系统。这种方法揭示了出版的模块性：挑选不同的功能以生成完全不同的组织和产出。克拉克和菲利普斯提出了如下的观点：

> 出版商可以选择这条价值链上的哪些要素由自己承担，哪些要素外包给第三方。比如说，通常情况下制定新选题都是在内部完成的，而文字编辑和校对则往往交由自由编辑来完成。这一价值链上的关键要素包括知识产权的获得、编辑、设计和制作、市场营销以及销售，而且绝大多数的出版商都会直接控制这些环节。出版商可以试图整合价值链上不同的环节，比如，编辑、设计和制作可以整

合成一种功能。(Clark and Phillips，2008，68)

当下，我们可以把出版与内容的主要创作和某种印刷物的生产（或移至数字领域，甚至是代码生成板块）分离开来。正如 Thomas More（1529）所暗示的那样，写一本书与出版这本书之间并不能完全画上等号。正如我们在印刷发展初期所见到的那样，印刷和出版之间的界限是比较模糊的，但是这里的确存在一个差别——有时候，科贝格就只是一个印刷工，而其他时候他又是一个出版商。有时候两者的紧密度使人们在第一次接触它们的时候难以将两者分开，但是在发行与金属铸造之间的确存在一个界限。

经销又是另外一个常量。然而，这一常量在通常情况下又是可分离的。15 世纪时，经销指的是流动的旅行式书商携带着大量未装订的书稿辗转于城镇之间。与印刷一样，经销与出版之间的界限通常也很模糊：出版商会在欧洲主要图书销售中心的代理商之间维系相关的联系网，并经营自己的跨境营销网络。正如我们所见，在赫林曼时期，出版与图书销售本身也有着重大的交叉——在印刷出现的最初几个世纪里，印刷车间、出版社和书店往往指的都是同一个地方。而诸如兰登书屋和麦克米伦出版社等当代出版商则拥有独立于出版工作场地的经销分支，其利润率取决于向第三方的承包。经销通常都是产品流通于市场的一部分，它也可能有时是发行过程中的一环，而有时又不是。因此，在经销方面就会产生之前曾讨论过的问题——即使经销是出版的一个必要条件，它本身却并不能构成出版活动。

在 Patrick Wikström（2009）关于音乐产业的讨论中，他把其称为一种“版权产业”，于他而言，这一称呼比“创意”或“文化”产业更为贴切。由于一些原因，把知识产权归于出版的重要组成成分这一理念非常具有诱惑力。被 John Thompson（2010）称为发行商的“智力资本”的合约股权是其主要资产之一。对知识产权的拥有可以与印刷或者经销相分离，且一直都处于贸易活动的中心地位。可以说，发行是由一个版权市场组成的，这一观点灵活地把包含这一要素的各种形式的发行都连在了一起。然而，正如早期美国发行业显示的那样，这种论证仍然不够充分。

不论是在 15 世纪还是现在，出版通常不会出现在知识产权的框架中，或者说至少会忽略掉这一框架，这种情况也不仅仅出现在互联网作业中。在知识产权（IP）意识比较薄弱的国家，出版通常是由那些并不享有相关权利的人完成的。知识共享和开放存取绝不只是数字时代特有的产物。它们是基于版权预测产生的，但却对它的一些商业假设提出了挑战。尽管版权已经与出版紧紧绑在了一起，但是我们并不能直接认为出版就是版权。那样的话就会使大量历史的、当代的以及未来的实践活动不再受出版的庇护。Adrian Johns（2009）有力地争辩道，版权的历史既富创造性又模糊不清，出版和版权有其相互重叠的部分。

因为已经分析了一些比较常见的外包特征，我们可以自信地跳过其他诸如设计、文字编辑或校对等常常会外包出去的要素。这些要素都是价值链上的关键成分，但是并不是出版概念的核心，因为它们并不能解释所有形式的出版。关于出版商是如何处理内容的，包括编辑部选题开发和外审，到对质量的最终核实等很多方面并不是出版与生俱有的内容。

且不论我们所讨论的出版的内涵是什么，它并不包含这一价值链，而只是这条价值链上一个要素。与校对一样，出版本身就是价值链上一个节点，且在某种程度上而言构成了价值链的一部分。

近年来，市场营销和宣传发展显著，且已经成为英美出版商的最具核心竞争力的板块。实际上，市场营销和宣传使我们再次认识了“创造市场”这一理念，即出版商为作品挖掘和寻找观众——通过“出版”这样一种方式使某部作品广为人知。与版权一样，市场营销和宣传存在于所有形式的出版中，并且是出版理论中非常显著的构建模板。此外，与版权一样，最终它们自身也是太具局限性，在这场概念探究中以失败告终。市场营销和宣传功能通常与被营销和被出版的东西是相互分离的，而出版和所出版的内容则属于同一程序。这也就是说，出版属于作品创作的一部分，而市场营销和宣传则属于辅助性的事后进程，市场营销在内容决策、策略以及内容生成方面发挥的作用日益重大（Squires，2007）。如果我们可以顺利分开市场营销和宣传，并将其进行模块化的话——总之，通常情况下，营销和宣传都会交由专门的外部代理商完成，那么，我们能够从广义上把造和市分离开来吗？答案是没那么容易。我们已经找到了一些核心的东西。此外，上述讨论取决于这一混合物中必要构成成分的内容合并：如果没有内容，就没有出版。为了进行出版，你首先需要有可出版的内容。这是另一个核心要素。

从逻辑上而言，委托创作或内容获取也会成为出版的核心领域。然而，虽然委托创作的变动性很大，但是一些出版商是从零开始进行委托，其他一些出版商则与代理商一起工作，剩余的则采取综合性的策略。在委托过程中，在不同的部门之间有不同的侧重。一些依赖于阅读，其他的依赖于定量研究；一些依赖于社会关系，一些则依赖于原有的积淀或现有的品牌。一些委托是关于合同出版的，其他的则是关于学术团体的。一些受委托的创作者是组织内部的，其他的则是编辑委员学者。委托并不是一个通用范畴——一些出版商由于所有权、合同或出版某些作品的便利条件等原因，不再把委托掌控在自己手中。内容获取并不总是向上述所说的那样被“委托”，而是常常在写手提交之后才能被购买。同样，很多出版商也是对内容的再包装商或复印机。尽管可能看上去是比较靠谱的出版的跨形式要素，但实际上“委托”这一环节仍然充满着极大的变数。编辑创意投入的整个过程也仅仅告诉我们出版环节包含着内容。

如果我们认可这种模块论点的话，即构成某种出版商的最简洁的成分是一种对各种角色的历史性偶然分类，那么我们是不是可以把出版看作一种内容依赖型的管理活动呢？出版商是对致使文化产品进入公众视野的这一程序的监督审查者，但是，并不需要提前明确这一程序。这是一种抽象意义上的管理主义操作，会把出版与人们口中所谓的出版商进行整合。如此一来，出版商可以选择负责委托创作和宣传工作，而把生产和经销进行外包。在出版处于摇篮时期时，情形往往与这正好相反，但是这不再意味着这些比那个时候更重要。如果我们打破图书的传统出版程序（制纸、编辑、文本生成、印刷、装订、书籍销售和经销），那么出版也就是制造或控制影响。关键在于出版商是管理者，协调者或者说是一种催化剂。尽管可以足够灵活地满足人们对社会组织的一种建构主义者观点，但是与把出版定义为“使其公之于众”一样，这种观点最终也起不到什么帮助作用。它并不能告诉我们出版对文章内容起到了什么影响，或有效地把出版作为很多活动中的一种进行调整，不过，从本质上而言，并没有把它们进行相应的区分。出版就是我们所谓的认识世界的一种迂回浅显的方式，如果我们继续认为出版具有一种独立的身份，正如我所做的这样，那么，这种观点是无法站住脚的。

最后，让我们一起对“出版是一种服务”这一观点进行一下检验。再返回到与之前提到的诸如教堂或国家等这种机构之间的联系上的话，我们可以把出版作为一种服务业，为这些机构提供它们所需要的相关材料。《圣经》和神学的相关出版也是为教堂服务的。[1]另外一个例子是融入学科的科学的发展，连同现代化机构的机制：诸如始于德国的研究型大学和实验室等权力和生产力中心；接受度最好的实践活动的编码系统——科学办法；诸如皇家学会这种违反要求的权威机构；当然还有把它连在一起的一个传播（出版）网络。《皇家学会学报》的发行历史可以追溯至1800年，那个时候科学的组织化刚刚呈现出现代化的特征；[2]《自然》杂志，这一目前为止在世界上被引用最多的杂志，它的第一次出版可以追溯到1869年，当时在英国，科学迅速呈现出专业化的特征。该杂志出版了诸如托马斯·赫胥黎和赫伯特·斯宾塞等当时伟大科学家的作品，这两位科学家都是民间科学组织——“X俱乐部”的成员，该组织的成员共同塑造了19世纪末期科学的发展。

因此，两种出版都可以被看作一种服务，寄生在更广阔的制

---

[1] 顺着这一思路继续走下去，我们也可以认为基督教思想中正统的分裂以及形式的转换是在出版的驱动下产生的。

[2] 尽管，《学者杂志》（*Journal des Sçavans*）是现代学术出版领域的第一种期刊，而《皇家学会哲学学报》仅晚于该期刊，但是与此同时，《皇家学会哲学学报》的连续出版史可以追溯至1665年，该杂志也是世界上历史最为悠久的科技期刊。

度空间但又对其起到支持的作用。这里，出版是话语和知识生成的一部分，建立在社会建构以及相应制度的基础上。今天我们看到在面向学院的学术出版的这种不断发展的服务关系——目标导向的研究文化和“发展或陨落”的学术职业路径是由一种贪得无厌的、能获取高利润的学术出版产业提供相应服务的。大学院系变成了写作工厂，在大量昂贵的期刊上不断出版自己的研究成果，并由那些进行着同样活动的大学来为其买单。

这里存在两个问题。出版并不仅仅只是一种附加物。《自然》杂志在19世纪末期的科学商务领域扮演的也并不是一个客串角色，它已经深深植根于科学专业化、系统化的发展进程，正如它的声望仍然使其在科学社区、资金分配、科研日程制定以及事业发展等领域成为权力掮客一样。很多围绕出版在宗教改革运动中所发挥的作用展开的讨论表明，出版活动具有更为深刻的意义，而绝不仅仅只是一种服务，正如路德与其盟友一样。出版与教堂和国家等实体之间是一种共生关系，而绝不仅仅只是发挥辅助性作用。

当然，很多出版商并没有与任何机构建立联系：如贸易出版商或用户出版商。当出版商也拥有了自己的独特身份时，精明个性的浪漫艺术家也就开始追求那种崇高之美。大概出版诗歌于诗人或诗歌而言是一种服务。出版商有时候也会独自出版一些他们认为有内在价值的东西。作为费伯出版社（Faber&Faber）的编辑主任——T.S. 艾略特主要是对那些他认为有诗学价值的投稿感兴趣，而并不看重它们的商业价值。我们也可以说对作者而言，出版只是一种服务。但是，这样一来问题又会出现，我们肯定会问：如果对作者而言，出版是一种服务的话，它到底是怎样的一种服务？它的作用是什么？

如此一来，我们手中还剩下哪些要素？内容、市场营销以及发行。还有一个非必需但常见的风险因素——经济价值。任何出版理论都必须综合串起这些节点，因为所有这些节点都横跨整个出版史以及出版的不同形式、定义以及可能性。

为什么我们需要一种出版理论

此次调查并没有做到面面俱到，其目的只是为了提出问题，并揭示出版更深层次的复杂性，并不是为了阐述出版的历史、形式、时间以及用途。从需要解释的难题开始，一言以蔽之，大部分出版商都受困于哲学怀疑，但他们选择迎难而上并开始做这项工作。

这并不意味着不存在问题。即使我们把当代图书出版隔离开来，它的模块性仍意味着其核心内容会缩减成一些仍亟待解释的抽象且混乱的概念。除了各种各样的活动和产品以外，还有哪些其他共有的要素？所以，不可避免地又会回到 Williams（1983）的观点，即看得越仔细，越会发现各种问题，出版也越会成为一个关键词，与其他存在疑问的概念之间存在多重晦涩难懂的联系。

人们无法简单清晰或充分地对“出版”进行解释。我们几乎意识不到它的不同用途、历史、形态以及内在功能是如何融合在一起并形成了不同的不稳定的媒介行为。因此，在数字时代到来之前，我们仍然需要一个关于“出版”的庞大而统一的理论体系。

| 第 2 章 |

数字时代及其带来的挑战

从古腾堡时期起，虽然“文字正在发生最深刻的转型”这一观念已经成了老生常谈，但这一说法并非毫无根据。自从出版社出现后，不仅仅是图书和出版正在经历意义最为重大的过渡期，整个传播模式大概也在经历史上最大的变化。此外，我们仍然处于数字科技发展的初级阶段。在接下来的几十年里，毫无疑问，数字科技会以人们想象不到的方式发展。用周恩来分析法国革命的话来说就是，即使是在 20 世纪末，要对“数字革命”下判断也尚言之过早。它的影响已经波及各个行业，出版当然也不例外。因而，数字科技引发了下述问题：什么是书籍以及出版书籍指的是什么？

Ewan Morrison（2012）所谓的“纯理论的元实践活动”[1]

---

[1] 参考 Morrison（2012）。

的出现可作为对此问题的一种回应，包括在各种会议、博客、邮件、研讨会、产业联盟、报纸和咨询以及本书等书籍中出现的一系列讨论，进而对数字出版详细地进行阐释。出版商、零售商、初创公司以及科技公司的每一步行动都会接受严格的审查。几年来，人们经常会拿“在数字出版中最好的赚钱方式就是举行一次大会”这种观点来开玩笑。在这种充满变数的情况下，长期继续进行此种讨论注定是会失败的。比如，在一周之内，iPad 使数字平板电脑从一种小众产品摇身一变，成为所有主要科技厂商争先追求的大众产品。因此，我的想法是尽量避免纯理论式的元实践活动，并且探究眼前这些问题背后的东西。通过分析现代的一些例子，我试图找出那些潜在的发展趋势，那些真正意义上的转换要素以及引发数字出版带来挑战的深层模式。

最显而易见的是，数字革命已经通过电子书的形式向图书出版商证明了自己。正如 Thompson（2005，2010）所说，电子书是自 20 世纪 80 年代以来在出版工作流程中发生变化的唯一最突出的体现——先前的图书只是在出版过程的后期阶段才成为印刷品。大部分针对电子书的实质工作已经呈现出“数字化”特征。然而电子书已经让出版商忙得不可开交。但是，它们并不是数字过渡中最吸引人或是最具挑战性的部分。为了确保电子书的形式能够与印刷本一致，大家都做出了很多努力。与印刷品一样，电子书的标准商业模式也是基于单元式销售，而标准工作流程以及相关产品也与实体书籍的这些内容相对应。两者唯一的区别在于电子书的虚拟性。尽管在很多方面并没有发生重大改变，但是在向

“0-1”式的二进制编码转变的过程却会产生很多问题。[⊖]

桌面出版（DTP）出现的早期证明了仅凭数字化和虚拟化并不足以使出版陷入混乱。数字网络的不断发展才是问题的关键。社会学家曼纽尔·卡斯特就“网络社会”的冉冉升起写过很多文章，指出在这样一个社会中，不断变化的社会构成以及先进的数字技术会创造新的文化形式。网络社会正在从根本上对我们的传播提出警示，造就了“大众自传播”以及通信汇流等所有媒介都出现在一个数字系统中这一现象的产生。这种融合所产生的影响几乎已经大到不能再大了。网络拓扑学促成了信息经济的产生，缩小了因地理位置而造成的阻碍，改变了生产和工作方式，造就了一个完全不同于 20 世纪中期的全新媒介和社会。网络指的是连接、数据传输、链接以及联系路径和联系网。一般而言，数字网络的出现代表着网络性能的大幅度提升，而我们现在仍然在学习利用这一成果。

我们无法在媒介形式、技术环境以及社会结构之间建立直接的联系。如今，这样做不仅仅意味着对数字时代的成果进行概述，更重要的是简述这一网络时代的成果。一本电子书，在没有网络也没有经销渠道的情况下，其发挥的作用完全无法与印刷书籍相比。现在公共网络中的电子书几乎可以瞬时在全世界范围内被无限地复制和共享。这是很明显的一点差异。正如卡斯特所言：“这种具有全球性覆盖特征的新型电子通信系统的出现、它对所有传

⊖ 用麦奎尔和奥利里的话来说就是“我们现在正在有效地为数字领域复制这一‘纸质’模式：出版商把文件交给经销商和零售商，再由他们把这些文件卖给读者，继而读者再把它们下载至各种各样的设备上，这样一来就可以随时随地进行阅读”（2012，2）。

播媒介的融合以及潜在的交互性正在改变并且会永久改变我们的文化”（Castells，1997，357）。他指出网络不仅仅会重新塑造内容的分布，还会对内容和我们自身进行改造。

为了弄明白数字时代的挑战，我们需要揭开互联网（它的名字就已经表明了自己的内容：万网之网）的出现对网络造成的相关影响，并且要思考这些影响又会如何作用于出版业。本章首先着眼于传播技术的历史，进而为“数字网络”找出一些相应的例子，而并不仅仅是提供一种数字视野。该章针对在不把网络架构作为了解真正数字难题——去中介化现象和版权不稳定性的方法的前提下，内容是如何演变的进行了审查。迄今为止，出版商一直担心一些操作问题，包括数字供应链、新产品生产、商业条款、合同、新职工、IT 基础设施以及网络市场营销。他们并没有很在意其余的两个。总的来说，最初关于数字出版的那些困惑已经减少了。一些操作因素得到控制，人们安排了清晰的增长战略，并解决了担忧。

最终，互联网开始冉冉升起。如果，如上一章中所讨论的那样，出版面临着数字时代的挑战的话，那么现在这一挑战只是变得更巨大了。在出版的中心存在一个看似简单且不具威胁性的问题：

如果任何人都能成为一名出版商的话，那么使你成为出版商的第一要素是什么？

数字出版的起源

不论是造纸、后中世纪的冶金还是 HTML 5 编码，出版总是与技术息息相关。当古腾堡首次聚焦出版时，大概他也第一次把各种科技、流程以及理念等整体地组合在了一起。技术通过可能性与反应之间复杂的相互作用塑造并推动了出版业的发展，但并不像一个人带领另一个人使之适应双人舞蹈节奏那样（可以查看第 4 章以获取更详细的信息）。如果这就是技术决定主义的话，那它也是最温和的那种。很明显，自出版社出现后的 350 年来，它的存在一直是相对稳定的。18 世纪末期的出版社大概会被认为是 15 世纪美因茨的手工艺人。

变化正在发生。1800 年，博学的政客斯坦诺普勋爵成立了第一个严格意义上的出版社，这也是在他充满发现与发明的事业里所取得的众多成就中的一个。

后来，在 1804 年时，德国创新印刷商弗里德里克·柯宁（Friedrich Koenig）搬到了伦敦，在那里他展示了自己高速运行的蒸汽式印刷机，之后又把这些印刷机卖给了《泰晤士报》的总编约翰·华尔特并应用于报纸印刷。[⊖]此后，变化发生得更快了，并且从未减缓过自己的脚步。1843 年，理查德·霍发明了轮转印刷机，由此开始了平版印刷，而平版印刷是在 1873 年平版胶印出现之后才真正开始流行，之后在 1886 年又出现了金属铸字排版。随着每次新技术的出现，生产力都会不断发展，进而导致印刷价格下跌并且潜在的出版量不断增加。[⊜]20 世纪，越来越多的创新不断涌现，包括网版印刷、点阵式印刷以及 20 世纪 70 年代出现的喷墨印刷，再加上个人电脑（PC）的出现，它们一起为印刷界带来了革

⊖ 当时，报纸在美国更为流行，但是也多亏了之后的蒸汽式出版，使发行量得以快速增长。

⊜ 这些突破性进展并没有面面俱到。具体细节可参考 Howard（2009）。

命性发展。已经沉寂了数百年的印刷业仍然还有很长一段路要走。但是印刷背后的基本原理——把文本和图片加于纸张之上，仍然是相同的。这是一种萌芽于 20 世纪 40 年代技术的集合，会破坏掉出版业的版图。

现代计算机和数字技术（很大程度上而言）源于第二次世界大战，当时，盟军试图在英国的布莱切利园破译“牢不可破的”纳粹代码——恩尼格玛密码机。阿兰·图灵等人基于在数学、逻辑以及科技上取得的突破研发了大量的精密机器，进而可以大幅度提升现有的运算能力[⊖]。战争结束后，该项活动转移到位于新泽西的约翰·冯·诺伊曼在普林斯顿高级研究所的研究团队以及贝尔实验室，即美国电话电报公司的研究分支，就是在这里晶体管于 1947 年得以研发成功。半导体充当电子开关而晶体管则以电子形式记下二进制代码，这就是今天为人们所熟知的那些华丽的电子设备的制造基础。20 世纪 50 年代，在贝尔实验室、得州仪器和飞兆半导体公司完成了相应的改良工作。慢慢地，计算机已经成为人们生活的一部分——至少，如果你在生活中经常和大公司、政府机构或研究型大学打交道的话，情况会是这样。UNIX 操作系统（由贝尔实验室所研发）诞生于 1969 年，而在 1971 年第一台微处理器成功面世，随后在 1975 年，第一台微型计算机诞生了。之后，在仅仅几年的时间里，数字技术已经成为主流，最为明显的就是在 1977 年，由史蒂夫·乔布斯和史蒂夫·沃兹尼亚克联合创建的新公司发布了计算机——Apple II。[⊜]随即在 1981 年，IBM 公司发布了个人电脑，而 1984 年，苹果麦金塔电脑也震撼发布。以前，基

⊖ 到目前为止，一台电脑就相当于一个人。

⊜ 也是在这一年，微软得以创立。

于打孔卡的计算机昂贵稀缺又笨重，并且需要大量的耗能，而在 20 年的时间里，计算机就已经变得即使说不上无所不在，却也是很稀松平常的一种存在。虽然数字技术的威力非常突出，但是如果没有网络、没有连接的话，它这种潜在的颠覆性影响力也会大打折扣。

然而，自从 20 世纪 60 年代末期以来，一系列类似的情节一直在上演。在 1969 年 UNIX 系统首次发布时，五角大楼的精英研究机构——美国国防部高级研究计划局（ARPA）创造了计算机网络并投入使用。1973 年，文特·瑟夫和罗伯特·卡恩这两位计算机科学家共同编写了互联网的底层协议：TCP/IP（传输控制协议 / 互联网协议）。TCP/IP 的主要作用就是成为数据打包的一个准则，在该协议中所有的信息都会被标准化，形成相应的数据单元或者数据包，但是互联网仍然会对数据内容保持彻底的中立。从根本上而言，互联网是开放性的，能避免集中控制。多亏了瑟夫和卡恩，这些特性才得以深植于互联网中，并且也从一定程度上解释了互联网潜在的破坏力。由此开始，互联网也随着这些专家一起成长，并且产生了一些很有趣的结果，比如用户网（USENET）。它是在 UNIX 系统的基础上建立的一个讨论论坛，1980 年诞生于杜克大学；再比如 1988 年出现的由康奈尔大学的计算机科学家罗伯特·泰潘·莫里斯研发的第一代网络蠕虫，即自我复制软件。

1990 年，由 CERN 物理学家以及计算机科学家蒂姆·伯纳斯·李创建了万维网（WWW）并使之成为一种充满传奇色彩的存在，而正是随着万维网的出现，互联网才成为主流趋势。许多年来，在公众眼中，万维网和互联网一直都是同义词，但实际上万维网要在互联网之上，因为它包括很多其他层面以及不同的数据传输类型。蒂姆·伯纳斯·李创建了一系列协议以及标记语言使互联网可以发挥越来越大的作用，包括 HTML（超文本标记语言）以及 HTTP（超文本传输协议）。1993 年，一位来自伊利诺伊大学厄本那香槟分校的年轻计算机科学家马克·安德生发明了软件 Mosaic，这是第一款网络浏览器。这些发明都推动了互联网用户的爆发式增长，在 20 世纪 90 年代，它的发展速度惊人而且之后也并未停下脚步。截至 2012 年，共有 22 亿网民，而在 2008 年时，另外一种信息技术——移动电话的用户数量已经超过全球人口的 50%，并且增长速度惊人（Castells，2009）。

这些在广泛的数字计算和连通性上所取得的发展是互联网社会得以运转的支点。它们的发展在很大程度上是相互融合的。这些观点的出现得益于台式电脑、互联网和图书数字出版的发展，就如同复印的出现也是得益于印刷的发展。正是它们各自的特性造就了当代图书出版的发展潜力和正在面临的威胁。桌面出版（DTP）始于 20 世纪 80 年代，那时计算机和软件的尖端性已经足以匹配传统排版。MacPublisher 发布于 1984 年，随后在 1985 年，阿图斯公司（Altus）发布了 PageMaker，它是以早期的威尼斯出版商阿尔杜斯·马努提乌斯的名字命名的。阿图斯公司的董事长保罗·布莱内德创造了短语“桌面出版”。Pagemaker 的升级版是 Adobe’s InDesign（PageMaker 应用了 PostScript 语言，而 1994 年该软件被 Adobe 收购）。它主要的竞争对手 Quark 处理器也进行了升级。出版的应用总是具有指示性：这是软件而并不只是为了生成文件。在由简单的“所见即所得”（WYSIWYG）（计算机显示屏上显示的图像是出版物的准确再现）所连接的依赖于微软磁盘操作系统（MS-DOS）或 Mac 操作系统的早期程序中存在一个致命性漏洞——文件发布，这一漏洞有待于被互联网以及网络出版修补。现在，每个人都可以通过点击按钮创建并传播相应的内容，这是一种与古腾堡时代完全不同的转变。

在 1971 年，古腾堡计划（该计划旨在使没有版权的文章实现数字存储和传阅）的发起者迈克尔·哈特发明了电子书。1993 年，为了销售软盘上的电子书，数字图书有限公司得以成立，随后又出现了如 Voyager 一类的出版商，销售刻录在 CD 上的电子书。与此同时，20 世纪 90 年代诞生了早期电子书阅览器，位于麻省理工媒体实验室依托于 20 世纪 70 年代的施乐公司帕洛阿尔托研究中心所研发的科技的电子墨水公司（E Ink Corporation）得以建立。电子墨水中带电微胶囊的使用克服了很多人在进行屏幕阅读时会感觉到的刺眼以及视疲劳等问题。在 20 世纪 90 年代末期，关于网络公司的怪异估值和泡沫式的首次公开募股（IPO）来势汹汹。出版商被困在狂热所导致的陷阱中。杰夫·戈麦斯描述了这一轨迹：

> 倒回至 1999 年，电子图书或后来为人所熟知的电子书（ebooks）不仅仅会改变一切，而且会代替一切。因此，在 20 世纪 90 年代末期的互联网淘金热中诞生了一些振奋人心的预言，纸质书以及普通墨水正在快速退出舞台，而数字出版和消费很快就会普及开来。出版业很快就会发生翻天覆地的变化，而在这一变化发生之后只会留下该产业中的一小部分参与者。传统出版商即将成为过气人物。一切还未发生。(Gomez，2008，117)

在短短几年时间之内，埃森哲（Accenture）和普华永道（PwC）等公司看到了未来电子书的巨大利润市场，而出版商也扑向这一潮流。然而，所有这些行为都忽视了一个真相：20 世纪 90 年代电子书的出现并不是针对某个问题而提出的解决方案。因此，当在设备或者宽带的实用性、数字版权管理（DRM）的不成熟以及对电子书这一名字所引发的混乱等方面产生问题时，电子书永远不会成为人们广泛应用的阅读方式。在 Teleread 博客上有一篇名为“电子巴别塔”的文章，该文章认为电子书由于不同电子书格式之间的竞争性、不兼容性以及混乱性而陷入了困境。电子书内容的覆盖范围很小而价格却高得惊人。

也许电子书的发展还不够成熟。但未来 10 年将会证明电子书还是有其发展前景的。1994 年，金融软件工程师杰夫 · 贝佐斯建立了亚马逊，该公司以互联网为依托提供图书零售服务，进而在互联网环境中进行图书销售。20 世纪 90 年代出现了几种电子书阅读器但最终以失败告终，如 Cybook，Rocketbook 等，此外苹果公司的平板电脑“牛顿”（Newton）也莫名地失败了。21 世纪初，电子书的发展呈现出复兴之势：2000 年，微软阅读器（Microsoft Reader）上市；2003 年时出现了 iTunes，随之而来的是付费下载的流行；2004 年，谷歌推出了大众图书数字化计划；2004—2005 年间发生的 web 2.0 现象。这 10 年间，数字化参与、数字化应用以及数字化的媒介消费日益发展，最后就标准的电子书格式达成了共识——epub 格式，而 2007 年时，索尼发布了 eReader 以及相应的电子书购书商店。同年，亚马逊大概已经成为世界上卓越的图书销售商，同时也是世界科技龙头公司之一，而在 2007 年 11 月 19 日，亚马逊在纽约发布了一款新的电子书阅读器——Kindle。Kindle 是由葛雷格 · 塞尔所带领的前苹果公司高管在位于库比蒂诺 126 实验室秘密研究开发的（Brandt，2011），而 Kindle 的出现使数字阅读成为主流。尽管 Kindle 的外观朴实无华，并且最初的价格更是高达 399 美元，但是因为采取了这样一种使所有畅销书售价保持在 9.99 美元的积极策略，加上产品不断升级换代，服务不断提升而且价格也有所回落，进而促进了 Kindle 用户数量的增长。截至 2010 年，尽管亚马逊拒绝出示相关数据，但是 Kindle 已经跃身成为世界上最受欢迎的电子书阅读器。同年，下一个主要产品苹果 iPad 得以上市。

在数字技术发展的早期阶段，网络社会和数字出版发展得较为缓慢。数字网络以及数字出版的发展潜力已经有很深的根基，进而又转化为出版商所面临的一系列问题。

内容的演变

在检验网络对出版所造成的影响之前，我们需要考虑内容正在如何演变，而在本书的下一章中介绍了关于这一内容的具体信息。就规模和多样性而言，网页（或电子文本的其他任何部分）与打印页面相比很明显是另外一种很不一样的存在。[⊖]出版业务会针对特定的内容（印刷文本与图像）进行优化，如此一来，内容本质上所发生的演变也是一种对挑战的适应。此外，在瑟夫和卡恩的网络中立性观点的支持下，Castells（2009）所描述的这种融合现象见证了所有媒介的合并，并且对不同类型的图书发行商和媒介

⊖ 在相对比较早的时候，Roger Chartier（1995，18）指出了一些差异："在屏幕上阅读不同于在古抄本上进行阅读。文本的电子化形式彻底改变了文本的身份：它以没有确定位置的非物质性文本取代了物质性的书籍；它以对可操控碎片的无限自由组合取代了印刷品中的上下文关系；它以对所包含要素的可视化展示取代了人们对整部作品的直接理解，人们仿佛在无边无际的文本群岛中航行。"

的分类也提出了质疑。新媒介的融合过程不再仅仅针对纸质书。

数字内容已经变得虚拟化，成为二进制代码。已经不存在“物质世界”的实物了。互联网自身依赖于大量的纤维光缆等物理硬件、数据中心和转接点，而数字内容则是程序的一部分。当与网络结合在一起时，这种虚拟化会发挥重要作用。复印变得不费吹灰之力，并且保证了同时性和完美的保真度，克服了影响销售量的主要历史障碍。内容具有延展性和转移性并且是可更新的。它实现了地理上的瞬时性，且具有流动性。单是虚拟化自身并不能实现这些特性，而是需要结合网络——互联网这一平台。很多阅读和发行系统为了限制这一历史性事件的奇怪状态，重新开始限制纸质书版权，进而负担了这一在文本无限复制的出版业中不受欢迎的经济学因素。

就出版商的底线而言，内容的虚拟化不但会对价值链造成影响，而且还会影响读者的价值感知——读者付费购买的东西没有了实体，而价格看上去却变高了。然而印刷成本只是图书封面上所显示的价格中很小的一个构成成分；而剩下的成本则包括作者的稿费、支付出版商的固定费用、灵活的市场营销支出以及零售商的折扣成本等，这也意味着尽管消费者对此有预期，但是要想实现价格的大幅度下调绝非易事。

数字文本的表现形式也与传统文本不同。超链接就是一个例子。[⊖]从某种程度上而言，超链接总是以指向其他文本的形式存在（Cope and Phillips，2006），而且作为网络不可或缺的一部分，超链接实现了不同文档之间的互相链接。谷歌把对超链接整体结构

⊖ Adriaan van der Weel（2011）给出了另外一个例子，把传统文本与数字文本之间的不同作为一种必然围绕并适应数字文本的加成。

的运用作为估测网络文档之间重要性和关联性的一种方法，并通过一种复杂算法把超链接当作互联网的中心要素进而将其编入索引中。超链接的应用实现了引用功能和对注意力的分散，并且把不同文档连接在一起。Kevin Kelly（2011）和 Nicholas Carr（2011）均提到互联网和超链接共同创造了一种庞大的超文本，该超文本蕴含着无限的内容。然而包括印刷文本在内，可复制性以及进行超链接的潜力使图书已然成为互联网的一部分。这是一个“文献宇宙”，[⊖]是“文字的河流”，而不是在“整个宇宙图书馆、所有书籍、所有语言”用互联网所连起的支离破碎的文本流中（Kelly，2011）所形成的“纪念碑”。凯利的这一观点包括低准入成本、合作写作、文本扩散以及与宇宙文献或在宇宙文献之内建立完全的联系。[⊜]

也许，在他看来，纸质书会退出市场，而网络则会一直留下来。图书所呈现的关注单元则始终保持一致。尽管存在内容的无限性和超链接性，但是却不存在无限制的关注。虽然凯利对此表示很乐观，但是 Carr（2011）比较担心数字文本本质上的无限性。尽管他在保持引用工作不断更新的过程中看到了一些利润，但是也发现了一些问题。完整性上的缺乏就是一个难题。已经发布的文本是可以编辑的。我们大概可以看到“印刷稳定性”终结的开始，而现代知识、案例和宪法性法律，以及略带争议性的文明等都是建立在“印刷稳定性”的基础上的。这样一来则会暴露出一

⊖ 最初，是由泰德·尼尔森创建的，这位哲学家和技术专家也要对“超文本”这一措辞负责。

⊜ 正如 Foucault（1980）提出的多义社会一样，从很多方面而言，Kelly（2011）的愿景已经呈现，为什么是互联网而非互相关联的宇宙文献分类成众所周知的网站单元呢？

些消极面。那么出版商如何克服这一内容上的巨大难题？他们在发挥什么样的作用？我们应当看到，面临这样一种设想，不断繁荣发展的并不是传统的内容承包商而是互联网，互联网自身不断升级更新，与数字媒介协同发挥作用。

文本已经成为多媒体和交互式菜单上的一个项目——该项目既在权限之外，也需要一些娴熟的出版商来完成，此外，文本生成成本又很高，通过现有渠道也很难销售出去。正如我们所见，交互性商品和多媒体商品都有一定的出版历史，但是与图书出版划清了界限，至少在数字化开始对内容以及交互形式进行融合时情况是这样的。所谓的“增强型电子书”或图书应用程序是随着视频、音频、图形元素以及越来越实质性的滑动式触摸界面的发展而出现的。诸如 T.S. 艾略特的《荒原》(*The Waste Land*)(Faber&Touch Press，2011)，杰克·凯鲁亚克的《在路上》(*On the Road*)(Penguin，2011)以及玛丽·雪莱的《弗兰肯斯坦》(*Frankenstein*)(Profile Books and inkle studios，2012)[⊖]都重新再版以适应数字时代的需求，与多媒体重新融合并且为了适应触摸屏而对文本进行再造。而诸如《系外行星的旅程》(*Journey to the Exoplanets*)(Farrar, Straus and Giroux,2011)、《人体》(*Human Body*)(Dorling Kindersley，2011)以及《太阳系》(*The Solar System*)(Faber & Touch Press，2011)等应用程序已经通过创建在印刷这类静态媒体中无法实现的体验进而对所引用文本进行重新定义。在该情境下，几乎任何事情都是有可能发生的，所谓的局限只来自人们想象力的局限性，或者用更为引人注目的一种说法来说就是时间和金钱。

⊖ 顺便公开一下，我曾参与《弗兰肯斯坦》项目。

从网络发展的最初期开始，一种新的文学体裁在创意写作的空白处不断发展。这种文学体裁有很多不同的名称，如网络文学、互动文学、新媒体写作、网络小说或场景叙事，而且由于与电子游戏和数字艺术都有关联，它们的内容中都包含图形和图片，而且是通过数字化的方式进行创作的，具有交互性和多媒体特性。它们也许是跨平台的、多人合著的、有地域色彩的、具有动态性或是依据一定的算法得以生成的（所谓的生成文本）。[⊖]这些狂热的作品和印刷的人工制品完全不同，甚至一些作品是实验性地尝试 Mark Z. Danielewski's（2000）的《树叶屋》(*House of Leaves*）或 Jonathan Safran Foer's（2005）的《特别响，非常近》(*Extremely Loud and Incredibly Close*）等作品的形式。尽管或者更像是因为出版尝试重新定义文字，因而出版并没有深入网络文学以及普遍实现自我价值的作品实体的亚文化群中。随着多媒体和交互性元素越来越多地融入传统图书和出版商工作流程中，网络文学已经获得了加强其自身存在感的机会。读者对数字产品的接受度也变得越来越高。在我们面前，巨大的潜在市场正在不断发展着。其中一位针对此种图书形式的主要批评家做出了一个大胆的预测："网络文学会成为 21 世纪的重要组成部分"(Hayles，2008，159）。

在东亚，对数字平台的运用已经有一定的历史，而且数字文学内容很快就获得了很大一批读者。日本为移动通信的发展提供了独特的环境，1998 年日本最主要的移动通信运营商 NTT

⊖ 《无生命的爱丽丝》(*Inanimate Alice*）最初是由凯特·普林格与数字艺术家克里斯·约瑟夫于 2005 年创作开头的，并且现在仍在继续。它是一个极好的范例，而首届新媒体写作奖（New Media Writing Prize）的获奖作品——Christine Wilks（2010）的《墨尔本风云》(*Underbelly*）也与之相同。

DoCoMo 发布了面向普通大众的智能手机，配有 i-mode 服务，日本也成为世界上最早发布智能手机的国家。[⊖]如此一来，诞生了一种新的文学形式——keitai-shosetsu（手机小说），这是专门针对手机的一种文学形式。这种手机小说伤感、浪漫并且充满情色，是用简写的方言创作而成的，而读者群体多为青春期女孩，这一文学形式始于 2003 年一篇名为《深沉的爱》（*Deep Love*）的文章的发表，其后这部小说被改编成了电影、电视剧，并编成漫画书，更是出版了实体书。简而言之，这已经成为一种现象。2007 年，日本图书畅销榜榜单的前十部作品最开始都是以手机小说的形式创作的。[⊜]手机小说不仅内容独特，而且是通过社区网站的“笔名”文化而产生的，读者与作者之间会进行互动，而且通过本土化产业模式进行运作，独具日本特色的原型如“御宅族”（otaku）和“卡哇伊”（kawaii）[⊜]等也推动了出版的发展。手机小说是一种将文化和科技形态融为一体的新型写作方式，是基于社区而形成的且具有一定的艺术性，也是为了适应小屏幕并缩小视野集中范围而做出的一种优化。

在中国，基于互联网创作的小说被称为“原创小说”，这种小说已经成为主流。与中国所有其他东西一样，这种原创小说取得了惊人的发展规模。到 2011 年时，约 1.95 亿人都在阅读原创小说，这一数量大概占到了当时中国网民数量的 40%，因而使其

⊖ 日本的移动技术现在正面临着“加拉帕戈斯现象”，由于早期的决策，它的科技正在日益被孤立，因此，造成了更大的影响，因而使其独特性也日益加强（Ito, Okabe and Matsuda 2005）。

⊜ 查阅 www.keitaishosetsu.com。

⊜ 御宅族指的是偏执的怪才，他们的兴趣往往在日本漫画和动漫之上，而卡哇伊则代表一种广义上对可爱的一种与众不同的日式表达形式。

成为获利 50 亿元的高速增长产业，并且受到了世界最大的电信巨头——中国移动等主要参与者的支持和推动。[㊀]而在日本，手机小说是基于社区进行创作的，通过门户网站使用一种免费增值模式。[㊁]大众作品已经升级为了即付即用的 VIP 模式，除此之外，专业印刷出版商会把浏览量最多的小说整理出来。在 2012 年，像盛大文学这种网站甚至拥有自己的电子书读者群，并且拥有 146 万名作者，每天有超过 1000 万的点击数量，每月有 7000 万的用户。这种创作形式独具特色，主题主要集中于历史玄幻或浪漫史，并且能够快速改变形式——比如《不朽传奇》(*Legend of Immortal*)，它最开始是一部玄幻小说，随后又被改编成了电视剧和网络游戏。尽管这些故事小说价格不高，但是一些作者还是可以生活得很体面。《中国日报》(2011) 中曾提到，黄伟每年会通过原创小说而获得 100 万元的收入。手机小说和原创小说都代表着新的写作方式和新产品的诞生——这些小说故事都是通过网络进行创作和传播的，其语言、注册账户、主题以及外观都旨在适应网络平台。它们存在于 19 世纪的连载小说、少年漫画与廉价的澳大利亚肥皂剧所形成的空间里，但却不可避免地拥有数字化的起源和传播方式。尽管在西方这两种形式都没有真正发展起来，[㊂]但这些案例展示了在数字文化下这些独特的故事叙述模式是如何迅速成为主流的。

数字人文和跨媒介的故事叙述进一步揭示了图书内容是如何开始打破印刷局限的。内容是知识的一种表现形式。而如数字人文这种以数据集、网站或软件为输出的新学科的发展对专题著作

㊀ 参阅《中国日报》(2011)。

㊁ 服务中免费与付费元素的结合。

㊂ 手机小说通常通过 SMS 得以发表，在德国与南非均有用户购买。

乃至学术出版的宏伟版图（甚至是知识自身的架构）都提出了挑战。突然间，旧式学术出版社只能选择引进那些对老式企业而言完全陌生的产品。期刊出版商发现自己正面临着知识的不同数字化形式并且努力对它们进行出版。同样地，在创意产业、市场营销和主要内容之间模模糊糊地生成了一种我曾在其他地方提到的“平行内容”，也就是说，这种内容既是作品体验的一部分却又在其之外，通常以支持并宣传该作品的其他媒介形式出现。（Bhaskar，2011）。段落内容更接近跨媒介故事叙述这一概念，因为这些故事都是以跨媒介的方式存在的，而整体的作用要大于各个部分作用相加的总和（Jenkins，2008）。段落内容明确记录了一部跨媒介作品中各个不同要素是如何产生不同的目标的，一部分是市场营销，一部分则是主要产品。

我们只需要通过观察网络数据，就能证实出版内容的种类正在激增。印刷业在复制能力以及多媒体设备方面尤其具有固有的局限性。而数字化在这两方面却不存在此类局限。因此印刷业仍面临着巨大阻碍，而数字化所面临的困难却是微不足道的。在印刷业中，各种关系之间保持着一定的距离。而在数字化的世界里，这些关系则变得更为直接和及时。尽管新成员的出现会增加旧产业业务的成本和复杂度，但数字化传送和内容依然为那些新型的、有一定技能且很灵活的新成员进入市场创造了新机会。然而，正如很多例子展示的那样，这一问题并非是无法克服的。在日本，手机小说文学所展现的活力以及读者为僵化的印刷市场注入了新的生命力。

从长远来看，固定性的降低、文献宇宙的诞生以及数字时代出现的新的代表作等这些变化是最为深刻和重要的。内容的改变代表着出版商又要面临新的挑战，但是这一挑战是可以通过投资和洞察力解决的。更为重要的是网络的结构特征，因为它不仅会改变产品，更会首先改变出版商曾信奉的所有理论基础。

网络效应

在讨论互联网时必须要同时考虑到互联网是一个相对比较新的事物，并且它是不断更新的。首先，基于浏览器的网络是一种对未来的预示；10 年后，由于不断发展的非网络数据通信以及新一代绕过浏览器的连接设备的产生，这样一成不变的网络就会消失，成为过去式（Anderson and Wolf，2010）。最多，这一结论可能只是暂时的。为了将所有数字网络的特性都囊括在内，这里所说的是广义上的网络效应。当然，出版以及任何其他的人类活动往往都是依赖于互联网进行的，但是数字网络自身的特性十分显著。我们同时进行着集中化和分散化的行动，离心力和向心力通过这一共享结构同时发挥作用，彼此产生各自独特的效果，既相互融合又彼此相互驱动。互联网上的一切都遵循着这种集中化和分散化的模式，并不仅仅局限于出版或者媒体。

集中化

在互联网早期的发展中，所谓的“加州意识形态”认为互联网技术是一种乌托邦式的展望：它预示着一种开放性和平衡性，那些空想主义者会雕刻出新的民主和自由的社会形式和美学形式。然而，集中化程度已经加深了。区区几个网站以及一些设备制造者就已经掌握了数字文化的版图。我们完全可以预测出互联网的一个特性符合“汉兰达原理”（来自一部电影的标语“只能有一个”）：只能有一台平板电脑、一个搜索引擎、一个网上商店和一个社交网络。这一种服务占据着一个排除掉所有其他服务的空间，因而成为主要行业中的一霸。竞争是存在的，但是数字大企业表现出了高度的集中化。

据估计，在全球在线搜索查询服务中，谷歌占有 67% 的市场份额。[一]尽管面临着竞争对手苹果公司在智能手机和平板电脑发展领域的碾压，微软仍然在操作系统领域占据着近 90% 的市场份额。而脸书的份额更是达到了其后 14 个社交网络的市场总份额的两倍之多。[二]截至 2012 年[三]，即使受到其他原始设备制造商（OEM）的冲击，苹果公司仍拥有 57.6% 的全球平板电脑市场份额，而苹果和谷歌在智能手机操作系统领域形成了双头垄断市场的局面。亚马逊大概拥有 70% 的全球电子书市场份额，并且在网络图书销售的很多其他领域都占有绝对优势，正如苹果的 iTunes 曾连续很多年都在音乐下载领域处于领军地位一样。《纽约时报》曾报道科技公司是如何使硬件和软件相联手进而与苹果公司的综合竞争方式实现无缝衔接的。[四]虽然所有权和市场份额的界限并不明确，但尽

[一] 参考 Thibault（2010）。

[二] 请访问 http://www.ebizmba.com/articles/social-networwebsites（访问于 2012 年 3 月 1 日）。

[三] 参考 Miller（2012）。

[四] 从这个角度看，科技巨头的战略就变得清晰起来——它们都致力于总平台优势，谷歌旗下的浏览器和操作系统（Chrome）、苹果旗下的零售（Appstore）、亚马逊旗下的平板电脑、云计算以及应用商店（the Kindle Fire）、微软旗下的搜索引擎（Bing）。它们每一个都处于一场专利战中；每一个都处于自己原始竞争优势以外的细分市场。

管如此，也仍然存在一种很明确的集中化形式，而主要节点成为互联网的主要掮客。而这一发展趋势则是在直接朝着垄断统治和寡头统治发展。

西海岸戏剧中的每一个演员都有一个很明确的促进集中化的动机——为了他们的作品和服务。尽管互联网具有开放性，但是数字技术却形成了集中化。任何地方都存在标准。想想标准键盘（QWERTY），尽管也许会出现更好的替代选项，但是这种键盘界面已经确立了自己的重要地位。哲学家兼计算机科学家 Jaron Lanier（2011）提供了 MIDI 音乐编码的实例，进而成为所有数字音乐所遵循的一种约定俗成的标准。他问道，这就是最好的编码形式吗？使所有音乐都保持一种形式是大家所希望的吗？但因为我们已经陷入了这种标准中，所以这些问题也变得无关紧要了。我们的电脑系统就是针对这一音乐形式设计的，也只能播放这种格式的音乐。标准使生活变得简单，但同时也意味着你无法再走出这种标准范围。这种现象倚仗的是路径依赖理论，过去所做的决策决定了未来的选择。如果电脑和人类活动需要一种 QWERTY 键盘的话，那么我们便无法轻易地去改动它，正如我们已经拥有了一个亚马逊账户的话，继续在亚马逊购物就会远比重新选择新的零售商要容易得多。Lanier（2011）指出虽然数字技术几乎提供了无限的创造潜力，但是它也使自我锁定的范围和程度得到了史无前例的发展。

如今网络拓扑结构的数学研究正在流行，我们也正在开始更深入地了解网络设计所带来的深刻影响。网络的集中化方式是通过自身的能力来提高集中化所带来的价值。最为著名的一个解释是梅特卡夫定律，这一定律最初应用于电话网络中。该定律认为互联网的价值与网络用户数量的平方是一种正比例关系。本质上而言，网络用户的数量越多，互联网的价值就会越大。我们马上就能明白为什么脸书会比其竞争对手强大得多——你的朋友更可能出现在脸书上，如此一来，其实用性也随之加强。集中化既帮助了互联网也帮助了其用户。梅特卡夫定律与里德定律和贝克斯特罗姆定律进行了汇集，而里德定律和贝克斯特罗姆定律都是根据网络中的相互作用所增加的价值来认识互联网的。三个定律共同之处在于三者都认为网络价值和网络规模彼此之间是联系在一起的。在一定节点之后，网络会随着价值的增长额在网络中的分散而自然地呈指数性增长，进而激励那些网络之外的内容能够进入网络之中。尽管仍然有很多值得讨论的地方，但是为了证明这是所有网络共同拥有的一个共性，人们已经建立了强大的数学框架。另外一个关联特征是“从众效应”——做出某种行为的人越多，以后继续做出该行为的人就会越多。[⊖]iPhone 的产量越大，购买它的人也就会越多。当事情发展未超出特定水平时，这种从众逻辑就会发挥作用。

法学家 Jonathan Zittrain（2008）认为这些强大的网络效应会对网络上的无赖分子形式起到助推器作用，进而把用户推入一个封闭的保护性系统中。互联网以及原始的个人电脑都使用“生成技术”，这也就是说这些技术允许第三方平等地建立在其基础之上。这些技术提倡多元化，而且由于它们拥有更强的有效性、适应性

⊖ 另一个相关的网络效应是“群聚效应”，这一效应往往与区域性业务以及硅谷（比较恰当的例子）或伦敦金融城等创新集群联系在一起。产品或服务集群，如谷歌套件或亚马逊的设备和服务等也会产生一种群聚效应，各自的价值也会通过他者的存在而不断增加，因此促进了集中化的产生。

和功能性，所以不断鼓励着那些如 Minitel 或 CompuServe 等封闭私有的网络服务。然而，随着恶意软件和网络犯罪愈演愈烈，网络的开放性成为一种不利因素：网络已经和数据流网络紧密地连接在一起，网络数据包可以在传递最新的世界新闻的同时传播个人电脑受到的攻击（Zittrain，2008，56）。大部分用户不会像关注个人安全那样去关注系统的生成性。为了应对这一问题便产生了所谓的“锁链装置”，该装置与集中化服务紧密连接在一起，把那些新兴的且尚未得到授权的装置隔绝开来。即使是脸书一类的网络 2.0 服务业也会处于该平台而非用户绝对控制的范围内。平板电脑、智能手机和家用游戏设备都在加速这一发展趋势，并且给我们的新兴数字生态系统的很多有益特性造成了威胁。不管怎样，[⊖] 随着人们不断被这种封闭的锁链系统所吸引，只会加重这些系统的封闭性和集中化。

为了应对汉兰达原理以及 Zittrain（2008）所说的“诺克斯堡难题”，我们发现了“吴循环”。Tim Wu（2011）是一位法学家，他提出了这种完形运动的“循环”，而过去 150 年来这一理论始终贯穿通信技术的商业模式。在迅速被垄断企业操控之前，通信技术开始变得分散化和理想化。他写道，“毫无例外，20 世纪这些大胆创新的新技术（最初为了促进发明和自我表达）的运用得到大力支持，最终进化成了 21 世纪‘传统媒体’巨头，进而由于商业原因，内容的传播及内容本质将会被严格控制”（Wu，2011，6）。美国电话电报公司（AT&T）就是一个典型的例子，它是由著名工业

⊖ 毫无疑问，这对于 Zittrain（2008）而言更为糟糕。不仅是生成性消失了，在此种系统的启用下，完美的法律执行可能会导致质量审查、全面监控、直接禁令以及绝对控制。

家西奥多·维尔建立的，通过击退其他强大的企业家而形成了大型的电信垄断。[⊖]“贝尔系统”比公司更为理想，融合了技术、服务、严苛的使用限制以及垄断经济学。在电影史上类似的模式也是可辨别的，如派拉蒙影业发明了阿道夫·朱克（“电影业的拿破仑”）片场系统，大卫·沙诺夫通过发展无线电把美国无线电公司（RCA）变成了一个企业巨头，碾压了曾经称霸一时的业余无线电。在某个阶段，曾有三种广播网络控制着美国电视业：NBC，CBS和ABC。在它们的全盛时期，像英国的BBC一样，它们代表着对通信力的特殊关注。这一过程并非是单向传播的，而且开放周期也处于极端垄断中。然而，我们可以为用户数字技术带来一种与之类似的寡头垄断。维尔、朱克尔和萨尔诺夫这些名人也拥有类似乔布斯、盖茨和扎克伯格的对手。所有的主要参与者都把注意力集中在互联网的“主控开关”上，旨在成为中坚力量，成为数字时代的AT&T。历史本身可能不会进行自我重复。然而，如果Wu（2011）的观点是正确的话，循环继续转动，我们正面临着开放性的流失，以及集中化程度的进一步增强。[⊜]

一些人很认同互联网的开放性，认为互联网鼓励多元化，并且为人们发表言论提供了新途径，而对于这些人来说，这种科技与商业捆绑的长篇累牍式言论无疑会令他们感到沮丧。传统媒体的缺点会遗留下来，而且更糟糕的是，集中化的程度会继续愈演愈烈。这并不是说某个公司会独断专权，或者说会排斥苹果与谷

⊖ 当然，比较讽刺的是，“贝尔大妈”（Ma Bell）为数字革命创建了框架，而该数字革命会颠覆整个行业。

⊜ Wu（2011，273）比较审慎乐观：赌注非常大，而玩家也各式各样，“此时此刻与其他时期相比，各方更加势均力敌。”

歌等互不相容的组织之间文化、实践活动和目标的多样性。新的势力会出现并且会在遭遇坏运气或经营惨淡时发展成为中坚力量。然而，我仅仅注意到通信网络中某个关键要素是如何使这种网络服务集中在为数不多的平台上的现象成为流行趋势的，而这些平台的拥有者获得了这一集中化现象所带来的权力和利益。幸运的是，这并不是终结。

分散化

尽管存在这种集中化的趋势，但是由于其创造者的远视使得互联网和网络仍然保留了自己的开放性。此外，网络通道也在不断增加。任何掌握了初级技巧和基本途径的人都可以创建相应的网站。甚至，与过去的媒介业务相比，像脸书一类的服务也是基于高度开放性而建立的。丰富的网站和内容也令人目不暇接，如一汪喷涌而出的泉水，包括数万亿网页，每分钟上传到视频网站（YouTube）的长达数小时的录像片段，以及成百上千亿张照片等相关数据。成千上万篇博客、无数的推文、状态更新和签到如暴风雪一般涌现出来。现在生成的内容远比之前要多得多，并且传播范围也要广得多。基本的内容产生和传播也已经简化为先前成本的一部分。从这个角度考虑，网络的集中化实际上是对极端分散化的一种回应，比如谷歌对那些原本会发生混乱的信息进行了索引和整理。很多现代科技的巨头都是一些资历相对较浅的公司；苹果和微软成立于 20 世纪 70 年代；亚马逊和谷歌则成立于 20 世纪 90 年代；而脸书则建于 2004 年，并且在仅仅 8 年的时间里估价就超过了 1000 亿美元，这也意味着互联网的气候并未完全僵化。对于那些灵敏的新兴公司而言，它们仍有希望一展拳脚。

媒体曾拥有一系列的守门人，他们看顾和控制着观众接触媒体的途径。当每个人之间都可以互相交流的时候，这种控制就会随之瓦解。与第二次世界大战后的媒体环境相比，我们生活在一个信息极为丰富的时代。这种极端复杂性以及分散化内容的产生由于集中化的力量而联系得更为紧密。现在已经成为陈词滥调的“用户生成内容”也是该图景的一部分，正如新兴组织和仍在不断扩张的传统媒体，仍然热衷于在数字文化蓝图中挣得自己的一席之地。

但是另一个法学家 Yochai Benkler（2006）在其里程碑式的作品《网络的财富》中提到了分散化的范式理论。Benkler（2006）着眼于“工业信息经济”是如何进化成“网络信息经济”的，在网络信息经济中，比起高资本限制对个人和非市场要素获得大量受众所发挥的阻止作用，“社会生产”的非市场形式会发挥更大的作用。本科勒写道：

> 网络环境为组织生产的新型方式创造了条件：彻底地去集中化、协作化和非专属性；基于资源分享和输出产物的广泛分布以及个体之间的松散联系，这些个体互相合作，并不依赖于市场信号或者经营指令。（Benkler，2006，60）

这一趋势与集中化的作用相反，而在 Benkler（2006）看来，这些效果被放大化了。在过去的辐射型系统中，生产者处于边缘，负责把作品推向中心，这一系统已被一种去中心化的结构所取代，而在去中心化结构中每个人都是一个节点，因而权力是分散的，并且多重联系都是在双向通信渠道中进行的。这就是网络信息环境的本质，是一个“共同对等生产”的世界，远在以大众市场、所有权、专业化和版权驱动为特征的传统媒体世界之外。

迈克尔·哈特的古腾堡计划就是社会生产的一个经典例子。依靠大量志愿者对庞大的标题库进行浏览、校对、修正以及多格式的转换工作，这些劳动力都是免费的，而劳动成果则是公开共享的。其他这种共同对等生产的例子也都在网上曝光过，尤其是如 Linux 操作系统当然还有维基百科等开放源码软件。Benkler（2006）认为信息和通信对人类和社会而言发挥着至关重要的作用，因此，对于当它们发生转变时，所产生的完全不同的结果也就不足为奇了。输入曾经被严格管控，现在它们是完全对外开放并且可以广泛被接触到的。而在输出高成本的限量版商品时，它们仍然具有这种特性。在这种鼓励创新的背景下，由于分散化而产生的诸如信息超载、话语的两极分化以及内容生成的分裂化等问题都会随之解决。网络信息经济的极大开放性为这些难题找到了答案，并没有重蹈大型传统媒体守门人所存在问题的覆辙。没有其他通信机制像互联网这样发展。通过对抗传统媒体的资本集中化结构，加强并改变了文化和信息的传播情况。互联网自身在历史上代表着一种文化民主化，远非对集中化的狂热追求。在对抗限制版权的运动中，理论家 Clay Shirky（2002）以及小说家 Cory Doctorow（2011）等同行者已经对“出版”的概念进行了梳理。而对于 2002 年针对博客发展进行的创作，则是因为舍基无意中发现了一种描述当下活动的独特的叙述性话语：“大众业余式出版”。如此一来，在物质世界中，在进入出版以及供给方面存在的障碍都被消除了。理论上而言，当过高的门槛消失不见，大家很轻易地就能接触到出版时，每一个人都可以成为一名出版商。这给亿万博客的产生提供了线索。这是一种“主要生成文化衍生物的技术变革”（Shirky，2002）。多克托罗在《卫报》中也提出了相似的观点：

> 互联网已经造就了大量新型出版商，他们将作品和受众连接到一起。这些出版商实质上可以分成搜索引擎、博客博主、馆长和推客，以及推荐算法［如亚马逊网站中的推荐功能“购买这个商品的用户也购买了……”；Reddit 的人类投票系统；网飞公司（Netflix）的推荐系统］。（Doctorow，2011）

网络不仅仅意味着“大众业余式出版”，更是在媒体控制的全球裂变中存在的一种大众业余式的一对多通信和文化实践活动。

总而言之，数字背景产生了两种看上去截然相反的趋势——集中化和分散化的强大动力。然而，如果把它们看作互相矛盾的话，那就大错特错了。它们都是同一种模式的一部分。如果没有关键节点的话，数字王国就会成为一个令人抓狂的博尔赫斯式迷宫。随着中心和边缘的不断发展，驱动程序也朝集中化的反面发展并且使得这些向分散化移动。简而言之，互联网同时进行着这两种发展，因而我们在忽略一方的情况下是无法看到另一方的。正如谷歌的索引使网络杂音有了可发现性，专有应用程序商店同样为不断发展的软件浪潮提供了一种发现和传送平台。这种模式有着深厚的哲学根基。例如，德勒兹和伽塔利把这一程序看作一种贯穿思想史的世系延伸。[⊖]在卡斯特看来，“互联网已经成为人类活

⊖ 此外，我们也许可以把互联网的集中化视为 Deleuze and Guattari（2004）所说的“区域化”。新的“飞行航线”创建了日常工作的新“领域”。然而，他们也对“区域化”的可能性持一种开放的态度，这也与数字文化的逆流相互配合与呼应。

动在每个领域的主要组织形式”（Castells，1997，xliv），当然，这种集中化和分散化上的不确定性也困扰着出版业。毕竟，没有哪个出版商能够控制这些过程。所谓“可能性工厂”（Kelly，1999，46）的新型网络环境的轮廓才是现存的出版商所真正面临的挑战。

数字挑战

去中介化[⊖]

在与出版商的对话中，人们通常觉得他们并没有认真对待“去中介化”现象——从文学价值链上斩断与出版商的联系，使出版商与该价值链分开。出版商想当然地认为自己总是被需要的，并且他们的出版许可意味着任何对“去中介化”的尝试最糟的结果就是模棱两可，最好的情况就是成为写作世界辉煌历史中的附注。

然而，这种想法是错误的。草纸工人、抄写员、加红字标题者和热金属排字工人，甚至是地图出版商很可能都曾认为自己是相对安全的，但是在新技术看来，他们都是不相关的存在。对于出版而言，数字技术是一个“脱离实际”的难题：正如美国的那些征服者一样，技术上很先进，因而遵循着那些土著居民无法理解的指令。认清这一问题的本质并非那么容易。通常的术语无法将其表达出来。

集中化和分散化明确有力地阐明了一种去中介化模式。作者像

⊖ “去中介化”这一术语最初于 20 世纪 60 年代应用于银行业，适用于当一个银行的客户不再通过储蓄账户而是直接投资的情况。在 20 世纪 90 年代末期，当第一次互联网浪潮使传统传媒公司变得惊慌时，这一术语又派上了用场。

往常那样独自正常工作，但是集中化使发现和传播的去中介化工作成为可能。分散化的实践活动和集中化的发现与传播以及数字网络的主要运动所需要的就是文学经济甚至是印刷经济的充分运作。

去中介化并不是一个抽象琐碎的现象。对于所有传统出版商而言，去中介化是一种真实的存在并对其造成了威胁。历史中充斥着很多来自那些落后技术及其使用者的抵制。尽管变革进行的步伐要比福音派支持者预言的要慢，但是，最终变革会因其效率节约和更为可观的价值提取而赢得胜利。在互联网中，每个人都是或者说都可以成为一名出版商。他们可能表现得很差，并且默默无闻，或者大部分都是一些无足轻重的出版商，但是他们中的某些人也会成为优秀且灵活变通的出版商，并且在小规模的市场份额争夺战中夺得自己的一席之地。随着书店这一传统进入市场的渠道不断地关闭，去中介化策略对人们的吸引力也不断加深，虽然这并不意味着出版商会一夜之间集体失业，但还是强调了互联网是如何绕过这一已经适应了先前的情形设定的产业的。GigaOm 网站是一个比较有影响力的科技博客，它曾提出我们如今生活在一个“艺术家也可以被当作企业家”的时代，传播渠道支离破碎，促销工具和货币工具不断发展，而这一代人也很有创新思维，希望自己管理自己的事务。[⊖]我们正处于一个去中介化时代。

Doctorow（2011）和 Shirky（2002）也都指出了这一点。他们认为出版商通常情况下在砖块、灰浆、纸张和印刷所组成的世界里通过适应经销、市场营销以及内容创建等方面高度固定化的成本来实现增值，而在这一世界里，稀缺性已然成为一种经济常

⊖ 参考 Wolf（2011）。

量和实践难题。在数字媒体的背景下，稀缺性不再是难题。曾经的固定成本也消失不见。考虑到网络驱动下的创新性，出版商以及数字版权管理、“稳定”的定价和原子式销售模式的发展也许会具有一种人为制造的稀缺性。在这一情境中，正如我们在最后一章看到的那样，出版商已经成为高度模糊化的生物，并且会把以前完整的工作内容外包出去，而对此，我们爱莫能助。如果没有稳定的阐述论据，在推动内容发行方面，他们也许会成为障碍而并非起到助力作用。如果出版商无法明确定义自己的行为以及做出该行为的原因，他们也很难维护自己。虽然先前不存在其他的选择，但是现在任何一个有才华的作家都有可能拥有潜在的消费者群体。

毫无疑问，音乐产业是最先受到影响的。各种风格迥异的艺术家，如北极猴子乐队（Arctic Monkeys）、Enter Shikari 乐队以及说唱歌手 M.I.A. 等已经通过运用互联网使自己的歌迷数量像病毒一样增长扩散。他们中的一些，如北极猴子乐队也仍在通过传统唱片公司发布专辑，其他的，如 Enter Shikari 乐队以及更为著名的电台司令乐队（Radiohead）则成立了公司以更有效地贴上自己的唱片标签。强有力的品牌效应、自己的网站和 iTunes 的经销，以及商演和巡回演唱等日益成为其收入的主要来源，他们已经将自身从该产业中分离开来。电台司令乐队在 2007 年发行 *In Rainbows* 数字专辑时开创了新的音乐付费先河，歌迷可以选择支付任意自己觉得适合的价格来下载这张专辑（随后又发布了该专辑的 CD 版）。他们随后又发行了《树枝之王》（*The King of Limbs*, 2011），并在乐队网站上提供了包含各个付费选项的菜单供歌迷选择，从价格低的下载版一直到制作精良的特别唱片版。乐队再一次选择通过传统的唱片公司发行了 CD，但是这次与以往相比有一些不同——在神级独立唱片公司 XL Recordings 的赞助下，该乐队创立了 Ticker Tape 的品牌。这种实践活动表明了一种新型合作模式，在该模式下歌手拥有更多的权利，并且有着自身的个性，但是在组织与金融控制方面会与现有的行业参与者进行相应的结合：并不是完全的去中介化，而只是朝该方向迈出了一步。⊖我的空间（MySpace）自身是一个大型的集中化平台，这一平台面对大量乐队都是开放的，它能够使乐队在不用花费大量市场营销预算的情况下开发自己的粉丝群体。其他如推特、Soundcloud 和 Topspin 等网站提供的服务为乐队创建了一个更为发达的网络，使其脱离了唱片公司。

无论是大举措还是小行动，商业版图已经改变了，固有的参与者、知名的唱片公司而非音乐发行商，已经在针对自己作品的市场营销和经销进行相应的活动。此外，电视也见证了去中介化最早发生的迹象。比如，喜剧演员路易斯·塞凯伊曾决定开发自己的常用网络，进而用以支持对节目进行直接销售。而图书出版则以某种方式隐藏在去中介化这一混合生态系统的背后，尽管目前去中介化只是在音乐领域进行着，不过图书业也紧随其后。考虑到早期去中介化现象的本质，我们知道的所有内容都指向其发展的基本趋势。

由于出版商在集中化以及碎片化架构进程方面掌控力的缺乏，进而产生了实现去中介化的三个途径，接下来我们会依次对其进行考察：

- 活跃在图书领域的零售商以及科技公司

⊖ 说唱歌手迪利·瑞斯可（Dizzee Rascal）和他的品牌 Dirtee Stank Recordings 与 Universal’s Island Records 公司经过协商也采取了相似的安排。

- 作者以及其他中介商，如文稿代理人
- 所有新的活动者

每一种途径都是基于这样一种原则：即你需要同时拥有开放性的碎片以及成功实现去中介化的中心转换点。此外，低门槛以及能够实现作品被成功开发和挖掘的平台都是必须具备的先决条件。

亚马逊网站已经成为最为卓越的网上书籍零售商（Brandt，2011），它也是一个经常被拿来讨论去中介化现象的案例。杰夫·贝佐斯成立亚马逊公司时并没有像现在一样热衷于图书销售，他只是想寻找一种能够适应新兴互联网的产品。而图书则正中其下怀：图书种类之繁多意味着传统零售商在存货方面会具有一定的局限性，而如国际标准图书编号（ISBN）一类的标准化和经销工具的使用使得图书可以被有效追踪。从最初创立的新兴企业（位于西雅图而非硅谷）发展至今，亚马逊已经成为互联网销售领域首屈一指的巨人，在网上图书销售、电子阅读设备以及很多其他种类产品的销售中都位于领先地位，并且进行了一系列引人注目的并购，且采取了其他一些创新举措。目前，很多观察家都对亚马逊所采取的积极且耐心的战略进行了褒奖——正如杰夫·贝佐斯曾公开承认的那样，为了在更大的战争中赢得胜利，亚马逊愿意接受长期的“误解”以及亏本状态。而这种战略也使得亚马逊成功跻身屈指可数的互联网巨头之列。

亚马逊也是集中化和分散化方面的一个案例。亚马逊已经成为一个中心，成了消费者在网络购物时最容易找到的购物网站。它几乎对各种产品都有售卖，在全球拥有亿万用户，并且产品也囊括各个品牌。亚马逊精简运作，集中发展自身平台并且拥有大量分销中心。而 Kindle 是一个封闭的系统，用户只能阅读那些在

Kindle 商店中所购买的电子书。由于亚马逊自身雄厚的资产、精明的商业头脑以及领先的运输系统，它的竞争者很容易发现自己会在价格、服务以及品牌认可度等方面受到碾压。亚马逊的权力一部分来自自身巨大的发展规模、多元化的利润收入以及“亚马逊经济”的创建（Jopson，2012）。零售只是系统的一小部分，这一系统除图书零售外还包括巨大的云托管服务、亚马逊土耳其机器人任务外包服务、硬件制造、Kindle 阅读器、专属的应用程序下载商店、从网络电影资料库（IMDB）到 Zappos.com 等一系列引人注目的收购、电影制片厂，以及除市场方案外的流媒体平台。与此同时，亚马逊也展示了大量作家和出版商。在亚马逊网站进行图书的上新远比在实体书店要容易得多。此外，亚马逊并不是一个封闭的商店——它的招商系统允许其他供应商入驻，并通过它的基础设施进行销售。根据其产品页，通过非常模糊的书名也能大致搜索到畅销书。

在这种强大的混合作用下，去中介化有两个途径，首先通过亚马逊的自助出版方案进行印刷出版（被称为创作空间）和 Kindle 出版（Kindle Direct Publishing 或 KDP，包括针对代理的业务）；其次是通过亚马逊的出版运作。电子书的自助出版是亚马逊经济的一部分，也是一种新的独立经济。

很多畅销电子书都是自助出版的，通过传统的口口相传而进行传播，并且相应的推广工作以及电子书购买的循环模式也促进了畅销书的传播。[㊀]这一点对于那些创新性还远远不足的电子书阅读设备而言至关重要。美国作家阿曼达·霍金采用了这种自助出

㊀ 排行榜中的电子书都很畅销，这是因为榜单的位置很显眼，购书者很容易看到，进而确保这些书能够继续上榜。

版模式，其创作的玄幻罗曼史也成为炙手可热的作品。[⊖]霍金以及其他作家如克里·威尔金森和乔·康拉特等在采用自助出版模式之前均曾遭到传统出版社的拒绝，而他们也都是在没有出版商的情况下取得了非常可观的收入，图书销量也已逾百万册，因而成了自助出版模式下的经典案例。亚马逊通过延长自助出版作者的贷款方案来鼓励“自助出版”，而且贷款数据会按月分割成相应的额度。尽管霍金是去中介化活动的一个案例，但她也是对去中介化效果的一种检验：霍金通过自助出版取得成功后，来自曼哈顿出版商的邀约也蜂拥而至，她与麦克米伦出版社签署了一系列协议，表明这是一种与音乐领域相类似的混合去中介化现象。然而，与印刷相比，自助出版的便捷性、节约性以及潜在效能都相对较高。由于作品自身的魅力、低廉的价格以及系统销售，这些作家的业绩记录已经打败了以往的作家，占据了第一名的位置。亚马逊的领军地位意味着它能够支付的版税要远远高于传统出版商所提供的数额。就经济上而言，天平已经朝着一个方向倾斜了。随着服务的发展，可能发生的情况就是至少首先会有更多的作家选择去中介化这条路。

亚马逊的所有权出版操作是近期才产生的，而且所采取的战略还不是很明朗。但是不管这些操作的动机是什么，出版商和与之竞争的零售商都受到了极大的影响。2011 年，亚马逊雇用了在《商业周刊》中有“终极业内人士”之称的编辑拉里·科斯巴姆，并令其担任亚马逊出版这一新分支机构的出版商，这一举动也表明了其与纽约前六位运营商在内容获取方面展开竞争的意图

⊖ 霍金的电子书销量达到了 100 万册，并且在这一过程中获得了 250 万美元的收入（Morrison，2012）。

（Stone，2012）。亚马逊开始创建了一系列图书品牌，如 Thomas & Mercer，47North 和 AmazonCrossing。而令出版商比较忧心的是亚马逊雄厚的资本以及庞大的数据库，亚马逊在读者阅读习惯和图书购买方面的信息资源几乎可以称得上是世界上最为丰富的，更不用说在消费者关系方面所占有的绝对优势。它的首创精神表明新型零售商或平台驱动下出版机构设置的重要性。Lulu 的创立就是为了充当自助出版媒介的角色，而如闪电资源（Lightning Source）或 Expresso 打印机等按需印刷系统则拓展了自主出版的作品范围。苹果也打开了自己的平台；iBook Author（苹果电子书制作工具）使得任何人都能够制作独具特色的多媒体电子书并通过阅读星（iBook）发行。任何人如果想在电子书领域赢得一席之地的话，就必须推动自助出版平台的发展。对那些想成为作家的人而言，不断增多的选择的确是一件好事。

当作家达到一定重量级后，他们有可能会凌驾于出版商之上。J. K. 罗琳就是一个典型的案例。罗琳并没有完全抛开出版商，在罗琳转向成人文学与利特尔 & 布朗出版社（Little，Brown and Company）签约前，就《哈利 · 波特》系列的实体书出版方面她仍继续与布鲁姆斯伯里出版社（Bloomsbury）共事。然而，随着 Pottermore 网站的创建，罗琳脱离了自己的出版商。她开始使用自己的品牌，充分利用用数字技术的创新潜能以及销售电子书的粉丝社区，该社区是介于一种游戏、一个社会网络和一本书之间的某个图书消遣的新领域。罗琳放弃了自己电子书的已经不再流行的数字版权管理（DRM），进而领先了出版商一步。Pottermore 的出现为那些有自己风格且已经有一定作品数量的作家提供了一种商业模式，如乔治 R.R. 马丁和泰瑞 · 普莱契等一些畅销书作家。[㊀]当然这些作家也可以与出版商进行相应的合作，但是罗琳的例子表明他们也可以选择不和出版商合作，酬劳并不是问题，而且在这一新领域中出版商所增加的价值也并不明确。局部去中介化模式再次使人联想起音乐产业。

当尼尔·史蒂芬森和格雷格·贝尔等科幻小说作家开始着手 The Mongoliad 这一项目时，他们新创立了速不台公司（Subutai Corporation）以进行该项目的出版工作。The Mongoliad 这一项目的创新性体现在以下几个层次：由一个作家小组每周进行更新并且客座写作人会共同进行写作；充分运用录像、音频和图像等多媒体；完全基于互联网进行运作；包年订阅而不再是单元销售；从创立之初这些社区的特点也就随之确定了。简而言之，它是一个完全不同于大多数出版商的输出的产物。因此，史蒂芬森和贝尔自己出资创造了一个出版商。

市场营销大师赛斯·高汀在多米诺项目（The Domino Project）中也采用了类似方法，正如网站中显示的那样，他创立的这一出版组织“无法容忍陈旧过时的机构”。他曾写过自己的创立初衷——“并不存在中间商”（Godin，2010）。然而关键是 The Mongoliad 项目和多米诺项目有一个共同特点：它们都依赖于亚马逊，只不过是依赖的方式不同。尽管最开始 The Mongoliad 是只能依靠互联网才能进行的项目，但是后来据透露，它已经把自己的印刷权利独家售卖给了亚马逊旗下的 47North。[㊁]从最开始，多

㊀ 电视厨师杰米·奥利弗就自己的烹饪图书与企鹅出版社一直保持着良好关系，但他通过单独运作应用程序有效地与他的出版商进行了去中介化，如此一来，也许这些业务在将来会得到更大的拓展。

㊁ 目前 The Mongoliad 项目背后的团队已经建立了一个自给自足的社区出版平台——LitHive，而这一平台是由他们自己独立运营的。

米诺项目就得到了“亚马逊的支持”；不再是由赛斯·高汀自己负责，因为他已经与亚马逊这一平台结合到了一起。这两个例子都属于局部去中介化。另外一个例子是大学是如何绕过相应的大学出版社而直接进行著作出版的。这种情况下，尽管与这些之前曾负责出版的出版社进行了去中介化，但是大学仍然为其提供了机构层面的支持。

此外，一些文稿代理人也开始出版自己客户的作品。例如代理商艾德·维克托创立了贝德福德广场图书出版公司（Bedford Square Books），使其成为在自己代理范围内运作的出版商。为了使已不再发行的作品重新为公众所知，维克托并不是唯一发现机会的代理商。安德鲁·怀利成立了代理范围内的奥德赛编辑部，而 PFD，Sheil Land 以及其他一些代理商也进行了相应的尝试。一些轶事证据表明一些代理商已经做得非常好了。这也意味着作者可以选择新的完全不同于以往的市场营销渠道。零售商方面，在文学作品供应链上的中介机构也很乐意绕过出版商。再一次强调，这种模式并不完全是按一个方向进行的，因为出版商们也建立了类似的数字出版机构。如英国的 Bloomsbury Reader 和 Pan Macmillan Bello 就表明出版商仍然活跃着，并再次构建了局部去中介化的版图。

尽管互联网为代理商开辟了新途径，但是他们可能并不想破坏与出版商之间的现有联系。而对此并无太多疑虑的媒体机构意识到即使在自己的领域面临着去中介化带来的压力，互联网也提供了相应的机会，使其能够与自己的同伴进行去中介化。以报纸为例，曾经，报纸的广告和订阅收入日渐低迷，还面临着内容免费带来的难题，而现在，报纸则成了电子书出版商。《赫芬顿邮报》

《纽约时报》和《卫报》都已经开始进行电子书项目，这些项目中早期的内容都是未被授权的，因此需要与合作伙伴共同出版，或者只能使用一次（Bosman，2011）。而 TED 则由自己全权负责这些工作内容，并没有与既有的出版商进行合作，而美国全国广播公司（NBC）也正在建立自己的出版机构以充分利用自己拥有的知识产权（IP）（Nawotka，2012）。数字技术对直接出版的发行量、降低门槛面临的障碍以及集中化所产生的协同效应提出了警示。

最后一种实现去中介化的主要途径是通过内容市场中的新兴实体来运作。新兴数字背景下的出版商如美国的 Byliner 和 Open Road Media，英国的 Touch Press 和 Unbound，意大利的 40k Book 以及澳大利亚的 Momentum，更不用说日本和中国那些已经做得非常成功的互联网出版商都对在位者提出了挑战。然而，当我们从把出版作为一个整体这个角度出发时，就能找到一些答案。相反，我们应该对“大众业余式出版”这一大环境下出现的更深层次的问题进行相应的思考；我们需要重新思考出版商的概念。那么在数字时代除了谷歌以外，还有谁是出版商并提供了如博客系统（Wordpress）等作家发言平台呢？

甚至，提供博客服务的推特也是一种出版商。在仅仅几年的时间内，推特已经成长为最大的互联网服务公司之一。每天，数百万人（包括作者本身）都会登录推特，以期获得不断更新的新闻、信息以及各种八卦。当然，作为一种多对多的交流平台，推特完全符合“使某物被公之于众”的标准。通过运用一些机制和搜索引擎，用户所发布的推特内容会拥有大量读者。用户正在通过自己的推特内容亲身进行试验——创作诗歌、复述小说内容、进行新闻报道并创建一些有着好玩儿的、有用的或实用价值不太高的功能。[⊖]如同书籍一样，Twitter 可以被看作一个中介，但是它也可以被认为是去中心化的纯网络出版商。与 Like Blogger、博客系统、Medium、Quora 或 4chan 一样，Twitter 虽然并没有提供把这些粉丝变现的具体方式，却为那些有一定兴趣爱好的读者们提供了一种交流方式。

如果想要创造一个网络时代的出版商，可能需要查看一些如轻博客（Tumblr）这种与 Twitter 一样取得爆炸性发展的社交博客服务。轻博客现在属于雅虎公司（Yahoo!），而且由于它快速传播内容的卓越能力，其内容中心化程度比 Twitter 更甚。据 Cheshire（2012）所言，与其他社交和博客网络相比，轻博客促进了大量共享活动的发展。其灵巧的界面以及对内容的重视使轻博客很快就成为用户实现快速有效共享材料的理想平台。[⊖]考虑到轻博客的 J 形曲线式增长速度、鲜为人知的典型互联网初创企业的商业计划以及以服务和用户为导向的客户体验，这样一来，大家会很容易就推翻这种把轻博客看作出版商的观点。

随着数字技术对内容的重新组合，传统的旧式出版商被轻博客、Twitter 或 Medium 等新兴媒介取代的可能性也随之加大。这并不是特指这几个网站。像 Scribd 这种文件共享服务在出版领域的表现更为突出，尽管与轻博客一样，其成功并不是偶然的，但是这种文件共享服务仍然对图书出版商存在的理论基础和相关运

⊖ 例如，“推特版甜蜜的忧伤”是复述莎士比亚的《罗密欧与朱丽叶》的一个项目，通过演员对推特（@Such_Tweet）的实时更新得以进行的。

⊖ 截止到 2012 年，轻博客与 Twitter 或维基百科相比尽管通信量较少，但是已经拥有了一定的访问量，并且仍然快速发展着，这也意味着其用户参与度会达到极高的水平（Cheshire，2012）。

作造成了挑战。从历史观点上说，出版商是文本生成的风险资本家，他们会预付给作家相应的经费并且承担了出版的金融风险。目前，Kickstarter 一类的服务提供了一种倒转的融资模式，再次回归到 18 世纪时的订阅出版模式，该模式下读者会为还未进行创作的图书预先支付相应的定金，如此一来就解放了出版商的金融角色。然而订阅的覆盖面通常很窄；另外，在线大众融资得到了显著发展，通过 Kickstarter 这一平台，某些绘本作家已经筹集了 100 万美元的资金（Charman-Anderson，2012）。

去中介化的形式有很多种。这些形式所共有的元素就是数字网络的集中化和分散化特质的授权性本质。传统出版商发现自身处于一种自己也不清楚而且更无法拥有并掌控的地带。去中介化已经成为一种趋势，但这并不是铁律。我们所看见的只是阶段性视角下的去中介化现象；去中介化并不是一蹴而就的巨大转变，而是一种阶段性进程，因为有很多去中介化现象都非常零散并且不同步。仅仅因为去中介化可以发生，并不能说明它一定会发生。很多强大的力量以及一些行为都阻碍着去中介化活动的进行，而且，技术的影响以及技术本身也往往都是社会产物，受制于或者至少与我们，也就是它的创立者、管理者以及用户所做的选择存在相应的联系。我们不应该为了去中介化的不可避免性而欢呼，正如我们不应该将去中介化视为空想并拒绝正视它。在出版商消失以前书店可能会先消失，而这一过程可能会持续数十年甚至更久。

然而，有几件事情是很清晰明确的。首先，越来越多的证据表明，去中介化所造成的威胁正在加剧，并且未来去中介化的发展势头只会更猛。其次，我们不仅正面临着去中介化，如经济合作与发展组织（OECD）报告中所言，我们还面临着“再中介化”。

即便有一些参与者已经被挤出了活动圈，但他们中有相当一部分很擅长抵制并找到新的重新把自身融入该活动圈的方法，并且从国际电信巨头到轻博客这种初创公司等新兴的媒介参与者也一直在不断发展。因此，与其说出版活动正在消失，不如说它正在进行相应的转换。去中介化活动本身不仅复杂而且也存在一些限制，涉及集中化和分散化、前进和后退的运动，以及创造力和破坏力等方面。自助出版也许会占据头条，但是在互联网时代，是不是自助出版、亚马逊出版、轻博客或者任何其他出版形式都已经变得无关紧要了。关键在于出版商的机构位置很容易就会变成一种多余的存在。大量存在的各种选择只是加重了这一难题。采用自助出版的《五十度灰》以及亚逊直接出版部门都只是冰山一角。存在的问题远比人们所了解到的更为深刻棘手，只是市场中日益增长的内容需求以及在发展中期潜在利润增长效率的不断提高掩盖了问题。

即使是一些微小的去中介化活动也应该引起大家的重视和深刻反思。任何人都能以前所未有的方式进行出版工作。如果没有一个强有力的回应的话，出版商会慢慢地退出舞台甚至彻底消失。

版权

我们已经认识到出版是无法被简化成版权的。但这并不是说版权不属于现代出版建立的基础。与其他法律构建一样，版权也是虚构的。在过去，“版权”一词充满了争议性，只是最近才得到国际上的认可和接受——如果我们确实可以把现有的版权管理体制称作是一种接受的话。正如拉里·莱斯格所言，“版权所有权是一种与众不同的所有权”（2004，83）[⊖]；或者如马克·吐温在版权一词出现的早期所言，“上帝只有一件事情做不到：在这个星球上的所有版权法里找出有任何有意义的地方”（1935，381）。

随着 1886 年用于保护文学和艺术作品的《伯尔尼公约》的出现，我们才开始拥有了一个真正的国际意义上的版权协定，即使在那时该协定的应用方面也存在一些差异。正如我们曾看到的赫林曼案例一样，是出版商发明了版权，其历史可以追溯至皇家特许出版公司登记簿（the Company of Stationers' Register）上的作品和后续的《特许法》等法律规定，以及 1709 ～ 1710 年的《安妮女王法令》，在该法案中版权首次得到了立法承认。虽然盗版很普遍，但是由于其在抄袭方面存在的固有困难使盗版的发展受到了限制。毕竟，盗版作品的印刷需要克服很多出版方面的障碍。另一方面，二进制数字的出现也揭示了版权的虚构性——实现与原内容完全一致的瞬时复印变得不再那么困难。Shirky（2002）、Doctorow（2011）、Berkler（2006）以及 Lessing（2004）都认为那些对复印加以限制的举措与技术发展背道而驰（考虑到这些思想家与哈佛大学伯克曼互联网与社会中心之间的联系，也许我们正在谈论一个“伯克曼学院”？）。

尽管一直存在争议，但是正如在 18 世纪的英国或 19 世纪的美国，版权和知识产权不仅在吸引力方面面临着挑战，而且在强

⊖ Lessing（2004）的意思是，如果说文章本身不具有竞争性的话，也就是说我对文章的消费，尤其是对其数字版本的消费并不会被你对该文章的消费影响到；而对于同一瓶酒而言，我对该酒的消费与你对该酒的消费就是一种竞争性的关系——对于同一商品而言，一个人的消费会影响到另一人对该商品的消费。

制性及其理论基础层面也面临着相应的挑战。1999 年，文件共享服务出现了——纳普斯特（Napster）创建了一个分享 MP3 格式音乐的点对点网络（P2P），将唱片公司、电影制片厂以及游戏出版商的底线破坏得一塌糊涂。在几个月的时间里，数百万用户使用了这一服务，从一个看似通用型的目录中进行免费下载。2001 年，这种共享服务的发展达到了高潮，并且最终被迫改变策略。继纳普斯特之后，又出现了很多复制性的服务，使用了强大的 BT（BitTorrent）协议。㊀虽然 MP3 的出现可以追溯至 1995 年，但是还需要一种简单易操作的下载机制，以及大众通常安装的音乐播放软件，进而使盗版可以进行传播。一旦满足了这些条件，这些创意产业的经济和法律上层建筑也会永远改变。

经销也是即时进行的，并且最重要的一点是其免费性。由于 Chris Anderson（2009）等作家的努力，我们已经习惯了“免费”这种概念，安德森认为在对“免费”模式进行创造性使用时，它也会成为一种强大的商业模式，比如说，通过放弃一些项目而唤起用户对一些附属产品的需求。倒回至 20 世纪初期，几乎没人会想到这一点，而“免费带来的难题”也演变成了完全成熟的资金流转危机。

然而，其实并没有发生太大的改变。最终，完全免费的模式并不会成为一种选择。因为在任何情况下，相应的资金支持都是必需的，无论是通过捐赠、税收、从商品和服务销售中所获得的利润抑或是任何其他能够产生收入的渠道。无论是从好的方面还是从坏的方面来讲，在任何市场中，引进免费模式只会造成极大

㊀ BT 及其用户都是集中化和分散化中心辐射型模型的另一个典型例子。

的混乱；而最糟糕的情况则是该模式会把价值链上的所有元素都驱逐出去。供求规律必然会对几乎所有的内容形式造成相应的影响。内容的真正价值并不存在于价格控制的领域内。价值本身已经丢失了。而那些深谙互联网之道的作家可以让相关的作品实现免费。他们在其他生态位上创立了自己的事业，不断发展壮大其规模，进而引用另外一种安德森式说法，但同时大量的作家和出版商由于找不到利润被驱逐出了该生态系统。此外，之所以会出现免费模式是因为商业重心方面发生了重大转变，以前是消费者购买商品，而现在消费者自身变成了商品。而这也就是报纸和杂志出版相应文章作品的运作机制。可是对于图书而言，由于其产品高度多元化的本质使得这种以广告为收入来源，进而实现免费或者大大降低售价的模式无法在其身上顺利实施。但是，这种模式对于谷歌等主要的内容整合者而言，则是十分有利的，因为尽管存在比较明显的受众细分，但它们仍拥有大量受众，也这与集中化和分散化的逻辑相吻合。

任何人都无法准确把握版权侵权的程度。BT 网站已经超出了标准分析范围，而且，通常而言盗版的传播范围很广，且内容具有内部分化性。在作家名字后面加上“ epub ”或“ PDF ”进行搜索就能够显示出侵权行为的规模，这也表明随着连通性和电子阅读设备的不断发展，版权侵权问题也在不断恶化。然而，图书出版可以借鉴一下音乐产业的做法，可以立即转向封闭性的零售系统，这样一来从事盗版的难度就大大提升了。

盗版仍然是一个敏感的话题，很多知识产权（IP）产业都把盗版视为一种不惜任何代价都要将其消灭的致命性威胁，并且与那些由提倡免费模式的律师、艺术家和内容消费者组成的广泛联合群体成对立之势，因为这些人认为版权或者所谓的稿费是一种落后的概念，并且对艺术品和知识产品的流通形成了一种束缚。尽管印刷版权侵权现象时有会发生，但是这种现象并不像数字盗版那样令人忐忑不安，因为数字盗版产生的结果对于出版商而言是致命性的。

实际上，问题很简单：不管出版商高兴与否，内容都可以被复制。当代的出版经济（无论正确与否）都是通过对享有权利的指定区域内有限的文章进行垄断而得以存在的。失去它就等于失去图书流通所依赖的财务基础。新兴法律的出台可能会使盗版变得更为困难，但与此同时它们也会受到质疑，而且永远不可能完全杜绝文件共享行为的产生。一些草根积极分子与谷歌等利益相关的企业进行了有效的结盟，共同提议出台《禁止网络盗版法案》，而该法案也引起了强烈的异议，但这种异议也只不过是在有关版权立法的一系列争议中最新出现的一种。其中支持授权许可的一方存在一种比较有说服力的观点即“文化并不是在真空中孕育产生的，而是包含了对先前其他文化形式的重组、利用和更新。”“创意作品的产生靠的是积累而并非通过某种神的预言。”“在版权锁定的世界里，我们破坏了这一进程。所以，现在需要的就是在保护性投资以及确保文化活力之间取得一种平衡（Lessing，2004，2006，2009）”。[⊖]

长期以来，英文贸易出版商一直在使用地区保护性权利。出版界已经被分割成了许多保护性联盟，这也就是说出版商对某些

⊖ Lessing（2006）说过一则著名的格言“代码即法律”，这一格言描述了为何在数字文化中并不存在合法的灰色领域。如果某物是法律的话，那么它就可以一视同仁地完美地被执行。也可以参考 Zittrain（2008）。

特定区域的特定图书进行了市场垄断，进而造成了一些新特征的出现，比如人们将英国出版商对英国和英联邦特定权利的保留视作一种过时的帝国遗产。一般而言，人们认为这对于各方都是有利的，这样一来就保证了全球竞争不会威胁到国内市场。在爱尔兰、新西兰甚至是加拿大等地，出版商已经开始与英国、澳大利亚和美国等更为强大的对手展开了交锋。迄今为止，通过对电子书商店的逐渐适应，市场独占权和出口市场的数字执法仍然保持着相当大的一致性。问题是不知道这种一致性可以保持多久。因为版权正在遭受威胁，所以在互联网中可以轻易绕开出版法的这一附属领域。这种按地域划分的本质使得英文出版在全球化进程中显得不堪一击。同样地，复杂的自动翻译软件也可以打开翻译版权的销售大门。在新兴科技面前，用于保障出版商收益的地区和语言联合会也很容易被攻破。

对于版权，并非只有圆满地被实施和彻底地被侵权这两种选择。一方面，新的授权许可对开放性和重组的竞争规则起到了平衡作用，而另一方面也平衡了管理和报酬。理查德·斯托曼是 20 世纪 80 年代的一名麻省理工学院的程序员，他对于合作生产软件的许可协议感到很失望。在他看来，用户自由是软件的最大红利所在，因而从道德层面而言，试图对此进行抵制的行为是错误的。当在 GNU 操作系统上进行工作时，斯托曼开始思考并传播“公共版权”（copyleft）的理念，或者说 GNU 版权的更为开放性的选择。最终，GPU 的通用公共许可证（GPL）诞生了，这样一来既确保了对该操作系统开发者的认可，又为用户获得最大程度的开放性提供了保证。GPL 背后的原则是根据 GPL 的相关条款进行运作，如此一来，所有软件的开发、衍生开发和迭代都会受到 GPL 的约束，进而确保任何人都不能把其中的知识产权“封闭起来”，这样才能实现知识价值的最大化。也许在未来，开放源码软件会正式面世。斯特曼是公共版权的守护神，而且自GPL面世后，又出现了大量相关的授权许可，其中影响力最大的则是2001年出现的知识共享（creative commons，CC）。[一]

知识共享有几种不同的形式，其最大程度上的包容性体现在它允许那些没有署名的版权衍生著作用于商业用途。而“署名－非商业用途－相同方式共享”则传播得更为广泛。基于一系列的权利豁免，知识共享打开了知识产权的大门，使其能够不断地被重复使用并实现有效共享。它也使版权的概念得到了更新，因为杜绝任何重复使用的绝对权利执行都有可能遭到破坏。这种授权和政策并没有彻底地改变版权：它们都是建立在版权之上的，并且形成了一系列作品从属权利。但是，出版商仍然对GPL或CC等授权持一种提防的态度，而且也无法确定这种商业模式在盗版日益泛滥、人们对作品价格以及创作收入的预期不断下降的情况下是如何运作的。[二]

在学术出版和杂志出版领域，版权已经上演了一出非常真实的戏剧。开放存取（open access，OA）[三]出版越来越受到科研机构和研究型大学的青睐，他们已经厌倦了为获取相应内容而支付高得离谱的价格，因为他们已经为这些内容的创作者支付了相应的

[一] 这正是由拉里·莱斯格所建立的。

[二] 与布鲁斯伯里学术出版社一样，技术出版商奥莱利媒体也一贯走在出版创新的前沿，但是除了这些尝试之外，所取得的其他进步也只是试验性的。

[三] 该术语包含着各种不同版本的开放存取（OA），比如，开放获取知识库（green OA），指的是把著作放进OA知识库中，还有开放获取期刊（gold OA），所有的作品都需要在完全符合OA相关政策的情况下才能进入学术期刊中。

工资。与知识共享一样，开放存取也是基于这样一种理念，即本质上而言，公共研究的产品应该属于公共财产，是用于获取更大利益的公共资源的一部分。主要业务——所谓的“付费型出版商”，正在面临着政策和学术方面的障碍。当获得菲尔兹奖的剑桥数学家蒂莫西·高尔斯宣布自己要对期刊巨头爱思唯尔发起联名抵制时，大量学术界人士纷纷响应。一场战役就此打响，并且这一抵制活动迅速蔓延开来。爱思唯尔面临着一个公关噩梦，而且其依赖于捆绑期刊销售的商业模式也受到了巨大威胁。而与此同时，以“公开存取”哲学理念为核心的既定路线的替代方案也正在迅速萌芽，并且更为关键的是这些行动也为那些注重声誉的研究院赢得了赞许之声。PubMed 文献检索系统是一个用于医学研究摘要和文献检索的免费数据库；arXiv 则是一个康奈尔大学的物理文献出版平台，在该平台中研究学者会针对研究论文进行共享、评论以及相应的阐述。这些学术领域的出版服务与传统商业活动完全不同，但是它们也各自主导着自己的领域。

尽管这些新兴的授权协议有很多优点，但是它们也带来了一种挑战。如果不对它们详加检查就采用的话，就会使其强有力地促进去中介化的发展。从对爱思唯尔进行联名抵制的活动中就可以看出，如果出版商不对相关作者和读者负责的话，现在大家完全可以选择其他备选项。广义上而言，与其说这一问题是针对出版业的，不如说是一系列信息提供者需要面对的战略难题。正如 OA 运动的主要倡导者之一彼得·苏泊尔所言“ OA 并不会威胁到出版；它只会对现存的不愿变通的出版商造成威胁”(2012，18)。

如果版权不再能正常发挥作用的话，现行的出版相关法律也将无法正常地实行。版权问题无法与去中介化分离开来，而是与其处于一种动态的相互依存的关系中，对出版未来的发展也造成了结构上的压力。

应对挑战

去中介化和版权极少会是出版商议程中仅有的问题。在极大程度上而言，它们甚至都算不上是最重要的。以下这些才是更为紧迫的值得考虑的问题：已经讨论过的内容不断发展的多媒体的本质特性，以及其中涉及的风险性投资；崩溃的街道式零售，文章可见性方面的相关问题以及销售量的下滑；剩余零售力量的相应增长；数码产品销售所面临的困难；新员工的招聘及其再培训；印刷量的下滑，印刷成本的增加以及来自电子书的价格压力。

对于陷入困境的出版商而言，每周都会产生一系列新的问题。这些都是出版自身存在的，而并非外界造成的挑战。两者之间存在着关键性的区别。纵观历史，与其他企业一样，出版商也面临并克服了各种障碍，进而也使自身变得更为强大。在数字时代里，在版权与去中介化，或者至少再中介化，以及内容呈现方面不断演变的各种形式等方面所发生的运动，已经成了一种超出出版眼前问题之外的现实威胁。长期来看，数字网络意味着不会再像往常一样发生这样的事情。这就是数字化和网络环境下数字化的区别：对机遇与威胁的短期评估以及对媒介重组的深刻理解。在销量和曝光方面，破产的书店则成了一个难题。而且因为每个破产的书店都为去中介化活动的产生创造了更为有利的环境。当稀缺性的条件崩塌时，不可避免地发生极端的资产价格通货紧缩现象。正如像版权这种对出版商的保护措施正在遭受挑战一样，已经进入市场的新兴参与者的数量也达到了史无前例的高峰。这样一来，在出版商收入方面就只存在一种结论。

互联网时代里并不缺少冠军。我们已经认识了 Clay Shirky（2002），Yochai Benkler（2006）以及 Larry Lessing（2004），而他们每一个人的案例都强有力地证明了数学技术会创造新一轮的大众创新与文化复兴产业。但是最近有很多广泛的人文主义批评言论，对数字技术提出了质疑，而这些言论来自杰伦·拉尼尔、伊莱·帕里斯尔、叶夫根尼·莫罗佐夫、尼古拉斯·卡尔、凯斯·桑斯坦、安德鲁·基恩以及李·西格尔等人。包括乔纳森·弗兰岑在内的一些作家已经对数字阅读提出了质疑（参考 Sing，2012），而在他去世之前，John Updike（2006）针对电子书给出了一个典型而简洁的评价，认为它缺少“界限”，而这就是一种艺术完整性的缺失。我们真正希望建立的究竟是怎样一种文化市场以及怎样一种社会？数字技术真的能够帮助我们实现这一目标吗？很多批评者认为我们应该仔细拷问数字技术，进而铭记我们是创造它的人。

我对数字挑战所进行的分析并不是为了预先假定一种出版理论。这种分析只是从那些现存的图书出版商所熟悉的角度对这一挑战进行了勾勒，并没有对这些出版商的实际行为做出进一步的研究。

在数字技术出现以前，出版拥有一个亟待解释的矛盾身份。从抽象意义上而言，目前已经不再需要这样一种理论了。如果不对出版、原始创意和版权产业的运行以及出版的多重身份做出深刻阐释的话，出版商将无法自信地去面对数字时代的来临。他们将会一直对自己的角色和价值产生疑问。此外，他们也无法轻易说出“这就是我们的工作内容”以及“这就是我们为了继续从事这一行业所进行的演变”。传统出版商则面临着双重难题：在知识层面上，由于其自身存在的时间、地点、定义以及最终产物和作品的不对称性等缺陷，使其受到了质疑和攻击；另外，实际上是由于技术上的混乱，进而破坏了内容版图中出版商岌岌可危的角色。我们需要勾勒出一种与这一融合时代相匹配的出版形象。

这一章已经提出了学术以及实践层面出现的相关问题，而随着这些问题的提出，也出现了对出版理论的需求。这就是我们接下来的探讨方向。在对一种出版理论做出阐述后，我们将返回到数字挑战上来。

那么，究竟是什么使你成为出版商呢？

| 第3章 |

内容是如何运作的

在我们的生活中，内容无处不在。因为我们生活在一个信息时代，也可以说我们生活在一个内容时代。内容已经成了统治者：内容与环境和社交媒体在这场对关注度的争夺战中展开厮杀，并且再次称王。内容产业已经成了带动新兴工作岗位的主力军，而随着技术和经济变革把价值不断转移到内容上，我们可以看到内容正发挥着日益重要的作用。曾经立场并不统一的内容策略家和内容分析家如今也站在了同一阵地。从事数字基础设施业务的美国在线（AOL）已经迅速转向内容，甚至还设置了“首席内容官”这一职位。“内容农场”的出现产生了大量有助于搜索引擎进行检索的各种衍生资料。在图书出版界“内容”一词曾经是一个毫不起眼的存在，甚至可以说一直为人们所轻视。然而，现在的情形已经与过去截然不同了。

既然已经发现了出版业的症结所在，我们就需要着手解决这些问题。内容就是这些关键因素中的一种，而且是出版的先决条件。没有任何内容的出版是不存在的。这也是一种很荒谬的观点。任何对出版的理解都必须建立在对内容的运作方式有所了解的基础上。因为内容只有在更进一步的相互作用中才能实现传播，因此，出版的基础必须是内容而不是传播。不包含任何内容的传播会让人不知其所云。令人惊讶的是，作为流行词语，“内容”这一概念仍然未经过相应的检验。文学、传播和媒介在学术文献的重压下痛苦呻吟，但是，作为研究焦点的内容也往往会受到排挤。然而，一种出版理论的形成需要有一种与之相对应的内容理论。然而如果该理论对其进行准确的表述，那么它就会默许某一种理论的使用。

通过研究一系列信息、传播和媒介相关理论的研究著作，我认为内容是与“框架”和“模式”这两个补充性概念结合在一起的。如果没有这两种概念的话，内容也只是一种空洞的存在。“内容”这一词语意味着某种内容。换言之，其中隐含着并不包含在词语本身中的元素：“填充”这一内容的元素。这就是“框架”。同样地，内容并非是凭空产生的。因果关系要素、目标、动机以及意识形态基础的相互作用构成并提供了内容存在的理由：这就是“模式”。内容往往都处于某种特定的框架与模式中，在使这一连续体与特定的组织机构进行连接时，把经验性的、类比以及数字文化加之于该连续体上。

这里，我们为出版各项操作的实施提供了相应的语境：根据某一模式为内容构建一个框架。我会对框架和模式依次进行介绍。

从容器到框架

2012年1月20日，在纽约佳士得拍卖行有一本书最终以792.25万美元的价格成交。与其他任何纸质书一样，这本书也是一系列工业工序的最终产物，虽然是深加工工艺的产物，但也仍然是复制品。那么，该书的买主究竟是在购买什么内容呢？真的不是文本吗？还是只是这本书的实体？这本书是约翰·詹姆斯·奥杜邦所著的《美国鸟类》（*The Birds of America*）（出版于1827～1838年），是其最为杰出的著作之一。该书由深红色的摩洛哥皮革包裹，几乎全部镀了金，并且书的内页也极其精美，该套图书总共有四卷，均由独特的工艺制作而成，其中有435块色彩丰富的版刻，由三名顶级雕刻师（爱丁堡的威廉·利泽斯以及来自伦敦的罗伯特·哈维尔和小罗伯特·哈维尔）制作而成的，因此这本书在图书制作商看来绝对是一部让人无法拒绝的杰作。由于奥杜邦无法在费城和纽约找到买家或者出版商，于是为了确保图书能够顺利出版，他离开美国转而去了英国。为了给这一任务找到融资，它需要先为该书找到订阅者，而最终他找到了161位，尽管他复印的份数比这一数字要多得多。《美国鸟类》使我们开始思考那些曾经常常出现在艺术哲学领域的问题——内容本身以及内容的具体实体化中所蕴含的价值就是物理实体吗？还是存在其他的要素？人们购买的是那些超大容量的内容存储器，还是在购买内容，即那些精美的版刻？现存的《美国鸟类》的复制品已经所剩无几，但是，在今天，即使算不上是绝大多数印刷作品的特征，稀缺性也已经成了很多印刷作品的一种特征。

在文本复印技术出现之前，内容和媒介形式一直都紧密地联合在一起。以前，可复制性指的就是依靠繁重的人力活动而完成的复印功能，从本质上而言，每一次进行内容再复制的难易程度都与最初内容生成的难易度相当。每一个文字的具体化都与其初始形态没有什么差异，因此，在复制和创作、内容与媒介以及内容与形式之间存在很大程度上的重叠和交叉。我们口中的“图书”既是指我们书架上的实体书，也指抽象意义上的“文本”或“著作”；此外，我们会互换地使用这些不同的含义，直接从一个转向另一个，而不会再进行相应的标注，而这就意味着在日常生活中，我们不会把内容和媒介割裂开来。出版商兼评论员詹姆斯·布赖德尔认为书籍实际上很复杂，远非一种实物这么简单：

> 尽管电子书不断发展，但是人们听到最多的评论都是关于图书的物质性。很少有评论是关于文学本身的，但是之所以这样是因为我们觉得很难去剖析对于一本书而言最重要的究竟是什么。人们很容易对图书进行交互分析，但是因为这些交互非常复杂，而且已经内化在我们的思想和文化中，因此，似乎我们无法把它们与物体本身分离开来。图书的创作就是一种编码过程，它们储存了我们在阅读过程中所获得的种种体验，而且究其本质，它们也是自身的纪念物。长期以来，出版业已经从产品与意义的这一独特结合中获益匪浅。（Bridle，2012）

布赖德尔指出出版商在内容与媒介的结合上很难处于中立，他们会把“作为媒介的图书”与“作为文本的图书”相混淆。但是很有可能出版商也是受骗者。他们把自己视为图书的创造者，而无法把自己工作的产出（客观存在的实体）与其产品（文本）区分开来。事实上，尽管出版商已经意识到内容的这种不依托于形式的特质，但是对于历史上绝大部分出版商而言，对产出和产品进行区分的行为看上去非常奇怪。毕竟，出版商从事着内容贸易并且在内容还未拥有实体之前就已经成功使其完成了实体化。

在印刷出版中，内容和媒介的区别非常明显，因为文本复制的方法流程与文本创作的方法并不相同，这也暗示出内容完全不同于媒介。第一次我们通过印刷出版再次回到了 O'Leary（2011b）的观点，在出版的"容器"系统中，出版商是"内容"实体的管理者，如果继续使用这种比喻性说法的话就是，这一"内容"被"装入"容器内（对我们而言也就是图书），再进行经销、销售和消费。

随着数字技术这一新型内容复制模式的兴起，而并非是巧合，才使容器模式得到了充分认可和理论化。印刷是一种模拟技术，一种有形的现象且并没有明显地与自身分离。用现代的目光来看，这一媒体的容器模式可能是显而易见的：我们如今生活在一个后数字时代，媒介和内容已呈饱和状态。但是，我们不应该用我们自己娴熟的数字技术去粉饰那个模拟技术盛行的过去。信息以及媒介理论方面的教父也分别为我们提供了一个词汇表，用于理解这种内容和形式的分离。在计算机技术发展初期，数学家克劳德·香农也在同一个贝尔实验室工作。他彻底改变了关于这一难以定义却又最为基础和重要的概念的相关知识：信息。在他看来，信息是具有概率性的，也可以说它是具有数学特性的，[⊖]而且可以按照句法对信息进行相应的解读。通过这一突破性的进展，香农对信息进行了比较完整的表述，即信息是一种"消息"，有其相应

⊖ 如果需要一种比较宽松的定义的话，我会采用 Luciano Floridi（2010）的"语义内容"。

的“来源”，并且由“传达人”通过某种“渠道”进而到达“接收者”。这一词汇表有与其相对应的数学依据，进而使得香农能够从这一渠道中把消息完全抽离出来。对他而言，消息和渠道彼此之间并无关联。消息只是沿着该渠道传播，除此之外并无其他。两者是相互独立的。除了一些偶然情况外，内容或者信息几乎与携带它的媒介、途径没有什么关联。香农提出的这一模式是基于编码和解码的相关理念而建立的，在该模式中消息的语义与对传播结构的理解并没有关系。在图书领域中，消息就是内容或者文本；渠道就是书籍。消息和渠道对于数字技术的发展以及人们对它的解读而言是不可或缺的，而信息理论则使两者进行了分离，并取得了卓有成效的结果。

Marshall McLuhan（2001）与香农持有相似的观点，他也认为内容和媒介（作为途径的媒介）是相互分离的。尽管香农与麦克卢汉在对媒介的理解上有一些重大分歧，但是两者都认为从本质上而言，内容和媒介是两种完全不同的存在。在 McLuhan（2001）看来，一种媒介的内容就是另外一种媒介。一本图书的内容就是写作，而写作也就是另一种媒介。[⊖]一张 CD 的内容是对声音的数字解码，而声音的内容则是音乐。麦克卢汉认为之前这一区分被掩盖了：

> 在电子速度和总场出现以前，这种媒介就是消息的观点表现得并不明显。看上去似乎消息就是“内容”，因为人们通常会问这幅画

⊖ 在我们通过其他媒介而学习某种媒介时，这种说法自身会引发反身性的相关问题。因此，对某种媒介的研究无法在脱离其他媒介的情况下进行，而是像研究意识一样，并不一定要对研究目标和研究对象进行相应的区分。

是关于什么“内容”的。但是他们从来不会想到去问一段乐曲，一间房子或者是一件衣服的内容是什么。在这些问题上，人们保持了某种意义上的整体模式，把形式和功能作为一种统一体。（McLuhan，2001，13-14）

麦克卢汉在使用“内容”一词时都会加上单引号。于他而言，“内容”是从有关媒介的重大问题中分化出来的。“内容”只是一个无关紧要的客串演员。

与香农一样，McLuhan（2001）也认为内容和媒介两者之间是存在差异的，两者会通过一些机遇和人的能动性而并非必然，一起出现在具体化的实例中。内容和媒介两者是不同的：媒介只是容器和渠道，而对于内容而言，并不会介意这些容器或渠道究竟是什么。这些思想家都是在信息时代到来的初期这样一个背景下出现的，在这一时期，媒介技术达到了前所未有的发展规模和速度。媒体消费也开始激增。两种要素都引发了人们对媒介本质及其作用的新的思考。对于香农而言，渠道只不过是一种路径，或者说电信产业中所谓的“哑管道”。相比之下，对于 McLuhan（2001）来说媒介就是一切。麦克卢汉对于媒介的看法充分表明媒介是意义上的主要决定性因素：在社会中占主导地位的媒介的位置会影响其社会结构。这就是多伦多学派媒介理论的本质——媒介并不是中立的“哑管道”，而是核心角色，并产生了很多具体的结果。香农和麦克卢汉都提到了渠道，他们只是对渠道的意义持有不同的观点。

如果我们采用香农提出的容器系统的基本原理的话，那我们就会认为麦克卢兰关于“容器是不会产生任何效果的”这一观点是一种空想。我们无法简单地把容器仅仅当作容器。我们不得不观察容器自身是如何塑造内容的，而容器的外形又是如何影响内容的外形的（这一观点并非是毫无争议的，但是应该为人们所承认）。我们需要一种对数字环境的理解。O'Leary（2012）认为在数字背景下容器会变得分崩离析，因为在数字环境下容器中存有超负荷的相似含义，因此，对容器的谈论也就不再有意义。[⊖]Geoffrey Nunbery（1996，107）注意到很多人把数字内容看作一种从以前的内容中得到解放的全新版本："在印刷界，内容是附属于事物的，或者说被包含在事物中的，但是现在内容可以从中被解放出来并被处理成一种纯粹的本质，我们可以打破瓶子进而得到相应的美酒"。然而，纳恩博格强烈反对这种主张，因为他认为尽管可以说数字技术可能会打破旧瓶子，但内容仍然会需要其他某种类型的瓶子。

那么，我们的内容理论就需要明白内容是如何与其媒介相脱离的。从这种意义上而言，早期绘画大师的作品并不是内容，因为内容、形式和媒介是交织在一起的。然而脱离作品的画中的形象则理所当然地成了内容。我们不仅要对内容与媒介的差异做出解释，而且必须要对这两者是如何生成了一种构成关系，以及除了内容之外媒介是如何发挥作用的进行相应的阐释。此外，也必须要着手应对向数字环境的转换。

⊖ O'Leary（2012，7）认为关于容器的相关论述已经误导了我们对内容的理解："我们看待书籍、杂志以及报纸内容的方式在极大程度上而言，被掌控在我们曾用了几百年的传播信息的物理容器手中。这些容器从两个维度对内容进行了相应的定义，并且忽略了其发展背景"。奥利里把这种无法构思内容的状况称为"容器近视"。

我所使用的表示内容容器的术语是“框架”。框架也是指对其中所包含的内容的呈现。在我的术语中，框架就是发行机制、渠道以及媒介。它们与复印技术一样，是内容的背景以及理解模式。框架并不仅仅只是内容的运载系统或是对内容的打包，更是内容的体验模式。它们并不是哑管道。其实，把图书看作容器是一种很实用却又存在缺陷的比喻，因为它无法囊括所有的书目形式，更不要说文化和经验了。而且这一比喻无法同时承认容器的数字和实体两种身份。我们永远无法找到一种纯粹的、无中介内容，因为内容总是伴随着某种形式的框架。而且也总会有某种发行系统。此外，我们在认识内容时，总会有一些先入之见和期待影响我们对内容的看法。换言之，我们不会直接看到全部内容，而是会先看见“框架 – 内容”对。通常图书是长篇文字内容的典型框架形式。也就是一种纸张、印刷技术、墨水、文本、艺术品、经济价值和社会身份的结合，进而共同为长篇文字内容提供了一种框架。[⊖]但是这一载体并不一定必须是图书，因为现在图书也不过是众多载体中的一种。如此看来，出版的意义也就开始变得清晰了。出版商不仅仅是图书的制造者，更是框架的打造者。

说得更为明确一些，框架和构造框架并不是新兴事物。社会学家欧文·高夫曼谈及框架的时间要更晚一些。麻省理工学院的人工智能先驱马文·明斯基也像认知语言家一样发明了一种框架理论。书籍研究历史学家、文化理论家和媒介分析家都曾对框架展开讨论，认为它是对图书以及其他媒介形式内容进行构思的一种更好的方法，我所做的相关分析也是基于这一术语丰富的相关

⊖ N.katherine Hayles（2008）认为框架可能会成为文本的物质“载体”，没有它的话，文本也将不复存在。

历史而进行的。

首先，框架是如何实现数字化过渡的？很容易想象，Nunberg（1996）暗指很多人认为容器这一理念在数字技术中是一种不相关的存在。然而，数字技术本身包含着一种内容运输机制，而且也受到了某些束缚——也就是运输形式，这些束缚包含了其框架的很大一部分。想想电子屏幕，数字内容无法“直接”为人们所接触，而是通过电子屏幕而显示出来。图书通常会有很多页，与之相同，不管是电子墨水、触摸屏、墙上的投影或者仅仅是一台 PC 显示屏，这些数字技术都会把屏幕作为运载和显示的主要单元。屏幕形成了内容的框架。

除此之外，也有其他的子框架，最为人所熟知的就是通过运用基础的超文本标记语言（HTML）、高级编码语言以及促使所有数字技术得以产生的二进制码等进行特定编码。Adriaan van der Well（2011）认为标记语言的本质意味着与过去的文本内容和形式的不可区分性相比，在数字化情境下，形式与内容的差异和区分会表现得更加明显。彼得·布兰特利把浏览器称为网络内容和标准的“交互容器”（Brantley，2012，192）；可以肯定的是，这是一种与众不同的容器，但不管怎样它依然是容器。屏幕和代码都依赖于一种物理基础设施，包括纤维光缆、晶体管、电力、发光二极管（LED）等。所有这些框架为数字内容提供了相应的条件。正如图书或大报一样，数字内容也需要相应的传播和框架。

数字内容远远不是完全自由的，所有的数字内容都处于一系列的连锁框架中：硬件；屏幕和显示机制；标记语言；电脑代码。屏幕和代码并不能包含或者传播内容——它们会为内容提供框架，正如图书为内容提供框架一样，而且如此一来，就能实现传播（通过传播框架，也就实现了内容的传播）。

框架并不是一种静态的概念。它们具有延展性和实用性，并且可以跨越文化和科技的界限，比如它可以同时适用于苹果手机游戏，和写在草纸上的古老传说。虽然我们无法把苹果手机称为某种游戏的容器，但是我们可以称其为一种框架。我们可以把出版界最伟大的成就之一——《牛津英语词典》（OED）作为框架研究的一个案例。耗时 70 多年，[⊖]《牛津英语词典》于 1928 年正式出版，第一版中的数据令人十分震惊：总共 1.549 万页、41.482 5 万字，从 500 万条建议中精选了 182.730 6 万条引例，录入了 10 部巨大的摩洛哥皮制复合卷（Winchester，2003）。显然，《牛津英语词典》并不仅仅只是一部书，一种传播系统，而是一种需要驯服的学术怪物，一种不断蔓延、几乎不受边框束缚的计划。这里出现了多种层次上的框架。最基本的这 10 部复合卷就是字典的一种框架。而在某种层次上而言，《牛津英语词典》也为英语语言提供了一种很明确的框架。在维多利亚时代，比较典型的一个特征就是对分类的热衷，而迄今为止该词典仍然是约翰逊和韦伯斯特等最优秀的词典编纂者所逃避的目标。

但是《牛津英语词典》的编纂历史表明存在其他发挥作用的框架，从这一点来说，牛津大学出版社（OUP）的董事长可以这样表述：以后也许再也不会有这样一个完整的印刷版本了，而这在之前，这是人们想都不敢想的（Hui，2010）。最初该项目是由语言学会发起的，随后在詹姆斯·穆雷这位博学的教师接手前，也有一些编辑参与了此项目。为了完整地呈现其最终目标，即对英语

⊖ 通常字典的编纂工作都需要比较长的周期——荷兰语词典 Woordenboek der Netherlandsche Taal 的编纂始于 1851 年，耗时 147 年才得以完成。

的完整检索，需要采用一些特殊的方法进行《牛津英语词典》的编纂。在西蒙·温彻斯特之前，赫伯特·柯尔律治曾负责词典的编纂工作，并且发明了通过引证条系统组织词汇的这种标准方法，Simo Winchester（2003）随后对该系统进行了相应的描述。而这一系统也是词典得以编纂而成的基础。此外，温彻斯特还打造了一系列置物格子用于盛放早期的字典：

> 柯尔律治设计的格子是 9×6 形式的，每行有 9 个，共 6 行，因此总共有 54 个格子，大概是 260 英寸的线性空间，这种格局在他看来完全可以盛放 6 万到 10 万引证条。当时的柯尔律治已经想象不出比这更多的数量了。（Winchester，2003，57）

重新修订的版本容量扩大了 40 倍，而这与正在进行的繁重的工作相比仍然不够充分。詹姆斯·穆雷把装载了包括置物格子、引证条和按字母顺序进行的工作在内的这一空间称为“写字间”。从某种程度上而言，写字间使《牛津英语词典》实现了具体化，随后，直到 1895 年，它才被改称为《新英语词典》。如果我们能够把一本书视作同某个对象一样的一种“信息架构”（Cope and Phillips，2006）的话，那么从字面意义上来说，合订引证条、潦草的定义、折页和置物格子的序列就是这样一种字典的信息架构。

为这样一种有组织的学术工作安排充分的资源并非易事。正如其董事会所了解的那样，牛津出版社委员会委员最初拿出了 9000 英镑的资金预算用于完成该项工程。但是，《牛津英语词典》的编纂工程还未进行多久，资金就明显开始告急，而最终该项目会花费出版社近 30 万英镑的资金。因而，为了减轻这种经济负担，可以采用这样一种方式，即先发布小规模的且联系不太紧密的词典板块——分卷，而这些分卷随后可以再被编入完整的字典版本中。在这里，框架的含义与已经制作完成的物品有了很大的不同，后者更加实惠、小巧和片段化。然而，通过分卷的形式可以完成过程比较艰难的排版和布局设计，而所有这些你所看到的页面上的内容提供了子框架（顺便为随后面世的字典设定了相应的标准）。

引证条、分卷以及最终生成的巨著都是可供字典选择的框架。像《牛津英语词典》编纂这种时耗很长且具延展性的项目，针对不同的目的会在不同的时期需要不同形式的框架。当然，1928 年这些分卷的出版是为了体现穆雷、他的团队以及他的后继工作者所做的功绩。然而，即便那样，也有很多不同的在售版本——你能够获取一半不同装订的分卷或者主推版本。当然，对于一种不断发展的活语言而言，人们是无法为其建造框架的。英语并不是固定的，因此，它的不断发展会令字典过时。在《牛津英语词典》出版了仅仅 5 年之后，其第 1 版增补本就发行了。曾经，人们眼中的完整容器突然间多了种附加物。然而，如果我们从框架中进行思考的话，这些补充其实就是原始框架的延伸。

到 20 世纪 80 年代，显然，需要在管理词典数据上有一种新突破。在 IBM 的帮助下，《第 2 版牛津英语词典》进行了改头换面。撕碎、更新，进而再转换成代码，最终于 1989 年得以印刷和出版，并引起轰动。此次的规模依然很大——20 卷，61.51 万词条，这些定义总共达 2.137 万页，大约有 243.66 万条例证，5900 万个词，而且使用了 63 千克纸张。在《牛津英语词典》生产过程的数字化驱动下，这种变革的数量级比之前更大。数字化使其从印刷结构中得到了解放，但也只是为图书提供了一种新的，且更为灵活的框架，这种框架在 1989 年被重新打造后就再次投入印刷。然而，从 2000 年起，可以在网上找到《牛津英语词典》的电子版，并且每三个月就会进行相应的更新。如果《牛津英语词典》（第 3 版）发布的话，它也只会成为这种不断扩大的集合中的一个路标，而不再是某个固定的印刷里程碑。如今的《牛津英语词典》就是一个数据库，而不再是一本书或一套书，亦不再是几套书或者引证条的集合。说它是数据库，也就意味着它是通过屏幕、代码、数据库软件、信息管理工具、服务器以及监视器重新构造框架的——而不是完全从原框架中被解放出来的。

在它纪念碑式的旅程中，《牛津英语词典》的发行机制也在不断进行相应的变化，对其最好的理解就是把它当作对内容构造框架的逐层叠加。每种对《牛津英语词典》的表述方式都略有不同，而且主要强调了框架构造的操作方面。尽管容器的语言并不能帮助我们更好地认识由写字间和数字库所组成的连续统一体，以及在图书馆书架上那些布满灰尘且数量可观的卷集，但是它们每一个都在充当词典的容器。

框架在数字技术和模拟技术、成堆的散纸和精装书、CD 和活页乐谱、明信片和毕加索的画作、MySQL 数据库和物理存储器，以及香农和麦克卢汉之间均实现了跨越。正如出版商会根据精装、平装、封面设计、页面设计、排版和活版印刷等需求选择相应的框架一样，他们也许还会根据 iOS 或安卓、界面设计和渲染质量等进行框架筛选。框架使我们能够在一定范围内查看数字媒介和模拟媒介，两者之间并没有隔着不可逾越的鸿沟，如此一来，我们不仅能够观察为什么这两种高度分化的出版物形式都需要运载系统，还能够弄清楚这些系统是如何通过不同的方式呈现作品的。

框架作为发行系统，如图书或 MP3 文件和播放器，示意了一些框架和内容既共同协作却又彼此区分的方式。框架为内容提供了相应的条件，反之亦然。Miha Kovač（2008）和 Clay Shirky（2002）共同讨论过传统印刷的运作是如何塑造内容的。例如，小说和图书通常都会有相应的规定长度，因为这样便于相关法规的实施，而且也符合印刷运作的真实情况，因此非常经济实用，而所有这些都表明，能够选择的框架也意味着它对于内容是适用的（Kovač，2008）。D.F. Mckenzie（1999）和 Roger Charier（1995）曾共同研究过文本的非语言元素（框架构造）生成意义的方式。同样，内容也会寻找新的框架。内容创造者并不会被动地等待框架不断进化发展——他们会主动创造相应的框架。

框架为这些内容创作者提供了相应的表现形式：他们并不仅仅只是发行一份作品，而是会选择某种特定的方式进行发行。《牛津英语词典》包装精致，并傲然压印了牛津大学出版社的伟大金顶，夸张的巨幅页面削减，并且对其自身的属性和作用进行了相应表述。这种表现品质是造成我们在谈及框架时把其看作一种不明确的对象[⊖]、一种本质上的表现模式以及一种媒介的一部分原因，此观点与“媒介从来不是处于中立位置，而是自身有其重要意义”这一概念是捆绑在一起的。与此同时，这一特质使我们不仅能够维持内容与媒介的相互分离状态，也能够维系内容本身与 McLuhan（2011）相对立的力量。

框架不仅是媒介，它们主动创造了媒介体验；框架拥有一种主观要素或现象学要素，以及一种发行或存储要素。尽管框架可

⊖ 比如，我们可以在剧院谈论剧本、一个 MP3 或者《纽约时报》的印刷版，并认为它们都有相应的框架。

能具有一定的表象性，但是由于这一特征，也使它们能够为人们所接受。我们对某部作品的体验方式，是我们对这一作品所形成看法的很重要的一部分。我们无法把一部作品的发行或框架同我们对其的阅读体验分离开来。此外，这些体验特性会根据发行机制自身的信号以及那些乍看之下并非“内置”的要素进行运作。也就是说，当遇到文化现象时，主观层面上的先入之见、偏见、期待以及个性和意识形态等造成的阴影会产生相应的影响。从本质上而言，我们看待一本书的方式也属于该书的一部分。

总而言之，框架就是内容及其参与者以及主观经验模式的发行和呈现机制。“框架”是对在内容呈现方面彼此联系的概念、物质以及非物质因素所组成集合的一种简称。

那么，这种主观因素是如何运作的呢？

社会学家欧文·高夫曼提供了一个良好的开端，在当前背景下，他是提出使用“框架”这一术语的发起人之一，并且在媒介研究中的“框架分析”实践活动中发挥了关键性作用。[⊖]高夫曼是一位与众不同的社会学家，因为他热衷于了解在社会结构中发生的我们个体之间面对面的互动，而并非社会结构本身。

他认为这些“共存”都是高度进化的拟剧论、仪式和游戏的集合体——我们日常交往中那些富有成效的隐喻。Goffman（1997）所做的大部分研究都是关于参与者在每一种关系下构建框架的方式。框架并非游离在丈夫和妻子、老板和员工或顾客和零售等关系之外。实际上正是通过框架本身，这些关系才能够为参与者所理解。因此，框架为我们的互动提供了相应的条件。Goffman

⊖ 在过去的40年间，媒介方面普遍发生了向受众与接受领域的深刻转变。

（1997）对框架为特定“密钥”加入情境的方式，以及框架是如何制造并改变现实的进行了相应的思考。其理论的核心就是主观上的先入为主会通过预定义的方式塑造我们的体验：

> 我认为对某种情境的定义是依据一定控制事件的组织原则才得以生成的——至少包括社会事件——以及这些事件中的主观介入；我用“框架”一词来指代我所能够识别的这些基本要素。（Goffman，1997，155）

高夫曼提供了一种独特的社会学视角，但是他并不是进行此种思考的第一人。汉斯 – 格奥尔格·伽达默尔提出的阐释学观点以及某种程度上的西方哲学观点，也都是这一理念的不同表达版本。Goffman（1997）在此基础上把这一观点植根于我们日常的行为中，进而在这一过程中为我们提供了一种富有成效的术语。伽达默尔的阐释学理论针对的是艺术或文化产品，或者是对我们当前的目标、书籍和文本的改述。解释并不是一种客观过程，而是我们用某些特定方式理解作品时，一种充满高度主观化因素的过程。文学理论中的接受理论就是基于这样的观点才得以建立的。Hans-Robert Jauss（1982）和 Wolfgang Iser（1978）把意义再次转向读者以及文本与读者的互动上。文本本身没有意义，只有在它们被阅读的过程中才拥有了意义。[⊖]斯坦利·费什把这种理论推向了一种极端，认为文本完全取决于读者先前的概念。在费什看来，没有任何文学或者文学相关的内容能够独立于个人所具有的决定性的先入之见之外而存在。罗伯特 C. 霍勒布解释道，“往往

⊖ 正如 Iser（1978，ix）写到“文本代表着一种在阅读过程中才得以实现的潜在影响”。

先入之见就已经决定了我们的所见所感，也正是有了这种先入之见才有了我们的所见所感”（2003，103）。

姚思和另外一名理论家茨维坦·托多洛夫均采用了伽达默尔提出的“期待视野”，尽管两者对此有不同方面的侧重。托多洛夫把“期待视野”当作一种体裁功能，而姚思则认为“期待视野”就是我们的阅读体验。这一术语具有一定的提示性作用——我们的期待视野会影响对一部作品的阅读体验。我并不关注理论上的细枝末节，也并非意图构建一种高度具体化的框架概念，而是会遵循常规意义上的观点。其实，并不是只在作品中存在某种主观因素，而且这一主观因素也有助于作品的创作，并且告诉我们如何接受它们；此外，这些主观因素并不是任意出现的，而是有其相应目的的。

Pierre Bourdieu（1993）认为社会促进了艺术的发展。只有在外部作用力，即社会，告诉我们某件物品是艺术品之后，我们才会把它当作艺术：“艺术品是依托于认为或者承认它的艺术品身份的理念才得以存在的”（Bourdieu，1993，35）。在布迪厄看来，信念和论述就是相应的生产力，如果没有它们的话，我们就无法理解这些出版作品。布迪厄认为，首先正是因为有了这些文化产品的相关背景，我们才得以把它们看作文化产品。如果把背景元素拿掉的话，一切也就不复存在了。Gérard Genette（1997）则从另外一个不同的角度对情境进行了审视，认为所有书籍都拥有它所谓的“副文本”。从某种层面而言，这些都是内部因素（可以看看引语和标题页），因此，可以直接通过框架作为包装进行查看。然而，热奈特也把这种副文本看作外部要素，即所谓的“外延文本”，正如一本书在呈现过程中也会需要营销材料一样。在热奈特看来，图书之外的要素也属于图书呈现以及接受中不可或缺的一部分。尽管这种重视与接受理论不同，但是布迪厄、热奈特与高夫曼仍然拥有一定的共识，即文化生产永远不会直接通过原材料而产生，而是往往需要结合前期以及外部等方面的构建。

出版学者 Claire Squires（2007）把这些线都融入一种图书营销理论中，把其当作一种当代文学的生产力。在费什、布迪厄、托多洛夫、热奈特以及市场营销理论等相关研究的基础上，斯奎尔认为市场营销是构建读者阅读体验过程的一部分，而随着该产业整合成为全球媒介集团，这一过程也已经史无前例地处在了中心地位。[⊖]在斯奎尔看来，出版商并没有使大众的偏见不断地积累。他们也不断从比较有利的方面去加工并影响这种偏见的光晕："实际上，市场营销就是一种成功的当代写作。从现实意义上而言……物质条件和营销行为在极大程度上决定了文学的创作、接受以及阐释"（Squires，2007，16）。营销途径有很多。出版商非常清楚艺术品、创作、包装、定价、出版商和作者的品牌效应、内容信号、零售、市场定位、广告以及其他付费通知是如何创建印象的。通常来说出版商会预先将图书按内容分类来引导读者。在我们接触内容之前，它的变化、表现方法、门槛以及诠释社群会先于内容本身产生；而欲望、意见以及购买决策都会纠缠在"市场营销"的宽大臂膀里。

对"文化中的'晕轮效应'是如何呈现出相应的光泽的"这

⊖ Walter Benjamin（2008）认为一部具有艺术光环的作品会淹没在这一"充斥机械复制的时代"。如果真是这样的话，在数字化市场营销时代，宣传部会竭尽全力去再创造一种在可控范围内的消息、大肆宣传、声望和兴趣的后现代光环。

一命题而言，普利策奖和龚古尔文学奖等奖项就是一种很好的类比。[⊖]James English（2005）已经对这些奖项“威望的经济性”进行了检验。奖项是文化、经济、社会、政治以及媒介资本之间的转接点。最重要的是，奖项提供了一种符号和媒介资本，传播了声名和威望，如此一来便可以带来一种货币报酬。虽然出版本身并不是大红大紫的一种存在，但是它也在通过一种类似的方式发挥着自己的作用。英格利什对他所谓的“虚华辞藻诽谤”，即围绕奖项所产生的争议和诽谤进行了相应的分析。这并非是声望经济性的对立面，而正是这一经济性的一部分。所有围绕奖项产生的话语，在其他情况下也被称为流言蜚语，也为奖项带来了相应的符号资本。诽谤越多越好。奖项设立的意义就是为了打造一种“想让人们相信的东西构成的神奇面纱”（English，2005，245）并将这些内容连在一起。出版商创建并掌控着这种魔法以及不同印象的生成。我们不应该低估通过与某个出版商给内容带来的这种价值或效能。

品牌也是通过同样的方式发挥作用的。品牌是人为主动构建的。它们围绕人们的身份、象征和行为，以及产品的用途和人们想象中的用途而对自身进行打造。在其消费过程中，品牌体现出了一些非物质元素，如志向、群体价值观和（往往理想化的）情境，从某种程度上而言，品牌也是一种对现实的折射。它们预示了我们的产品体验。打个比方，我们在做品牌的时候会选择专业化的机构，而在买书时，我们却不会选择去那些比较严苛的学术

⊖ 晕轮效应是一种心理特征，指的是我们容易只通过某件事情中的一种要素就对这件事做出判断，这种或好或坏的“光晕”容易被放大成对整个事物的看法。

出版社。

Squires（2007）主要关心的是当代图书的阅读体验。而我的论点则把这种情况延伸到了所有内容。目前，市场营销只是一个术语，我们用它来表示构建框架过程中主观或者经验方面的关键部分的形成过程。斯奎尔指出了框架中的主观要素是如何与发行机制相互衔接，以及出版商是如何生成相应的印象以及物品的。她谈到了格式和包装，并认为内容并不是被切分成了发行和主观这两方面。框架是它们所依赖的连续统一体。

可以通过一个具体实例把这些线索联系到一起。除了《牛津英语词典》一直被认为英国出版业的一座里程碑以外（《美国鸟类》也是精英拍卖行最为钟爱的一部作品），对莎士比亚的《第一对开本》的研究大概已经比其他任何版本的研究都要多，而根据21 世纪的市场营销动态，这部作品也已经无法被人们想起。这是一个很不错的案例分析。在《第一对开本》出现以前，威廉姆·贾格是一个很卑鄙的人，他曾是印刷工、出版商，并且最开始还是图书零售商，在有着传统意义上，“英语图书中心地带”之称的圣保罗大教堂工作，在那里，他出版了一些非常廉价的莎士比亚戏剧的四开本。贾格在去出版社之前并未事先得到相应的授权许可；而且在 16 世纪 90 年代至 17 世纪期间，他还印刷了所有那些被认为是莎士比亚所作的打油诗以及一些错漏百出的莎翁戏剧版本。㊀莎士比亚把戏剧当作自己的第一事业，因此，这一问题很可能并不仅仅造成了一定的破坏性，更让人非常恼火。

当莎士比亚于 1616 年逝世后，贾格已经成功建立了一套包括

㊀ 莎士比亚第一部以四开本形式印刷的戏剧是《泰特斯·安特洛尼克斯》，是由一名叫约翰·丹特的印刷工负责的（Murphy，2003）。

印刷、出版以及图书销售在内的运作体系，并拥有两家出版社和九名雇用工和学徒。莎士比亚之前在环球剧场、国王剧团的同事约翰·赫明斯和亨利·康德尔发起了《第一对开本》的项目，把它作为对莎士比亚的一种纪念。他们组建了一个联合集团用以保障已经被皇家特许出版公司保留的所有的版权权利，并且出资使贾格也加入了董事会。这种对开本的想法很有启发性。对开本的纸张需求比较大，用来把那些以前的最重要的资料保留在图书上，当然不包括那些廉价的娱乐内容。以对开本的形式进行印刷，在之前是一种仅授予剧作家本·琼生的戏剧荣誉，而赫明斯和康德尔正在对内容的美学和道德价值进行相应的论述。他们把大量手边的副文本都列入在内，这些副文本旨在作为一种补充内容，如本·琼生的著名献辞以及莎士比亚的蚀刻版画（他的唯一一幅当代肖像）。赫明斯和康德尔对《第一对开本》进行了系统性的编写和编辑——通过一些莎士比亚所创作戏剧的比较全面的手稿，进而他们把这些草稿以及自身的一些记忆拼凑成剧本。此外，为了创作《第一对开本》，他们可能需要创作一些剧幕作为一种戏剧构建的工具，进而满足通过构建框架而塑造内容的需求（Collins，2009）。另外，贾格、赫明斯和康德尔也非常热衷于建立一定的观众群，比如，贾格在法兰克福书展上宣布了《第一对开本》这一项目；这些副文本，如画像页的数量也成倍增长，并且广泛分布在促销传单上，进而为即将出版的内容进行宣传造势，并产生一定的读者预期。

1623 年，虽然由于《第一对开本》的费用问题，排除掉了一些习惯廉价版本的读者群体，但是，建立观众群的工作已经在高强度的首印中初现端倪，据估计大约有 750 份（Collins，2009）。

《第一对开本》包含 36 部戏剧，其中有 18 部是从没有对外出版过的，包括《恺撒大帝》《第十二夜》《暴风雨》和《错误的喜剧》(作为对比，请注意，大部分该时期的戏剧已经永远消失了)。从很大程度上而言，装订仍然是消费者的责任，因而，他们可以选择为自己的版本进行进一步的框架塑造。

从《第一对开本》开始被印刷时算起，它的内容就已经开始与媒介形式相互影响了。这种形式对内容产生了重要影响。图书仍然是足够珍贵的，在读者对其展开阅读之前，对《第一对开本》进行印刷的这一举动就已经承载了很大的文化重量。按理说，莎士比亚的名气已经广为人知，也用其自身的方式使《第一对开本》在鉴赏家群体中享有得天独厚的地位。

关于莎士比亚作品的后续出版史已经为大家所熟知。《第二对开本》诞生于 1632 年，而《第三对开本》则是在 1663 年出版的，而后 1666 年的伦敦大火毁掉了很多作品，为此 1685 年出版了《第四对开本》。在 18 世纪初期，莎士比亚作品的编辑亚历山大·蒲柏以及刘易斯·西奥博尔德就“正确的文本”这一问题爆发了一场非常具讽刺意义的战争。尽管蒲柏得到了当时出版业巨头的支持（联系最紧的就是雅各布·汤森），但是在莎士比亚学术研究方面他这次站在了错误的一方。大众对这场辩论的关注度，也表明了莎士比亚在英语文学经典中所处的高度。然而，直到 18 世纪下半叶，莎士比亚作品的新版本仍然要比旧版更有价值。只有在莎士比亚拥有了如今这样的地位时，《第一对开本》才会变得比那些新出现的版本更具价值。换言之，作为一种实体的《第一对开本》的价值依赖于对莎士比亚、文学以及品味的感性认识上的转变，因而《第一对开本》被重新定位为原版，因而会更正宗，也拥有更高的价值。作为容器的《第一对开本》正在逐渐变为一种符号，象征着英语字母的宏伟大厦，如此一来，也使它成了一种文化符号；从1866年起，出现了《第一对开本》的传真版本，进而弥补了对开本国际化或者获取渠道方面的空白。⊖

对开本的复印本也有着自身的特色。在位于华盛顿特区的福尔杰莎士比亚图书馆中，在莎士比亚研究学者中所谓的“对开本”因为其保存完好，而拥有了一种近乎神秘的身份。19世纪初期，大英图书馆的《格伦维尔对开本》也是托马斯·格伦维尔无与伦比的文献收集中的一部分，并且也被认为是一个非常好的案例。在《第一对开本》中，我们可以看到一组独特的实物和文化坐标：赫明斯和康德尔实现他们所追求的目标，即他们所追求的纪念意义；贾格工作作坊的印刷雇用工们的讨论和阴谋；莎士比亚作品现存复印本的局限性；图书格式的惯例以及不同的装订设计。《第一对开本》可能已经成为文学偶像，但是我们不应该忘记它是信息渠道以及工业化生产的内容发行机制的一种早期案例。每一个《第一对开本》的版本都是它自身的框架以及与自己所产生的共鸣。如果没有框架这一概念的话，我们不仅会无法真正理解独立对开本，而且对版本的整体性乃至所有图书的所有版本都会理解不足。

再回到奥杜邦这一案例，如果我们从框架的角度观察《美国鸟类》，并且考虑到其带来的文化和信息负载的话，我们就能看到

⊖ 当然，还有另一层意义，单独的不同对开本自身携带着一些信息：关于它们自身的历史。有关这些对开本之间的差异性的研究本身已经成为一个研究领域，进而揭示了很多有关17世纪伦敦印刷业以及莎士比亚作品的信息。这些对开本也包含着有关自身用途的一些信息。比如，如果想要欣赏约翰逊博士的一大特征的话，有什么方法会比观察在他的《第一对开本》藏本中污损了页面的各种吃食更好呢？（Collins，2009）

为什么尽管相关内容不断得到广泛传播，但它依然价值连城。框架使我们超越了容器和媒介语言。另外，它们拥有四种其他特性。首先，我们所获得的媒介体验的主观方面从最开始就已经建立。其次，它们具有一定的灵活性。不同媒介的讨论把世界分成了整齐的片段，但是，正如 McLuhan（2001）曾提到的那样，媒介中包含着媒介，或者一种媒介会和不同的媒介发生相互作用。数字并不会消除容器，它只会改变容器。框架使我们可以在这些形式之间灵活地穿梭，进而领会其连续性。再次，所有的框架都伴随着许多特殊性。媒介是一种抽象概念，并不适合用来分析具体的例子。而框架既适用于抽象概念又可用来分析具体情况，既适用于综述又可做详细说明——我们可以把“图书”或“网络”看作框架，但是也可以把《格伦维尔对开本》、瓦格纳厢型布景或网上下载的《火线》看作具体的实例化框架。最后，也是最重要的一点是，内容创作者和媒介精心设计了相应的框架，为了保证它们的正确性消耗了大量的时间和精力。因此，框架使我们能够把内容创作背后的决策、论证和历史拆开来看。

我们下面转向研究这些动机。

从动机到模式

框架并不能生成内容。通常情况下是人们对内容进行相应的创作和传播，在内容农场时代也不例外。人们并不是随机表现出某种行为的。他们的行为是对动机与期望、有意识和无意识以及内部和外部条件集合的反映，这些会影响他们的行为。内容也不例外。因此，在对这些动机因子的运作不闻不问的情况下，对内容展开讨论是没有任何意义的，因为这些参与要素会大大有助于构建讨论中的作品。我们已经认识到创作和出版是两种不同的活动（即使两者是同时进行的，如网络环境中的自助出版，它们也仍然是两种不同的概念），因此，它们各自有各自存在的缘由——作家的创作缘由并非一定与出版商对作品进行出版的缘由一致。

在这片动机和隐藏的因果关系参数的模糊区域中所使用的语言既晦涩又有一定的深意，而与框架一样，概念也具有很强的包容性。对动机的谈论主要受限于以下两个原因。首先，因为文学理论家认为，人们是不可能对作者或者出版商的动机做出重述的。其次，动机的概念过于狭隘而且极具个人化色彩。它无法对内容创作的社会角色做出解释。而我认为内容的创作与模式是一致的，这也是对内容的初级生产以及对出版商这种媒介的操作和运营。此外，这些模式有可能是相同的，但是也可以是截然相反的，无论是哪一种类别，或许不是只有一种模式在运作，而是很多不同模式的复杂组合。

随后我会对模式的概念做详细说明，因此在这里，我只会对其做出一种大致的描述并针对几点进行论述。从某种意义上而言，模式就是内容创建及其框架打造方面的一种必要条件。模式是一种抽象的论断，我们运用模式通过其解释、预测以及因果效力来指导我们的行为。对出版商而言，最明显的模式就是商业模式。最早，印刷工和出版商都是原始资本家，他们在资本密集型以及遍布风险的环境中工作，用最快的速度进行股份转移。从这种意义上说，几百年来出版的商业模式在很大程度上并未发生什么变化。无论是在 15 世纪的里昂，还是 21 世纪的德里，出版的商业模式都依赖于大量的生产成本以及作品的有效传播，并且预期在除去产品销售成本以及日常开支以外会有净利润剩余。通常而言，出版商拥有特定的金融模式，使他们可以对较少的投资所带来的回报进行估计。不过，出版的商业模式绝不仅仅局限于图书销售领域。版权销售、合约出版、编辑服务以及包装都是不同的商业模式，而这些模式往往会与基本的单元销售模式结合在一起。同很多产业一样，金融模式的不断细化也正在成为出版中日益重要的一部分。

人们往往会犯的一个错误，就是把所有的模式都简化为商业模式。人们认为由于出版主要是一种商业，所以可以只通过商业术语来理解它。正如我稍后会进行讨论的那样，政治、美学、宗教、社会以及经济问题都会影响模式的形成。显然，政治出版会采用多种形式呈现——不管是对英国的《英国议会议事录》，还是对美国的《国会报告》而言，均是如此，如世界银行或经济合作与发展组织（OECD）等机构发布的相关报告，如中国的人民文学出版社 People’s Literature Publishing House 等国有出版企业，诸如意大利的贝卢斯科尼的蒙达多利出版集团（Mondadori）这类准国有企业，又或是仅出版符合自身政治理念的图书的机构，像是左倾的维尔索出版社（Verso）与右倾的莱格尼里出版社（Regnery）。所有这些出版机构会根据各种各样的已阐述的以及未阐明的政治模式进行相应的运作。

此外，与上述模式相关的还有传播模式。传播学研究为人们了解传播和媒介提供了丰富的模式。有关该模式的深入分析已经超越了这一项目的范围，但是，每一种模式都对内容和传播进行了明确表达。传播模式本身并不是内容模式，至今为止，传播模式无法解释内容背后的行为，不过，它们的确使这些行为可以为人所理解。人们希望内容能够具有一定的传播力，而传播模式对这种传播力的机制进行了描述。

模式往往都是与情境相适应并紧密联系在一起的。一种内容模式永远无法与其环境背景割裂开来。模式在社会形态和文化产品之间建立了相应的联系，会对一部作品的创意以及媒介层面产生相应的影响。可供选择的模式会受到社会因素的制约：考虑到所有内容都拥有模式，因此社会是通过限制和构建模式进而限制并构建文化产品的创建。此外，模式也是由作品以及作品的出版构成的，这也就是说，从本质上而言，它们也是有关最终产品形成的说明的一部分。我们不能把内容和模式分离开来。内容是为了实现相应的目标而进行创建和传播的；而内容的模式也有这些目标。模式很微妙，具有一定的普及性以及决定性作用，因而把出版和社会连接到了一起。

简而言之，内容都是因为某些特定原因才得以存在的，尽管这些原因并不是那么简单明了。模式是由很多各异甚至是相反的部分共同组成的，因而很难阐明，且常常具有极大的模糊性，但是尽管如此，它依然是内容的核心。正如内容往往都会拥有框架一样，一种内容也总是会伴随着某种模式。

对内容的全面认识

虽然为了更好地理解内容，我们通过隐喻的说法引入了框架和模式，但是我没有意图将其文学化。尽管它们使我们能够更好地理解内容的运作，甚至引申开来，也有助于进一步理解内容产业、媒介、创作者以及维系整个生态系统的消费者，但是框架和模式仍然只是一种隐喻。毫无疑问，这些工序会以某种方式或者另一种方式呈现，而因为他们复杂，具有多面性且不断变化，所以，几乎无法将其简化为某种单一的分析。框架和模式的语言是一种启发式的，进而克服了替代性术语的局限性。

一种持续不变的案例能够对出版理论进行相应的阐释。随着之前提到的《牛津英语词典》和《第一对开本》，我会接着凑齐英国出版领域的三驾马车：20 世纪 30 年代企鹅出版社的创建。初看上去，这一案例非常具有指导意义，当然在大众的想象中，企鹅出版社所取得的标志性突破就是一种形式或容器的出现：平装本的发明。然而，企鹅出版社迅速发展成为英语出版界顶峰的过程更为复杂。首先，企鹅当然没有发明平装本或者廉价本。19 世纪中期的“劳特利奇铁路图书馆”，或 20 世纪初期的 J. M. 登特的“从文库”等版本依靠高强度的印刷经营和销售开拓了廉价出版。[⊖]仅仅考虑容器还远远不足以解释企鹅出版社的创建。

莱恩的工作时代正是英国出版的一个较排外的英雄时代，而这一时代掌控在一些伟人手中，而斯坦利·安文、维克多·戈伦茨、乔纳森·凯普、弗雷德里克·沃伯格以及杰弗里·费伯这些名字也都非常响亮。在 20 世纪 30 年，戈伦茨就已经尝试了廉价的平装书印刷，但并未成功。真正为“平装书革命”开创先例的是欧洲，在 1847 年，一名叫克里斯汀·伯纳德·陶赫尼茨的德国人为欧洲大陆的消费开创了英语平装书出版。陶赫尼茨丛书很有特色，而且在维多利亚时代来欧洲大陆旅行的游客中间也很受欢迎。它们也很受英国出版商的青睐，而且陶赫尼茨图书不会在国外发

⊖ 19 世纪 40 年代，在美国也掀起了平装书出版的浪潮（Tebbel 1987）。

行盗版版本，而是会挣得相应的版税。然而，在20世纪30年代，陶赫尼茨图书开始显得有些力不从心，因此为另一位德国出版商库尔特·伊诺克创造了机会，伊诺克与意大利著名出版商阿尔诺多·蒙达多利以及一位名叫约翰·霍尔罗伊德·里斯的阅历丰富的出版商合作创办了信天翁出版社（Albatross Verlag）。1932年，他们共同发行了一系列设计精美且时尚的新型平装书。如果说是陶赫尼茨"使平装书的概念为一些英国图书买家所熟知"的话，那么，信天翁出版社则"对20世纪中期英国平装书的形式和设计产生了直接影响"（Feather，2005，172-3）。

此外，虽然陶赫尼茨丛书在19世纪一直处于前沿地位，但是到了20世纪，它的发展便不似从前了，而与它相比，信天翁出版社图书的内容更紧随潮流。比如，它曾出版了詹姆斯·乔伊斯、奥尔德斯·赫胥黎以及弗吉尼亚·伍尔夫等作家的作品。陶赫尼茨丛书用彩带来表示作品的主题，信天翁出版社也不遗余力地把色彩调配作为识别不同主题或专题的一种方法。当时，出版界基本上还是比较保守的，比较排斥购书代金券以及新的零售渠道的出现，并且无视那些进入大众意识中的新兴媒体以及品位，并对其保持警惕。恩特·莱恩持有陷入财务危机的鲍利海出版公司（Bodley Head）的控股权，他有着强烈的意愿去冒险并开创业务，而这些都是出版商应该具有的品质，但是他为企鹅出版社所制订的计划比起他以前所做的那些更有野心得多。莱恩会特许现有精装图书的出版，并且会相应地出版大量的廉价平装本，这种模式与劳特利奇铁路图书馆及大众文库差不多。已有的出版商之间是互相敌对的，他们信奉粗俗的概念，相信商业至上。在所有知名的出版社中，只有乔纳森·凯普在明知会有失败风险的情况下，仍然为其提供了真正的支持。

一言以蔽之，当莱恩于 1935 年启动他的出版清单后，很明显出版界已经发生了翻天覆地的变化。紧接着，美国第一家口袋书出版社以及英国的潘书出版社也非常急切地加入了平装本大军中，进而再次振兴了出版业的规模和经济，并最终导致了 20 世纪中期的出版泡沫。

问题是如果企鹅出版社并没有“发明”平装书的话，那么，它们都做了什么，并且为什么会使其成就该时期最伟大的成功故事？主要有以下一些因素发挥了相应的作用。

其一，从某种程度上而言，企鹅出版社从事着内容筛选活动。莱恩并非专攻文学。他也是企业家，有着非常好的出版眼光。莱恩对于企鹅所能够取得成就有着非常高的期望，足以媲美雷斯勋爵在 BBC 创建初期时的雄心。莱恩希望在自己的丛书系列中拥有高质量的文学作品、有力量的书籍以及某些作家的毕生之作。在之后的丛书系列里，企鹅会表现出明显的“左倾”偏见。其出版的前十部作品的作者中混杂了知识分子和平民主义者，囊括了安德烈·莫洛亚关于诗人雪莱的一部传记——《雪莱传》、欧内斯特·海明威的《永别了，武器》，以及桃乐丝·谢尔丝和玛丽·韦伯等人气小说家的作品。在莱恩的职业生涯中，他在《尤利西斯》和《查泰莱夫人的情人》的出版中一直都很有原则，而列举的这两部作品只是其中最为著名的。应该注意以下两点：第一，莱恩正在构建的模式，并非只是专注于金融方面——比如里斯，他曾经提出了一些关于文化价值的想法，而这些想法也最终通过自己的出版得以表达；第二，清单上的部分作品也体现了一些微妙的政治变化，尤其是如“鹈鹕文库”和“特别文库”等非虚构文学作品。

其二，是设计。最初，这一系列丛书都制作精良，且都是由企鹅图书的设计者扬·奇肖尔德、罗米克·马波尔和汉斯·施莫勒打造的，这些人至今仍然是传奇式的存在。在“企鹅”一词流行之前，它已经成为一种主导品牌，并且刻画了一种持久强大的视觉识别度：既现代又经典、形象、新鲜，与众不同且整洁，这是在辨识度上深思熟虑的实践，而一些出版商会觉得封面的设计有些越轨。由内而外，设计标准都很高，因此，这些图书也就立刻具有了收藏价值。

其三，价格也至关重要。莱恩希望图书的售价是六便士，这一价格大大低于当时的精装书价格，而且基本上与一盒烟的价格相当。图书馆也侵蚀了图书购买市场，而企鹅图书也需要调动大众的图书购买冲动。这需要庞大的印刷运作来弥补亏损，进而影响图书形式的选择，也使得这种冒险成了一场巨大的赌博——但是，它也使得这些作品得以形成规模，拥有了更多的读者群体并产生了一定的影响。莱恩明白把自己读者的本能反应转向价格是不可避免的，因此，在品牌的建立上，从重要性上而言，与价值的感知相比，容器是第二位的。

其四，企鹅图书之所以成功，分销也是很关键的一个环节。起初，企鹅图书的业务并不被人看好。由于巨大的固定成本、高期望值以及庞大的印刷运作，来自那些对它持怀疑态度的书店的订单是远远不够的。尽管每本书会印刷两万册，但最初每本书仅接到了 7000 份订单。普通出版商伍尔沃斯提供的 6.35 万本的订单的出现挽救了大局（Lewis，2006）。这些书都非常畅销，企鹅图书永远不会停滞不前。最初，将企鹅图书置于如超级市场和报刊

分销商等非书店渠道的这一举措对于它的成功也至关重要。㊀

其五，在 20 世纪 30 年代，尽管出版建设的渴望在消退，但是人们对媒介的消费习惯却在不断变化着。电台和电影正在重新定义大众娱乐。与此同时，大众也前所未有地得到了解放，受过良好教育并且对政治也比较关心。换言之，一种新型读者群体正在对企鹅图书即将呈现的内容翘首以盼。

莱恩已经身处于这场内容大战中。但是，需要认清的一点是对于企鹅图书而言，内容并非决定性要素。毕竟企鹅图书主要是对已经存在的作品进行再版。此外，我们也必须认识到对平装书的重新使用也只不过是整个故事中的一部分而已。从最早出现的廉价小册子和广告单开始，出版已经超越了现在广为人知的平装书范围。我们所看到的是一个将模式和框架实现完美结合的案例：平装书是在追求低廉价格的驱动下得以产生的；庞大印刷运作中的规模经济亦是如此；而在企鹅图书所采取的策略中对价值的感知要重于形式；分销是为了使图书购买这种精英活动能够再次变成人们的日常活动，就像购买香烟一样。企鹅图书的设计、对色彩的运用，甚至是它的名字，以及这种南极鸟类的商标都吸引了大众的注意力。这些举措使企鹅图书变得整齐划一，既经典又与众不同。而平装书只是各种要素中的一部分，它在促进企鹅图书发展的同时，自身也随着企鹅图书的发展而壮大起来。关键并不在平装书身上，而是平装书与大众市场的结合。这就好比是把读者（大众市场）构建成一种媒介（平装书）。

当我们从框架和模式的角度来审视企鹅图书的早期发展时，

㊀ 这与劳特利奇铁路图书馆的做法如出一辙，它与 W.H. 史密斯书店形成共生关系，1848 年史密斯书店在尤斯顿火车站建立了自己的第一个铁路报刊出售处。

根据模式的规模、风险资本、既灵活又固定的美学观以及社会民主政治，这种精心设计的框架会对内容进行重铸，且随着这种变化的发生，这种多种要素的混合也就有了自身的意义。我们不仅仅要考虑框架的微妙及其主体定位，我们还需要审视模式框架是如何被精心制作的，正如《第一对开本》和《牛津英语词典》一样。尽管外观上看不出来，但内容总是被分门别类地呈现，而不是简单地打包在一起。在框架和模式这对概念中，发行系统与经济无缝衔接在一起，系统化的品牌设计取代了消费者的文化感知，而经过精心调整的内容筛选则与媒介发行平台连在了一起。

如果没有框架和模式或者与之类似的概念的话，我们对内容的表述将会变得非常潦草。正如企鹅图书这一案例一样，框架和模式并不只是有助于人们理解内容——它们对于人们理解出版也是至关重要的。

|第 4 章|

出版系统

在漆黑一片的纽伦堡印刷厂以及鳞次栉比的曼哈顿下东区公寓里，进行着多种多样的出版活动。出版没有明确的定义，这一直困扰着人们。文本设计和媒介模式同样是多种多样的——正如一册古籍与比特流的 epub 格式文件并不一样。然而，本书认为尽管这些分歧仍然存在，我们仍旧对于“出版”存有一致的见解。即使文本设计和媒介模式不断地发展变化，总的来说大家对于它们还抱有相同的看法。我们看到一条概念化线条将物质的“高楼大厦”绑定在一起（这个世界的物质都已被给出相应含义概念）。因而，我们也在努力探寻将出版的“大厦”绑定在一起的概念化线条。

正如文本设计和媒介模式一样，出版是由一些毫不相干的元素组合而成的。各个时期、各个地方的出版业之间似乎毫无联系。如果我们转换视角，就会发现尽管时过境迁，出版活动一直在变化，但还是存在一成不变的内核。尽管有着不同的背景、条件以及操作方式，来自不同大陆以及不同历史时期的出版商，在一系列的步骤中，总是会反复行使某些特定的职能。㊀

在出版过程的中心，有两个易变的活动：审核和推广。这两个活动解决了将什么内容公之于众的问题；解决了使用“出版”这个词时由来已久的矛盾以及基于文本产生的分歧；纠正了将“出版”简单地当作文本管理活动的认识；了解数字出版的新情况以及清除随之带来的威胁。这两者都是至关重要的，因为它们在某些情况下同时存在。其他属于出版商的操作活动适合出版业的模块化结构（它们在出版过程中属于可供筛选的元素，如内部校对、印刷或版权出售）。审核和推广一直都存在于出版过程中。它们跨越了时间和空间，例如，它们与中国宋朝的皇家印书馆以及当今上海学生的新浪微博账号都有一定关系。它们处于瞬息万变的价值链的中心。

将上述两点称作出版业的核心并不稀奇。面对数字化的冲击，出版商已经开始精简职能，保留核心职能，旨在整合资源、拓展市场以及扩大读者群，这些是他们经常讨论的话题。我们仍然需要论述，这两个过程一直以来是如何构成了出版业的一部分，以及它们与出版业的关系的实质如何塑造出版业的未来。这里不是在阐述出版业的某些不切实际的“形式”，而仅仅是为了记录和解释一个反复出现的行为模式。

文本设计和媒介模式对于审核以及推广来说是不可或缺的组

㊀ 这一点不应该从字面上来理解。如果使用“大多数”这个词有点夸张的话，可以肯定是，在历史上很长一段时间里，至少在英国，出版商并不是被认作出版商，而是被认作印刷工或者售书商。

成部分："文本设计建构"和"媒介模式形成"出现在这些过程的所有阶段，此外它们分别为我们提供了出版业的形成原理和原因。审核和推广是通过文本设计，基于媒介模式才得以出现的。本章将会论述我所称的出版系统或网络。这种论述将文本设计、媒介模式、审核，以及推广视为处于网络之中的参与者，因为通信、经济的发展，以及历史的大起大落使它们重复出现、发生改变以及向前发展。

出版理论以及通信线路

文学理论纷繁庞杂，从亚里士多德的目的论到生态批评以及酷儿理论。在庞大的学术研究体系中，书籍占据核心位置。出版理论却少之又少。Robert Darnton（1982）的开创性论文《书籍的历史是什么?》并没有涉及出版业，但是他所叙述的关于书籍发展过程的模型已经成为对出版功能进行论述的标准了。

达恩顿的论述过程很简单：对于书籍历史的发展、裂变及其初期形成的领域，应给书籍"一个全面的解释"：

> 通过建立一个从作者到出版商（如果售书商没有担任此职）、印刷工、货主、售书商以及读者的通信线路。读者在这个线路中占据重要地位，是因为他在作品开始之前、结束之后都影响了作者。（Darnton，2006，11）

在通信线路中，每一个部分都被当作书籍流通传播过程中的一个功能。在此过程中，出版因而被定位在作者和印刷工之间。需要指出的是，达恩顿详细说明他不是将图书流通之旅缩短为点与点相连接的方程式——这也同样适用于本研究。通信线路是对图书生命各个阶段的有用概述，但是这个比喻受到了例如 Adams 和 Barker（2006）等人的批评。他们指出达恩顿的比喻确实能够让人容易理解，但却忽视了书籍的客观存在情况。他们认为通信线路从头至尾的整个过程通常很顺利，“忽视了图书贸易的完全不可预测性以及预测的不确定性”（Adams and Barker，2006，51）。他们认为占据线路核心地位的应当是书籍这种客观物质，而不是它们充当的角色以及社会情境。

实际上，从出版的角度来看，达恩顿以角色打比方是比较恰当的。众所周知，我们并不一定就非得将出版与书籍等同起来。要说有什么区别的话，出版是一种活动，是一个可以扮演的角色。然而达恩顿的理论并没有将其解释清楚，如果我们认定达恩顿的理论是出版学研究的一个重要方面的话，那么他的理论就需要修正完善。首先，达恩顿提出的理论只涉及图书出版，他的理论因而总是未能击中该概念的核心要点。其次，正如亚当斯和巴克所言，达恩顿的理论掩盖了出版的不确定性——他只字未提金融风险或者其他相关的风险。

此外，达恩顿创造了一个未能揭示出版商价值、目标以及主要功能的平面结构。通过观察艾萨克·彼得·里戈尔德（Isaac-Pierre Riguard）和其他书商、印刷工、法国当时的法律以及经由里昂和尼斯的不同流通路线的关系，他形象地重构了蒙彼利埃书商理查德四处走动以兜售伏尔泰的《关于百科全书的问题》（*Questions sur l'Encyclopédie*）的故事，他需要将书从生产地瑞士运送到蒙彼利埃。这个故事解释了以下线路：“那些书籍从位于纳沙泰尔（Neuchatel）的 STN 印刷（Société typographique de

Neuchâtel，一个将伏尔泰的盗版作品掺在其他书籍中的印刷厂）的商店运到蒙彼利埃的理查德手中，途中须经书籍流通线路中最复杂的一轮环节”（Darnton，2006，15）。隐含之意是这里只有唯一一条（“书”的）线路，尽管实际情况是许多书籍就得需要很多的线路。用线路做比喻掩盖了书籍最重要的因素：大量的书籍会流通到大量不同的书商那里，应当确保书籍有广泛的流通渠道。在给定的情况下，与一本书一条单一的线路相比，出版商自然喜欢多重线路。达恩顿对于书籍的重视程度要高于亚当斯以及巴克所认为的那样。

达恩顿、亚当斯以及巴克全都承认，任何文本流通的模式对于出版商而言都不是尽善尽美的，这一点在达恩顿的原图中用一条双向箭头表示出来，这是线路中唯一的双向显示。他承认对于出版，我们还有很多未知领域：“与主要的图书销售商以及印刷工相比，出版商作为一个特别的个体，还有待于更系统的观察”（Darnton，2006，18）。尽管将出版过程比喻成线路，揭示了一套既定的功能，达恩顿仍旧承认在使出版的特征变得清晰明确方面，还存在困难。

尽管将书籍的流通以及处理过程比喻成通信线路比较恰当合适，但是对于出版来说作用不大。对于公之于众和出版发行之间的关系，我们仍然缺乏说服性的论述。在达恩顿的图表中，公众关心的东西被轻描淡写，并故意没有被详细表达出来。我们应当完善这个线路，而不是抛弃它。我们还需要“扩音器、电阻器、切换板以及发电机”。照这样来看，线路是直线型的以及注重单一性，为我们提供了一个基础而非完整的理论。出版理论必须得同书籍理论同步发展，但又不受其限制。换句话来说，我们必须在这个线路的出版连接点处加上审核以及推广的过程。

审核

在媒介研究中关于筛选的主题通常是非常重要的。尽管筛选的方式、方法以及内容具有争议性，人们还是经常忽略了筛选一直都在进行的情况。之所以会这样，是因为我们必须得区分媒介（或者媒体）和发生在其广阔概念中的机构、活动。如果根本没有审核这个元素，我们就会有媒介这个元素。无论我们想到文本、电视还是互联网，这些媒介都存在一定的局限性。原则上，任何能被拍摄以及播放的东西都可以在电视上进行直播。但实际情况和 YouTube 视频网站所倡导的并不一样。只有通过电视制作公司、网络管理人员、赞助商、调度室以及类似人员机构的审核，节目才能出现在电视上。虽然媒介的审核在名义上是客观公正的，但是用本研究的专业术语来说，躲在媒介后面的人员和机构才握有决定将什么内容放到框架中的权力。

公开的媒介与受到严格管制的机构（该机构在媒介范围内生产作品）之间的差异表现在单词“媒介”的双重意义上。当丹尼斯·麦奎尔（Denis McQuail）认为我们必须得“区分大众传媒的‘过程’和使其成为可能的实际‘媒介’”（2010，24）时，就曾提出过上述观点。然而罗杰·帕瑞（Roger Parry）却关注“‘媒介’这个单词是如何既成为一个形容词又成为一个名词的”（2011，7）。当“媒介”表达躲在媒介背后的机构的意思时，在这种情况下，出版商就会有所选择。需要指出的是，在某些情况下，出版是由负责人决定的。对于一件作品，他们必须得做出决定是允许出版还是禁止出版。需要采取一些审核监管措施防止出版融入媒介（“媒体”）的广义中。审查现象是无处不在的，无论它们是传统的审核委员会成员还是新型的排序算法。

在多数的出版社里，这一点是无可争议的。在一个平常的选题会或者签约会上，根据一系列的决策标准（我称之为模式），大家共同商议该公司应该出版什么产品。我们能够轻易地将这个过程与15世纪的出版商、印刷工联系在一起，因为根据出版社内部制定的标准，他们一直在考虑这样一种常见的问题，即需不需要出版一本书。从概念上来说，审核在现在和过去都让印刷工和出版商拥有选择的余地。印刷工通常不参与审核或者选择，他们只是被动地接受工作。例如，在18世纪，有详细的条例禁止印刷工加入Conger（一个封闭的垄断英国出版业的团体），禁止印刷工成为合作出版商。关于出版，首先得由经办人根据一种媒介模式，更准确来说是几种媒介模式，选择要出版的作品。于是审核就由这些媒介模式构成。对于一个给定的出版过程，审核包含于相关的媒介模式之中，这一点并不是随机产生的。在内容方面，决定出版或者写作之后，就迎来了至关重要的审核时刻（虽然在数字化的环境下，它们也有可能同时发生）。像Conger这样的投资群体出钱让作品出版发行，他们握有决定权，决定一个文本内容是否能够出版，他们才是最终的审核者。

为什么要特别使用“审核”而不是“筛选”？因为“审核”这个词语更具有包容性。“筛选”也许已经成为出版业的主流词语，但是从历史来看，尤其是随着电子时代的来临，筛选这个词并没有为我们留足补充含义的空间。审核的意思包括很多在出版业中可能出现的斟酌审核情况以及包括很多可行的出版方法。随着出版业的发展，在数字化的环境下筛选让步于其他的斟酌审核形式，这就承认了审核作用的重要性。

以互联网与脸书的区别为例。互联网上面充斥着多种多样的信息。它的开放结构允许信息内容自由传播。这些大量的信息或许绝大多数都是在目的的作用下产生，继而传播开来。然而机器人程序、其他自动化程序、镜像站点的存在以及一个主要审核角色的缺位意味着将互联网视为出版商的观点是无稽之谈。我们应当让出版的角色回归到那些筛选和传播的媒介上来。一方面，脸书与互联网都具有巨大的空间以及自由度。然而，脸书的空间实际上受到很大的限制，各种政策以及用户决策掌握、控制着脸书的空间。脸书有意设计以及审核自己的站点，以便用户能够发表内容。脸书上面主要的材料发布者都是那些决定发布材料的人，但是我们可以尝试着将脸书视为一个合作性的发布商，对于这一点，我们就不能寄希望于互联网。然而我们可以将互联网视为一个“印刷工”，即使脸书的结构和开放性已经突破了对于出版商的传统认知，但它的编辑功能意味着我们不能将其视为一个“印刷工”。

筛选和审核在出版商中属于热门话题。随着出版行业的持续存在价值受到质疑，它们被视为专业实务，希望能够不受去中介化的影响。某种意义上的审核是无可取代的。在数字化环境下，传播空间可能是无限的，但是其受到的关注仍然不够。审核和筛选产生的结果对于了解读者读什么是非常必要的。为了达到这个目的，需要建立一种机制，控制资源的分配情况。在数字化的环境下，稀缺性还照样存在，它只是以一种崭新的面貌呈现出来。现在稀缺性表现为人们对书籍作品关注度的缺乏，以及缺少引起读者关注书籍、作品的方式方法。鉴于无法获得无穷尽的资源，我们需要斟酌考虑其中任何一种情况。

将出版商和媒介看作把门人的说法非常陈旧。米哈·科瓦克（Miha Kovac），克莱·舍基（Clay Shirky）以及尤查·本科勒（Yochai Benkler）以及其他人认为在类似的环境下，随着生产以及发行作品的费用不可避免地节节攀升，把门人的身份也变得更加重要。纵观历史，由于读者群较小以及有限的生产方式，同时还遭受到独断专权以及周期性争议的影响，印刷和发行书籍变得很困难。当购买纸张都变得异常昂贵和困难时，审核决定该出版这本书而不是另外一本书的必要性就凸现出来。16世纪在欧洲印刷《圣经》会带来巨大的商机，尽管如此，你仍然得选择“合适”的圣经或者得有相关宗教或者政府的许可。虽然可供出版的著作相对较少，这仍然不会影响出版商得经常经历筛选和审核的过程，他们得参考许多的模式。在数字化时代里，情况并不会因为上述原因就会发生天翻地覆的变化。“把门”的行为并没有消失，就如出版一样，只是发生了改变。

审核的方式是多种多样的。在个人发布者决定上传他们的电子稿的那一刻起，审核的行为就已经完成了，但是出版委员会的人员会在豪华大厅里完成决策过程。审核可以基于商业或者理想主义进行考虑。它可以兼容并包也可以盲目排外。一位远方的投资家预付经费，完成一个由其他地方的审核人一手包办设计、誊写、生产以及传播的项目，这一点就如同集作家、插画家、印刷工、出版商以及售书商等众多身份于一体的威廉·布莱克（William Blake）。在所有的情况下，有必要将审核作为出版建模过程中进行价值定位衡量的某种组成部分。

在新闻研究以及出版研究中，有越来越多的著作开始关注实际生活中的审核现象。传媒学者就筛选和把门的本质进行了大量的辩论。毫无疑问，达成一致的结论肯定寥寥无几。在出版研究中，Claire Squires（2007）提出过品牌循环（imprint circularity）。也就是，品牌成了自动做出筛选的复制器：文学中介和编辑只会认同和接受适合他们精神信念的作品。审核就会自动地、系统地运行，它在一定程度上隐藏于审核者的活动中。

在20世纪80年代，沃尔特W.鲍威尔（Walter W. Powell，1985）研究过纽约两所学术出版社的决策过程。Powell（1985）反对简单地应用组织和理性筛选理论去描述筛选的混乱现实情况。决策可能会基于时机、商业条款、事件、时事、作者、重版书的状态或者编辑在某一天的心情。此外，编辑的决策受到社会化以及微妙的制度规范的影响。出版社设置的前提条件限制了不确定性，同时也为决策建立了相应的指南。它们是从公司层面建立起来的。外部因素经常影响编辑和出版社貌似独立自主的活动。偶然性和随之而来的解释是模糊过程常见的组成部分。在二元判定中，简单直接的输入很少出现。相反，决策自然而然地发生，随着时间的延长，同时受到很多因素的影响，一直都在发展演变。然而这并不是没有压力。可以肯定的是，关于出版有一个非常恰当的说法是鲍威尔提出的："矛盾在出版的过程中是非常盛行的"（1985，63）。审核和筛选都非常困难，留下累累的伤痕。

对于鲍威尔作品的出版者来说，审核的过程是模糊而又具体多样的。它呈现了一种从个人特质到宏观历史层面的特别关系，既包括关注层次又包括解释层次。从出版的整个历史来看，研究审核的细枝末节似乎不太可能。这并不意味着我们不能接受一种模式，一种出版需要的持续而又不断变化的行动。然而只有将审核看作硬币的一面，我们才能意识到审核出现在推广之前。这两个元素结合起来，使我们认识到出版不是一个线路而是多个线路。我们将在此基础上探寻我们自己的出版理论。

推广 I

在公元1500年，威尼斯作为欧洲的贸易中心，集海运城市、商业中心、文化中心于一体，尤其重要的是，它还被认为是出版界的“发电机”。此前，在文艺复兴的漫漫长河里，在佛罗伦萨受到美第奇家族的慷慨资助、罗马和梵蒂冈紧握教廷权杖、米兰素有军事血统以及博洛尼亚、费拉拉和帕多瓦等城市拥有学术研究背景的情况下，威尼斯仍占据重要（偶尔次要）地位。直到15世纪90年代，一位名叫阿尔杜·马努齐奥（Aldo Manuzio）（或者Teobaldo Mannucci）至今都名不见经传的学者——在拉丁语中叫作阿尔杜斯·马努蒂乌斯，来到威尼斯这座城市。在15、16世纪之交的那几年内，他在古典文学、希腊研究、书的形式、排印工艺、阅读以及出版等领域掀起巨大变革。他的成就在当时影响了整个欧洲，可能他的影响仍旧回荡在当今的文学文化领域里。从此，威尼斯不仅成为欧洲出版业的中心，而且还成为知识的引擎，以及经典学习（在当时的150多年前，由彼特拉克发起）的复苏地。他是如何产生这么大的影响的？

阿尔杜斯出生于罗马，后来在费拉拉接受学习，在他大约40岁的时候，来到威尼斯。直到15世纪下半叶，拉丁作家已经遍布意大利的各个角落，维吉尔（Virgil）、贺拉斯（Horace）、李维（Livy）和西塞罗（Cicero）等人的出现逐渐形成了一种经典文学作家流派。尽管在整个文艺复兴初期，希腊语的影响力与日俱增，但是就其使用性、知识性以及影响力来说，它还是远远落后于拉丁语。当时的专业人士非常稀缺，希腊语专家更是寥寥无几。阿尔杜斯正是在传播希腊语的学习使命的驱动下，来到这个地方。威尼斯是理想的地点——它拥有贵族提供的资金和商业资本，希腊难民携带书籍文本在 1453 年逃离了君士坦丁堡，来到奥斯曼帝国，此外，更加重要的是，精湛的印刷术使这块区域迅速成为当时重要的印刷中心。[⊖]法国人尼古拉斯·詹森（Nicolas Jenson）曾经是图尔造币所的主管，因为 1470 年在威尼斯开办了大受好评的印刷馆而扬名立万。詹森开创的罗马字体是一个重大突破，是对简单模仿手写的标准哥特体的巨大超越，这对阿尔杜斯和大千世界中的文人墨客都产生了深远的影响。当阿尔杜斯决定成为出版商后，他就迅速找到了合作伙伴，掌握了商业关系以及物质资料，这些因素使他开办了当时最具标志性的出版社。

从一开始，阿尔杜斯出版社就充分利用威尼斯的资源进行经营活动。值得注意的是，阿尔杜斯与知名的印刷工安德里亚·托雷萨尼（Andrea Torresani）合作，之后又与他的儿子道奇（Doges），侄子皮尔法斯科·巴尔巴里戈（Pierfrancesco Barbarigo）合作。他们可能都拥有控股权，但是阿尔杜斯从事这个行业并不是为了钱。巴尔巴里戈带来重要的投资和社会关系；托雷萨尼拥有出版的背景；阿尔杜斯博学多才，且拥有编辑的能力和经验。在 15 世纪 90 年代初期，阿尔杜斯尝试创造一种希腊字体，他不惧面临的挑战，与技

⊖ Broan Richardson (1999) 引用研究表明，当时意大利垄断了欧洲的印刷业，而威尼斯在 1501 年之前垄断了意大利 41% 的印刷材料。

术精湛的雕刻工弗朗西斯科·格列夫（Francesco Griffo）一起努力工作。阿尔杜斯在出版社里也营造了一种独特的氛围，在那里放浪不羁的学者，例如人文主义者伊拉斯谟（Erasmus）或者托马斯·里纳克尔（Thomas Linacre），他们与坚韧的印刷工在一起工作，马丁·洛瑞（Martin Lowry）详细地描绘了当时的场景，“那是挥汗如雨的工厂、寄宿公寓以及研究中心的混合体”（1979，94）。就在这样的环境下，他即将出版他最负盛名的作品。

阿尔杜斯出版社的成就主要表现在以下几个方面。首先，在出版的内容方面，他们首次向世人展示了30种版本的希腊文学和哲学作品。他出版了亚里士多德极其重要的五卷作品，此外他还出版了赫西俄德、阿里斯多芬尼斯、希罗多德、索福克勒斯、修西得底斯、色诺芬、欧里庇得斯、品达[⊖]等希腊先贤的作品，以及出版了同时代人的一些著作，像本博的Asolani，以及伊拉斯谟的《箴言录》，还有语法书、启蒙书以及其他工艺教学类的书籍。在20年里他所出版的130种版本的作品中，许多作品对于人文主义，尤其是希腊精神，在意大利、英国、法国、德国以及低地国家的传播产生了巨大的影响。

阿尔杜斯的影响如此之大，还在于他出版产品的样式以及他选择如何出版。他重构了书籍应当是什么样子的，以及为什么是这样。在阿尔杜斯出版书籍之前，实用或者礼拜仪式类的文本，像每日礼赞、诗篇、（在规定的祈祷时间使用的）祈祷书等通常使用轻巧的八开本版式，而笨重的学习类书籍使用的是对开本。通过使用细长而又便于携带的八开本，阿尔杜斯不仅节省了纸张费

⊖ 在主要的希腊戏剧家中，唯独埃斯库罗斯的作品没有被阿尔杜斯出版出来，原因很简单，人们至今仍未发现他的剧本。

用，而且使他便于携带的书籍除了与传统的读者群——前往图书馆查阅资料的学者相接触以外[⊖]，还能够抵达信差、外交官、商人、士兵、牧师、官员等各行各业的新群体手中。他的目标人群是中规中矩的文艺复兴人士。版式的改变也带来了设计和概念的变革。阿尔杜斯和格列夫考虑到纸张上字体的清晰与密度，共同改善了一种新型的斜式手写体。古典书籍中布满了评注，同时篇章布局很混乱，不利于读者阅读。阿尔杜斯曾经主张文法和文本都应该简洁纯净，他将多余的内容删除殆尽。他因为给页边部分与字里行间留有空白而出名，他之所以留下空间是为了读者可以添加批注，同时也是为了让单词更清晰地呈现出来。就在此时前后，书籍的组织原则逐渐形成——一本书应当包括书名页、目录、索引、标题以及页首标题、每页页码等，阿尔杜斯为此做出了一定的贡献。虽然他没有开创书籍应当具备的特征（例如，页码的使用起源于 15 世纪 70 年代的德国），但是他出版的书籍巩固了书籍应当具有的当代性的建构以及审美趣味。最后，阿尔杜斯出版社的图书发行量远远超过同时期其他的出版社，经常一个版本的书的印刷量要远远多于 1000 册。之所以能够取得这个成就，是因为节省了纸张的使用，同时托雷萨尼、阿尔杜斯以及他们员工的强大生产能力也是一个重要原因。这意味着他们能够在威尼斯图书分布区域竞争激烈的核心地带销售自己的图书，以及将他们的书籍销往欧洲。

劳里（Lowry）将 1501 ～ 1504 年表现出来的令人难以置信的

⊖ 读者将会发现这里和莎士比亚的情况正好相反——莎翁的出版商采用对开本，不是为了开拓读者群，而是为了显示与众不同；而阿尔杜斯使用八开本不是为了显示与众不同，而是为了拓展读者群。

生产力总结为：一个“完全的胜利，制定了众多让阿尔杜斯到现在都记忆犹新的规则条例：文学文本使用大型八开版、斜体印刷、一系列作品满足了同时代各领域的人对古典和意大利本土文学的兴趣，并且明显地想利用人才活动为出版社服务。”（1979，110）

在技术与设计、学习与敏锐、协议达成与外交手段的特殊融合之下，阿尔杜斯被誉为当时的艾伦·莱恩（Allen Lane）或者史蒂夫·乔布斯（Steve Jobs），当人们将阿尔杜斯看作创新的传播者而不是发明者时，这个比喻就变得尤为恰当。

Elizabeth Eisenstein（1980）认为这种融合在文艺复兴时期发挥了至关重要的作用。不像公元9世纪的卡洛琳王朝复兴以及公元12世纪的托马斯主义和亚里士多德式复兴时学术蓬勃发展的样子，文艺复兴的出现在很大程度上是由于出版业的推动作用（Eisenstein，1980）。正如爱森斯坦的论文所提到的一样，这个论断也是很有问题的，并饱受争议。她认为鉴于阿尔杜斯在当时和现在的声望、他出版书籍的质量和数量、与他打交道的人群以及他在书籍史上所扮演的角色，他在巩固希腊语的地位上发挥了重要的作用。过去，希腊语的复兴零零散散，停滞不前并且受到阻碍，纯文学受到冷落。阿尔杜斯出版社的介入使原本断断续续、危险脆弱的过程变成了永恒发展的过程。最终，阿尔杜斯在某种意义上取得了坚定的胜利。通过他的出版，过去历史中的一段空白被一个朝向现代性的运动填补起来：

阿尔杜斯出版的书籍利用了希腊人的资助。但是他们也将西方人从传统的依赖于这种资助中解脱出来。不仅在阿尔卑斯山那边的德国人，而且跨国海峡的英国人——最终，新世界中的西方殖民主义者都可以追寻希腊人的文明，不用顾及在君士坦丁堡或者雅典、

克里特岛、威尼斯、佛罗伦萨或者罗马这些地方的希腊人最终会怎么样。(Eisenstein，1980，223）

如果没有出版背景的话，这位谦虚的罗马学者将无功勋可言。他是如何将威尼斯变成一个人文主义世界中的出版中心？从推广的视角来看阿尔杜斯，可以回答以上所有的问题。当我们考虑将内容与版式、构思奇想与创意布局、资金使用与关系利用、大量印刷与巧妙营销、国际拓展与大量生产、阿尔杜斯的学术严谨与他的销售成就等综合考虑起来的话，我们就可以不用关注爱森斯坦强调出版注重物质的论断，我们可以把出版看作是一个尤其注重发扬人文主义和希腊文化的浩瀚工程。阿尔杜斯通过大量印刷精美的希腊书籍，吸引新读者，使希腊文学得到推广。阿尔杜斯精心编辑、简洁设计希腊文学作品，使其更易被人理解接受，也使它们得以广泛传播。阿尔杜斯通过“推广”的方式管理着这个辉煌的出版社，这种方式也解释了该出版社的与众不同之点和创意之处。但是，这种方式不仅为阿尔杜斯所用，同时还被应用于所有的出版行业之中。

推广II

将出版定义为“让文本内容公之于众”是不够完整的。先前思维实验结果显示[⊖]，这不太可能将出版的定义限定在公共与私人

⊖ 我们曾思考过将一篇稿件放在公园长凳上，是否就意味着它已经“公之于众”了？这个问题还依然存在，仍未解决。这意味着那封稿件已经出版了吗？同理，即使我们将一本书印刷了1万册，但是任何一册都没有被人读过，那么从何种意义上可以说那本书已经出版了呢？

的边界里。人们对“公共”的概念充满疑惑，“公共”少了一份社会属性，却多了一份虚构属性。我们需要对“公共”的含义给出更好的解释。“推广”刚好符合此要求。通过“推广”，我的意思是，一些看似简单的东西，却成了文化融合（文化融合本身的概念也很模糊）理解的重点：这样做是为了让更多的书籍或作品可以传播出去，让读者阅读吸收，或者被不同的、没有进行融合行为[⊖]的人所传播消化。

这样理解“推广”的话，可以让我们得出几个实质性的结论。“推广”不是一个抽象的概念，它涉及实质性的过程：让某些东西的影响扩大，让它出现在不同的人面前。因此，只将文稿放在公园长椅上并不是在“推广”，将文稿影印分发给左邻右舍却是在“推广”。同理，印刷一本书，放置在储藏室里，弃之不用，使之发霉生臭，这也不是在“推广”。将那些书籍送至书店里，更加重要的是，送达读者的手中，这就是在“推广”。传播模式和传播方向都是多种多样的——一对一，一对多，多对多，多对一，“推广”没有固定的方向，但是有一点可以肯定，它需要一场使作品的影响力由弱变强的运动。

“推广”可以分解为一系列的过程。原则上，我们可以回顾那些为了获得更大的，至少是不同的曝光度的步骤。如果“公之于众”是看不见摸不着的，同时也没有什么实际功效，那么“推广”就是一个确定的、可追溯的过程，同时它能在一个既定作品的吸

⊖ 该术语自身的概念边界很模糊，同时利用了包括像增大（augment）、提高（enhance）、拓展（extend）、发展（develop）、推动（push）、工艺（craft）、位置（position）、高度（pitch）、延展（spread）、传播（disseminate）、扩大（expand），甚至还有可能包括提高（improve）等相关概念。

收或理解方面产生实质性的结果。从这方面来看的话，我们就可以非常清楚如何将出版和个人发布的创作区分开来。创作属于写作，出版是在推广写作，即这是一个保证除了作者以外的读者也会阅读作品的过程。

文化融合的概念同样也很模糊。它是一个包罗万象的概念，从高端艺术馆到 YouTube 视频网站上的音乐视频，我们要怎么给它下定义呢？就像“公之于众”一样，文化融合似乎只是一个错误的概念，被错误地应用到这个真实世界的杂七杂八上面。从“推广”的视角来看待文化融合，我们能够给出一致性的定义。我们将会发现，如同“推广”在媒体领域里能够发挥作用一样，布鲁诺·拉图尔（Bruno Latour）认为“中介”也能发挥一定的作用。与传统、保守的观点不一样的地方在于，当我们从“推广”的视角来看的时候，我们就能够建立关于文化融合的地位、发展以及未来的宏大理论。

考虑到内容对于出版的重要性，“推广”必须得与内容联系起来。如果审核受到模式的管控，那么“推广”就会在文本和文本设计中呈现出来。在多数时间里作者并不只是简简单单地在构思内容，而是为了“推广”才做这件事情。㊀

框架和系统要素节点将发行系统和一系列的主观预想结合起来，一起进行推广。发行系统在复制能力突飞猛进的条件下，逐渐演化发展。无论是直接印刷书籍还是在电脑上构思内容，我们

㊀ 有时候在不同的文化和经济形态中，不对产品进行推广反而是必要的，例如在艺术市场中就是这样。文本呈现形式不变，对作品数量做出限定：世上只有这一个原创作品。就特别版的书籍来说，出版商也可以这样做。在这两种情况下，不推广产品是一种策略，是为了让相应作品能获得更大的知名度。

创造了作品“推广”的方式。没有框架的话，“推广”也就不复存在。这就解释了为什么在15世纪的欧洲，直接印刷书籍就是在“推广”。在此之前，复印书籍费时费力，就如同初次创作一样。总体上来说，当时除了像亚历山大图书馆这样的极个别的例子以外，文本材料极度匮乏的情况非常普遍。在极度缺少阅读材料的情况下，抄录一本书也就属于“推广”。稀缺性产生了出版业可以满足的需求。印刷书籍一旦开始出现，与“写字间”的费力工作相比，就是在“推广”书籍。随着时间的流逝，书籍越来越多，环境再次发生了变化，直到现在文本对我们来说已经随处可见，因此印刷这一个元素已经不足以直接产生“推广”。对于安东·科贝格（Anton Koberger）来说是“推广”的行为，对于艾伦·莱恩（Allen Lane）来说就不是。然而，两者都需要框架来使它们得到“推广”。利用平装本，莱恩就在增强他的“推广”能力。相反，通过优化资源配置，印刷科贝格的作品就等于是在“推广”。

考虑到主观性的因素。发行系统在出现之前，总是会充满一系列的假设、前提和预想。甚至在第一次印刷书籍时，框架的外在样式和由过程、实物、生产者以及文本本身表现出来的符号都推广了这个文本。艾伦·莱恩为企鹅出版社创造了特别的品牌、文本选择、设计、美学和政治定位，在20世纪中叶，它们已经成为文化领域里的地标，它们都已经融入企鹅出版社发行的图书里，产生了一个相互促进的辩证逻辑。此外，科贝格认真地（有时引人注目地）印刷作品，他的名望地位、庞大的发行销售网络通过物流系统和集装箱使他的书籍得到“推广”。在我们这个生产过剩的时代，框架的第二个部分和它的“推广”功能是极其重要的。因为现在创作都使用电子化的技术了，框架的“推广”功能已经从切

实可行的发行元素切换到主动寻找读者。[⊖]

我们应当再次改变对于出版商的印象，他们不仅是书籍出版商，而且是内容的审核者以及推广框架的建造者。

回到阿尔杜斯·马努蒂乌斯，我们对于书籍作品有了全新的认识，以及认识到阿尔杜斯在书籍的形态学中占据的核心位置。在审核方面，我们能够看到他通过融合一系列的模式而为出版社创立的审查过程是多么的有用。复兴古希腊的文学作品对他来说是一件激动人心的任务。按照波士顿矩阵来看的话，阿尔杜斯的文法书和初级读物应当可以被归类为“摇钱树”。还有一些作品，例如伊拉斯谟的作品，通过社团协会和人际关系得到出版发行。阿尔杜斯的伙伴和支持者在某些出版活动中行使了话语权。在当时的意大利，一些和阿尔杜斯做事风格截然不同的出版商选择、资助和传播作品，而对印刷环节敬而远之，因而只要威尼斯人在出版业中还存有影响力的话，对于产品内容选择的经济影响就不能受到忽视。通过阿尔杜斯，我们看到了一道程序正在建立起来。阿尔杜斯不是接触到什么东西，就出版什么东西，他也不会在一接到订单，就会出版东西，他精心策划出版一系列有特定主题的书籍，而这些书籍必须达到一定的质量标准。

推广的作用不仅局限在一个方面。尽管巨大的印量赋予了阿尔杜斯书籍强大的影响力，但是大量的印量，实际上是任何数量的印量，都是“推广”的最有效表现形式。书籍的形式、布局以

⊖ 奥利里再次对此过程提出了很好的个人看法：“当我们只有古腾堡《圣经》的时候，我们就不需要杜威分类法。当售书商的规模很小，而又独立分布时，我们就不太需要 BISAC 分类法。而当在线销售使每一本纸质书都触手可及时，ONIX 标准又似乎成了难以企及的奢望。”（2012，16）

及印刷工艺都随着印量的增加而得到发展完善，它们的最终设计是为了最大程度上满足读者的需求。它们大小合适，重量很轻，格式开阔易读，都有利于招揽潜在的读者，然而当时的书籍笨重、注释过多，虽然对于有些读者，这种方法很有用，但某些读者对此会有抵触情绪。阿尔杜斯出版的书轻便，易于携带，因此节省纸张以及主要的生产费用，所以才能大量地印刷作品。之后，出版商会采用一系列的营销手段和促销活动来吸引顾客的注意：

> 现在出版社的经纪人采用的很多促销活动都起源于伊拉斯谟时代。很多作者借助新的宣传手段来大力宣传自己。早期的印刷工也开始夸大其词、大肆宣传，并使用其他熟悉的营销手段，为了让他们心仪的作家和艺术家的作品得到公众的肯定，他们努力工作。(Eisenstein，1980，229)[⊖]

文艺复兴时期的出版商也考虑过营销。阿尔丁出版社(Aldine)经过发展演变，最终推出了大放异彩的logo(或者叫作纹章)。它因海豚在锚周围游动的图形而闻名[如今它仍旧作为双日出版社(Doubleday)的logo]。这个标志涵盖了人文主义的寓意，此外这个logo中还包括令人值得骄傲的“ALDVS”以及拉丁短语festina lente(欲速则不达)，罗马皇帝奥古斯都和维斯帕先等都曾以此为座右铭。海豚与锚不仅代表着阿尔丁出版社，而且象征着优秀书籍、经典学习、罗马辉煌以及同时代威尼斯人的成熟

⊖ 对于营销花费的重视是持续性的。例如，艾琳·法伊夫(Aileen Fyfe)(2012)分析了由朗文出版社(Longman)在19世纪50年代早期出版的《我们的煤炭和我们的煤矿》(*Our Coal and Our Coal-Pits*)的预算情况。预算的21%用于营销宣传，20%用于支付作者的辛勤劳动。而纸张花费和生产费用，分别占了预算的25%，这是最大的一笔支出。

稳重。

在所有的情况下，根据一系列的模式来看，出版社的作品通过大幅度地改变图书设计，大幅度地提高了出版物的销量。框架和推广的物质形态、象征形式非常完美地融合在一起，这一点就和文本内容的模式和审核者一样。阿尔杜斯和他的合作者采取了一系列的措施，最终使他们的书籍远销很多地方。简而言之，它们被创造出版出来，然后在 1500 年到达了当时所能到达的所有地方。

推广的概念和框架的概念一样，在减小实体出版和数字化出版之间的差距方面既有足够的灵活性，也有其稳定性。如果因为环境变化，框架随之变化，但是构建框架的方式却一成不变，这就好比是推广的方法在变化而其本身一直不变。我们可以看到这一点在出版业的巨变中体现出来。对于这种变化感知最深的莫过于设计师、出版商兼作家克雷格·莫德（Craig Mod）。莫德非常敏锐地将书籍和出版视为两个系统，他在传统出版业中发现了三个互有关联的系统，分别为：前作品系统，作品系统（书籍）以及后作品系统（书籍的传播和销售）。每种系统相对而言都是静止的、线性的以及连续的。每种系统自身都是围绕实体物质展开的世界。在数字化的时代里，这些系统里的作者、出版商、印刷工、经销商以及读者等之间明确的界限开始变得模糊。我们正向“后作品出版”时代挺进，在这个时代里“创作——出版——销售”的线性过程已经土崩瓦解。现在，随着文本以及非线性传播的持续发展，它们相互交织在一起。莫德认为出版商的“角色地位已经转变，他们的价值存在于社群的建立、管理以及编辑顾问之中。他们在出版内容、国家流通系统以及实体门店中不再仅仅充当财力雄厚的把门人和赞助商的角色”（Mod，2011）。数字化出版中传统出版系统的瓦解标志着一个时刻的来临，即我们认为出版系统正在经历一场不可逆的转变。

从一个个孤立的系统，转变到各个系统之间相互渗透，Mod（2011）非常精彩地分析了数字化对出版业产生了什么样的影响。然而，莫德没有将审核和推广作为固定的概念，他的根本性突破是建立在出版业没有被充分地定义基础之上的。当我们从审核、模式、架构以及推广等视角来看的时候，这种转变并没有动摇根基。例如，他引领角色从“把门人”到“管理者”的转变。然而每种角色的行使都要伴随一定的审核机制，就像管理过程中暗含着一定的选择。实体店面和在线社群建立都是为了寻找和招揽顾客。无论哪一种形式，出版都是为了推广某些作品而不是其他作品。在“后作品系统”里，书籍消失不见，可是传播的必要性还仍然存在。大家的关注度并不是无限的，媒体供应商必须得努力赢得大家的关注。我们需要改变我们思考的方式，尽管科技、实践以及环境在瞬息万变，这并不意味着我们就得否定名义上的连续性。

审核和推广从一开始，就非常灵活多变。如果不是这样的话，那么它们除了在狭隘的领域里能够发挥作用以外，在多数情况下都没有什么说服力。例如，在20世纪之初的时候，出版行业当时正经历着从以产品为导向到以市场为导向的转变，同时从产品细化的环境向市场分化的方向转变（Delany，2002）。实质上，出版是从卖方市场向买方市场转变。同样的，正如第一章所讨论的，大家在一起激烈讨论出版行业的曾经与现在到底属于产品还是服务行业（Anderson，2012）。出版行业在多大程度上能够被称为一种对学术性或者宗教性机构的服务？然而与出版业的与时俱进相比，这些言论变得越来越不重要，实际上这些问题为这个不确定的数字化世界提供了一个非常重要的战略框架。产品与服务行业的差距可能最终就成了那些生存下来的和没有生存下来的机构之间的差距。

然而我们选择审视出版，却不会颠覆核心概念。无论出版是关于产品还是服务，审核和推广都同时存在。它们要么可以理解为两种融合在一起的服务，可以有效地满足生产者和顾客，要么可以理解为一个以产品（经过审核和推广）为导向的过程。在出版历史和多样化的实践中，我们应当期待着有一系列的描述。事实上，推广会以各种形式呈现出来：前工业和后工业、手工艺性的或者工业化的、手工操作的或者数字化的，以公众为导向或者以产品为导向。无论推广的组成部分是什么，我们都能够用它讨论出版业。

推广不会使我们对于畅销书产生惴惴不安的情绪。畅销书在商业上和学术上都取得了巨大的成功。[⊖]沃尔特·司各特、哈里特·比彻·斯托、阿加莎·克里斯蒂，更不用提《圣经》《古兰经》以及政府指定的教科书，都是出版业中的热门作家和畅销书籍。从埃德加·赖斯·巴勒斯、伊恩·弗莱明到丹·布朗、埃里卡·伦纳德，他们的畅销书取得了巨大的商业成功，他们也是推广的典型代表，他们将书的影响度推上了难以想象的高度。记录显示第一部销量超过 100 万册的小说是玛格丽特·米切尔在 1936 年创作的《飘》。在将近 70 年以后，最新的《哈利·波特》小说

⊖ 我觉得很奇怪，为什么两种内容一模一样的书，其中一种书卖出很多册，而另外一本书却销量有限。考虑到经济学上面的“帕累托分布”的力量原理，这对于出版商来说是一个很有趣以及很有价值的学术问题（Grenco，2005）。在本行业有像人文主义或者量子不定性理论的对应理论之前，我们可能要等上很长一段时间。

销量可以在一天的时间里轻易超过上述纪录（Striphas，2009）。可是这种增长的持续性以及畅销书处于出版社的核心地位受到人们的质疑。相对而言，“畅销书”是最近几年才出现的一种趋势，这是在美国20世纪初竞争激烈的出版业中衍生出来的一种营销手段。纵观历史，大多数书籍没有足够的推广手段使它们成为“畅销书”，但是它们还是仍旧被出版出来。销量虽然并不是无关紧要的，但是即使它不是推广的一部分，它也不会使推广失去作用。推广的成功性有不同的程度和标准，这依赖于人们所使用的模式。从理论上来说，在极端化的情况下，推广的概念意味着即使只多印了一本书受到人们的关注，我们就已经在实施推广和出版的行为了。

总体上来说，销量和推广之间的联系非常微弱。在经济学的模型里，它们两个元素有时候还是会紧密地联系在一起，但是推广是一个更丰富、更难以预料以及非常复杂的过程。推广是出版商实施的一个融合过程，它决不能牺牲一本书的潜在影响力，这种影响力可以延伸到架构的覆盖性以及持久性，同时还是供需之间的一个反馈环路。这与威廉·圣克莱尔的以下观点别无二致：

> 如果我们想预估判断一本书的读者群的话，我们需要考虑到这样的情况，即书籍被赠送或者借给朋友，书籍由后人继承所有，或者它们被租出去、卖到二手市场，或者从一个班的小学生传到他们下一届的学生。（St clair，2004，25）

同样地，很多人买书，但是并没有阅读。史蒂芬·霍金的天体物理学的入门读物《时间简史》就是一个著名案例，此书的销量甚好，也在很多地方展览过，但是实际上这本书的阅读量并不大。这种不确定性说明了出版商并不能完全掌握推广的力度，他们只能塑造或者影响它，并且他们经常因为结果而感到惊讶或者失望。出版商很盲目，他们使用最笨拙的工具来传播他们的信息，但是我们也不应当期待他们能够做更多的事情。在这个大千世界中经历过世事的每一个人都会遇到这样的问题，但是很少有别的问题会受到奇想、品位、命令以及运气如此深刻的影响。

审核和推广是一个实实在在的过程，它们的历史、地理以及媒体模式看起来都是互相矛盾的。为了保持实在的特性和能够广泛应用，它们需要在具体而又跨越历史的力量下，变得灵活开放。它们从出版商的实践、习惯、过程以及范式中衍生出来。我们能够通过观察出版商在做什么来发现它们。当我们发现了审核与推广的模式时，我们就将其称为“出版”，或者如果要与福柯的“作者功能”（1980）形成呼应，我们也可称之为“出版商功能”。

推广Ⅲ

出版并不是一个孤立的过程。在缺少社会技术的背景下，审核和推广并不能发挥作用。它们依赖于自身环境的能力。换句话来说，将出版从技术中抽离出来是不可能的，正如出版和法律、体制、经济、政治、个人以及地理等因素密不可分的一样。如果推广通过框架才产生出来，那么框架因为技术才成为可能——出版商通过对技术的处理，来对推广过程的范围和本质进行控制。[⊖]在

⊖ 正如 Adrian van der Weel（2011）所指出的，所有的媒体在遵从媒体理论的丰富性时，内部就变成社会性和技术性的了。

讨论使用什么样的技术，如何使用，以及为什么使用等问题之前，我们是不能谈论框架和推广的。

围绕技术本身就有很多问题。技术是不是一个好东西，它有什么作用，此外最重要的是，它究竟是什么，这些对于哲学家来说都是开放性的问题。我支持 Val Dusek（2006）对技术下的“大家都能接受的定义”。这种统一的概念并没有将技术视为工具或者硬件，或者条例和协议，它将技术视为多个包含子元素的系统。此外，它们不是封闭的系统。一个技术的系统包括从硬件拓展到人的范畴，以及多重角色所代表的知识，即从工程师到市场营销人员，从发明者到立法者，从顾客到修理工。通过观察历史上的个案研究，我们就能理解，这种与技术（以及在某些情况下，社会框架）的关系在保持灵活性的同时，对于框架、推广以至于出版都是至关重要的。工具和机器的硬件设施同知识和组织的软件设施在一起产生了推广的途径。社会和技术的快速变化很快就转化成框架和推广的转变了。因为框架和推广都是社会性的和技术性的，并且因为社会和技术很少一成不变，出版一直都在发生变化。尽管出版有时候会以复古的形象呈现出来，总体来说它还是会采用最先进的技术。

就出版和技术的关系来说，出版在中国很早以前就开始了，它的历史可以追溯到3000多年前。当时西方的许多人还是文盲，而中国在当时就有成熟的媒介和信息市场、传播系统以及技术的传播方式。中国的出版故事既有关推广技术（纸张、印刷），同时还有关社会趋势（受过教育的大官贵族和僧侣、皇家建筑、先进文化）。尽管20世纪的中国社会发生了剧烈的动荡，单单这些从汉代到清代（公元前202年到公元1911年）的多达230万册的现存文献就足以成为中国优秀的文化瑰宝。在此过程中，有些东西发挥了重要作用，例如在长时间里，语言保持着相对稳定性以及儒学一直以来发挥着导向作用。

事实上，孔子本人就是一名图书收藏家，同时从事图书编辑工作。在公元前500年前后，当时的中国图书由各种材料组成，包括兽骨、青铜、竹子、木头、丝绸以及碑碣。将各派学说，像《易经》或者《论语》刻到那些材料上面，是中国书籍生产的一个很重要的驱动力，所谓的“简册”是将竹片编织在一起，形成了像《孙子兵法》这种作品的原始材料。然而，中国的推广能力集中表现在两种重要的技术发明，它们分别是纸张和印刷术。

由植物纤维制成的纸，可以回溯到公元前2世纪的西汉时期，虽然它在后来才得到广泛的应用。它代表了媒介能力的一种改变——更轻盈、更便宜和更耐用，使书面材料可以大幅度地推广。造纸技术由公元105年的蔡伦进一步完善，开创了汉字书写的“手稿时代”，当时出现了一个负责编纂、收藏和发行的政府机构。纵观历史，档案局等官方机构负责书籍的收藏、存储、保存和流通。虽然第一个书店早在公元前2世纪的长安就出现了，纸张还是引起了生产力的巨大发展，例如当时的简册被公元5世纪非常盛行的写作材料“卷轴”系统所取代：“大致的统计数据表明，公元25年到公元618年间，大约11 754件作品由73 200个卷轴组成，其中包括百科全书、收藏作品、韵律词典、家谱等类型的书籍”（Hu and Yang，2010，35-6）。

中国图书推广的第二个重大突破在于见证了“手工印刷期”的出现，从公元700年到1840年左右，在这段时间里，文化生产得到巨大发展。排版技术和印刷术的发明变得尤为重要。木版印刷术在公元7世纪的唐朝时期被发明出来。它迅速发展，以至于在公元835年政府禁止私人印刷，因为木版印刷的日历已经供过于求。进行这种操作必须要有横隔线和带有标记的纸张，在其上面，版画的印象会被小心地单面印刷。另一个突破——胶泥活字印刷术，在第二个千年，由北宋王朝的毕昇发明。使用纺车组织印刷工序，采用不同的材料，包括木材、陶瓷，以及15世纪才出现的青铜[⊖]，活字印刷使印刷能力得到进一步发展，不但能够大量印刷而且能够开展庞大的国家赞助的研究项目。[⊜]它们虽不具有工业企业的规模（类似建设大运河的机构），但通过印刷技术，它们可以实现小规模操作。例如，在1298年一个叫王振的人使用木版活字印刷术将6万字的《旌德县志》在短短一个月的时间内就印刷了100本。印刷的进一步发展涉及向官府报批或上色（通过印刷连续层的颜色）、压花，虽然木版印刷当时应用仍然很普遍，但是像铅版印刷等雕版印刷的新方法和铜版印刷几乎都得到了发展。

训练有素的政府机构人员既管理文本材料，也会购买文本材料，这一点和佛教僧侣是一样的。之后的朝代设立了很多大型的出版中心，像宋朝的国子监以及明朝的内阁院，它们都紧紧地控制着官方的印刷和出版。同时民间的书店、学术以及商业呈现持续繁荣，甚至唐朝的木版印刷术在全世界都是遥遥领先的。这些书店和阿尔杜斯的印刷中心在很大程度上都是相似的，它们将写

⊖ “最著名的铜活字印刷品是清朝皇家编纂的《古今图书集成》。从雍正四年到五年，清政府总共印制了65部，共5200卷，每一卷的大小字体都有。此书耗费了大量的人力，显示出了精湛的印刷技术”(Hu and Yang，2010,55)。

⊜ 然而，却是韩国人在古腾堡之前在印刷术方面取得了最成熟的突破。详情请看，Eliot和Rose（2009）以及Suarez和Woudhuysen（2010）。

作、编辑、印刷以及图书销售结合起来，形成了集目标统一、联合管理以及竞争激烈的商业性等出版业特点于一体的混合物。出版业的新形式不仅会产生新的竞争优势和市场，而且还会产生新的写作文体。唐诗宋词是“手工印刷时期”前期抒情诗歌的一种文体形式，至今都被世人称作最好的文学艺术。在之后的明朝和清朝，产生了小说题材，例如吴承恩在明朝时期创作出经久不衰的佳作《西游记》，还有一些我们将会在后面章节里谈到的百科全书式巨作。随着技术的不断发展，在文学精英渴望内容、新的艺术和参考形式以及早期著作权法的前提下，民间势力和官方机构渗透进制作、出版中心、纸张生产、图书馆、配送通道和零售商的整个成熟系统。最终中国采用了西方的机械印刷术，形成了今天世界上印刷物最大的市场之一。它的出版商必须适应有史以来最大的本土顾客群。

在当代耀眼的传播系统产生的背后，存在着产生了多种推广媒体的技术革新。纸卷轴而不是骨刻的形式，经过装订技术以及之后的印刷技术的发展的多重交互影响，成熟的铜版印刷技术、彩色印刷技术臻于至善，最终形成了今天的众多服务器群以及大量的印刷公司。与此同时，中国社会的特点，包括孔子和佛学影响，政府领导以及皇家中心的持续性影响，为这些新技术的产生创造了条件，同时也为审核作品提供了方式以及分类。中国的出版历史和其他地方的一样，在技术不断发展的基础上，才能有推广的不断发展。这个过程并不简单。例如，印刷书籍在根深蒂固的抄写书籍的文化中挣扎着求得认可。同时，出版也绝不能与自身的技术潜力相分离。

中国宋朝和英国维多利亚时期在印刷发展过程方面非常类似。

在当时，出版与技术都是共生共存，形成了一个系统性的关系。Aileen Fyfe（2012）详细地研究了技术在19世纪是如何影响位于爱丁堡的钱伯斯兄弟——威廉和罗伯特。他们出身平凡，但是他们的公司却成了当时最成功的公司之一。他们之所以能够取得这个成就，在于通过灵活运用当时最具有象征性和颠覆性的工业技术——蒸汽。

在1832年出版的《钱伯斯杂志》，成为他们的第一个成就。杂志只有4页纸，当时是出于教育的道德目的，销量非常可观。然而，不仅内容很好，威廉·钱伯斯的商业尝试也是很有意思的。这两个兄弟身处爱丁堡，这意味着他们能够拥有很好的机会捕获苏格兰读者的芳心，但是这却使他们远离当时英国最大的印刷市场伦敦。

确保图书高效生产和发行是极其重要的。在图书生产方面，他们快速采用了一系列的新发明。首先，他们购买了在当时报刊业中非常盛行的蒸汽印刷机。与英国相比，蒸汽印刷机在当时美国的运用更加广泛。他们不仅使用蒸汽印刷机，而且实实在在地将它们应用在自己出版社的日常运作中。蒸汽印刷机与机制纸相结合使他们的生产规模迅速扩大，生产速度得到显著提高。在19世纪30年代，他们的印刷机在一个小时可以印刷900页，远远超过了当时很多出版商的手工印刷量。19世纪40年代，当时《钱伯斯杂志》的发行如日中天，他们每周需要印刷9万多份杂志。此外，他们一直耗资购买经过改良的新款蒸汽印刷机，在1845年，他们在新款印刷机上面花费了将近1万英镑，这是他们当时整整一年的利润收入。他们的生产能力得到显著提升，为了不使高效率的印刷机闲置在那里，他们改变了出版策略，他们从印刷杂志转变为印刷书籍。高效率印刷造成了成本的降低以及销量的扩增，这奠定了企鹅出版社后期的经营策略，以及形成了出版经济学的理论框架。规模经济和熟练技术从来都是密不可分的。

除了采用蒸汽印刷机以外，这两位兄弟还是最早使用铅版印刷的人，在当时使用这项技术既困难重重又价格昂贵。使用这项技术并不需要重新排版，而只需保存杂志的样本，就可以很快生产受欢迎的过刊。铅版印刷解决了发行流通的一个重要问题，如果通过水路将印刷成品从爱丁堡运至伦敦的话，通常费时费力。于是他们在爱丁堡和伦敦分别设立生产中心。在爱丁堡制成印刷铅板以后，连夜寄往位于伦敦的生产中心，这比船运快得多，同时也保证了与爱丁堡印刷原版的完全一致性，这也是钱伯斯兄弟对于质量严格管理的体现。虽然钱伯斯兄弟并不是首次运用此技术的人，但是他们首次将此技术运用到图书出版，并且将技术完美地应用在商业和市场中（生产出迎合市场需要的价廉物美的产品），这同样很有意义。从传统印刷技术向新式印刷技术的转变不是一个轻易而顺利的过程，而是一个与影响广泛的传统生产方式进行博弈的过程。

出版商决定使用机制纸、铅版印刷以及机器印刷，这改变了图书贸易的结构和组织形式。就像在别的产业一中技术娴熟的工人被半熟练的机械管理员所取代，虽然排字工人没有失业，但铅版印刷使图书贸易产生了崭新的工艺流程。（Fyfe，2012，38）

新技术衍生出能够扰乱以及颠覆传统生产方式的新工艺、生产能力以及责任义务。尽管出版行业一直动荡不定，钱伯斯兄弟的出版事业却长盛不衰。19 世纪 40 年代中期，他们的员工已经增至 150 名，同时他们在爱丁堡老城区的生产地每周大约能够印刷将近 25 万页杂志书籍。然而，蒸汽不仅在出版业中大显身手，在铁路和汽轮等交通运输方式中同样如此，一场变革正在全世界范围内悄然发生。在钱伯斯兄弟印刷产品的流通上面，铁路运输对其影响并没有想象中那么大。铁路运输产品在一开始并不能节约成本，但是在必要的情况下，铁路运输也是一个快捷的运输方式，它扩大了向各个省份的运输量，同时通过与别的运输方式（比如船运）展开竞争，降低了产品的运输成本。有意思的是，在出版的历史上，铁路运输开辟了一个崭新的阅读市场，例如 W. H. 史密斯的铁路书报摊以及劳特利奇铁路图书馆。在铁路运输之前，书店已经遍布各个地方。将书店开在人来人往的车站里，史密斯书店扩大了潜在的图书购买者数量，由乔治·劳特利奇选择和定价的作品可以迎合一群新读者的口味，同时也符合他们的购买力。和钱伯斯兄弟一样，劳特利奇为了抓住广大平民市场，利用蒸汽印刷以低成本进行快速生产（虽然钱伯斯兄弟还是以出版高雅作品为主，但是劳特利奇只出版通俗类读物）。尽管钱伯斯兄弟一直未能占领由劳特利奇主导的铁路阅读市场，可是他们参与铁路阅读市场的竞争，从中也获益颇多。

与此同时，汽轮对于从英国前往北美的路线产生了重要的影响，它将路途所需时间从几个月缩短至几个星期。向殖民地以及英国最大的海外市场——美国出口报刊书籍在当时对于英国的出版商来说是极其重要的。然而，正如我们在第一章所见到的一样，在当时美国没有国际版权约束的情况下，盗版猖獗，致使想在美国售卖书籍变得非常困难。钱伯斯兄弟本来打算和美国的一个出版商合作，对其出售铅铸版，这样美国的合作商相比较盗版商来说就有了时间优势。由于各种原因，尤其是英国的铅铸版和美国出版社所使用的格式大小不一致（对于现代技术的使用者来说，这是一个由来已久而又熟悉的麻烦事），这种合作因此变得非常不顺利，最终将预先印妥的成品直接从英国出口到美国才行得通。大幅度的折扣使美国合作商能够参与竞争，同时蒸汽印刷以及汽轮运输使钱伯斯兄弟的利润所剩无几。然而一个好的方面在于它阻止了盗版的产品流通到加拿大。如果没有汽轮的话，钱伯斯兄弟就不可能将印刷成品出口到别的国家。

蒸汽不仅影响了出版业。就像 20 世纪晚期的信息和通信革命一样，蒸汽事实上影响了来自各行各业的每一个人。在这里，我们看到了蒸汽技术是如何在出版业中掀起惊涛骇浪的。诚然，钱伯斯兄弟特别擅长运用新科技的发明，将它们与明智的运营决策和出版内容获取结合起来。尽管如此，19 世纪的图书阅读量逐渐增长，部分原因在于蒸汽动力的推动作用。Alexis Weedon（2003）估计，英国从 1846 年到 1916 年，图书出版量从 872 万册急剧上升到 3473 万册，增幅有将近 3 倍。在此过程中，纸张、排版、生产以及最终图书的成本费用都一直在下降。供不应求只出现在 19 世纪 80 年代，因为当时人口激增，同时由于 1870 年的《教育法案》的影响，人们的读写能力也有所提升。图书出口量的增幅更大，1898 年图书和文具的出口额（787 304 英镑）是 1828 年数据（35 841 英镑）的 22 倍，澳大利亚以及印度的殖民地市场和北美市场占据了这个增长幅度的绝大部分（Weedon，2003）。

钱伯斯兄弟非常善于利用蒸汽动力技术，并且将此技术应用在各种生产过程里。他们的印刷量的增加、读者的扩大以及发行量的暴增都是维多利亚时代出版业的缩影。一开始只有 18 世纪的几个发明家在使用蒸汽技术，后来蒸汽技术都被运用到棉花加工场里。蒸汽技术发挥的作用越来越大，最终在出版业中占据了半壁江山的地位。然而，这不仅仅是关于技术本身，这也是新兴中下层读者为了寻求自身的提升，希望能够读懂基督教知识普及协会（SPCK）印刷的福音派作品以及钱伯斯公司（W.&R.Chambers）出版的教育性内容。技术应用的出现既无法预测也不可避免。

> 正如在技术演进的历史里经常发生的一样，钱伯斯兄弟为了达到不同的目的，都会尝试着应用这些技术。铅版印刷使过期刊物的出版成为可能，但是也同时加快了生产进程以及使在国际上流通出现的问题变得简单易于处理。蒸汽印刷一开始应用于大量发行、高频率印刷的《钱伯斯杂志》，但是后来它被应用到有教育意义的短文以及所有的书籍上来。(Fyfe，2012，95)

钱伯斯兄弟对技术机械的运用游刃有余，他们在社会经济变革的大潮中也是得心应手。我们对于技术的定义要求我们不仅关注硬件设备，而且还应当看到技术处于一系列的关系、知识、实践以及权力分配中。再次，这是技术的一个特点，因而出版商一定会面对文本设计架构和推广这两个要素。

综合运营能力和蒸汽动力一样都是一门技术。此处以一个具有传奇色彩的出版社为例。如果科贝格和阿尔杜斯可以被称作他们当时最伟大的出版商，那么16世纪后半期的最伟大出版商就非法国人克里斯多夫·普朗坦（Christophe Plantin）莫属。他定居在当时的“图书之都”安特卫普，在1566年“八十年战争”爆发之前，它垄断了低地国家70%的印刷业务（Pettegree，2010）。普朗坦既不是一个像古腾堡一样的技术革新者，同时他也不是一个像阿尔杜斯一样的格式创新者。然而，毫无疑问的是他仍旧是成功的，甚至他被认为是“为了出版业的发展做出了别人难以企及的贡献”（Febvre and Martin，2010，125）。原因有两个方面：细心应对令人担忧的地缘政治形势，同时密切管理劳动力和工作流程。

在普朗坦早期的时候，他因为出版一部宗教争议作品而遭到迫害。他从中吸取教训。从此以后，他再也不选边站队。当时安特卫普处于几大竞争对手的影响之下：争强好胜的荷兰市民、经商富裕起来的新教商人、当时被称为西属尼德兰的强大西班牙人，天主教徒以及殖民统治者。这种冲突矛盾意味着出版商若“效忠”任何一方都会身处险境、处境艰难。随着16世纪的慢慢消逝，对区域控制权的争夺日益白热化，导致了上述问题变得越发严重。因为威廉·奥兰治领导的清教民族主义起义和可以再次占领这座城市的西班牙军队，使被视作异端的新教徒身处困境，安特卫普局势很不稳定。最终普朗坦被迫离开了这座城市，前往莱顿。虽然他后来还是回到了安特卫普，在此过程中为了求得生存和做生意，他被迫多次转变立场和改变信仰。普朗坦无论对于西班牙哈布斯堡王朝的腓力二世还是为他争取独立自由的荷兰议会来说，他都是一个技术精湛的印刷工。

对于这位技术精湛的印刷工来说，有一个优势，因为当时除了本地市民以外，他还能够接触到两个市场，即荷兰市场和“新世界”中非常富裕的殖民地。受到当地商人的联合资助，普朗坦在5年的时间里能够出版260本书。给他带来巨大利润的市场是埃斯科里亚尔修道院。

在这几年里，普朗坦向西班牙提供了52 000多本弥撒经书、每

日礼赞以及（在规定的祈祷时间使用的）祈祷书。这可以作为一个很好的例子，欧洲最自负以及最强大国家的图书市场受到北欧更自信以及在经济上更成熟的图书市场的殖民统治。（Pettegree，2010，263）[㊀]

普朗坦为西班牙君主出版了一部8卷集5种语言版本的《圣经》——希腊语、拉丁语、希伯来语、阿拉米语以及叙利亚语，前期他印刷了1100本。[㊁]然而，尽管他为天主教出版了圣经，他还是很坚决地要给犹太群体出版希伯来语版本的《圣经》。只有皇家赞助再加上民间商人提供资金支持才能在两者之间都取得丰厚的利润。普朗坦兼顾两者，才能在当时比别人在出版业上面取得更大的成功。

他的管理才能在政治斡旋和市场拓展方面也发挥了作用。普朗坦签订合约，建立组织机构（关于资金、人员、市场和技术），这使他的出版社拥有了福特式工业组织的雏形。[㊂]自科贝格以来，他的工厂组织规模最大，拥有24台复印机，100名工人，同时还有遍布欧洲的门店和代理商。他的工人按照严格的等级划分成为手动印刷工、排字工人、普通工人和熟练工。工作条件非常艰苦。每一名工人的职责明确，在工作日里必须得从早上5点一直严格重复自己的工作直到晚上8点，中间留有1小时的吃午饭的时间。

㊀ 此过程也有不好的地方。腓力二世和别的君主一样，经常认为只有别人在买东西时，才会打欠条。可是等他准备打欠条的时候，他看起来像是一个信守承诺的君主，因为似乎有源源不断的硬通货从“新世界”国家输入他的口袋。和别的债主一样，例如著名的意大利、德国金融家，普朗坦将会认识到向君主讨债很难。

㊁ 普朗坦总共印刷了5000本，然而这在当时来说，数量很大。

㊂ 工业和管理的严格标准化是基于亨利·福特提出的条例原则。

员工的行为举止受到监控。他们被认为是欧洲工作效率最高的工人，每天生产将近3000张纸。普朗坦甚至和在工人中产生的早期工会保持着密切联系，并且他保存了令人难以置信的详细记录。虽然从技术上来说，普朗坦与同行人在硬件设施方面相比没有太大优势。但是他对于资源的使用、他的处事方法、他对于人际关系的掌握以及对于情境的适应性都是别人难以匹敌的，以至于他能够更有效地使用硬件设施，以及使他的出版物能够推广——到比他的竞争者传播得更远的地方。有效地管理人员（这可以看作有效管理方式、过程设计、有效游说和获取客户的统一体）是普朗坦在技术上面的选择。事实上，在组织设计、产品流通、工作流程和商业管理等方面的创新和硬件设备的定期升级一样重要，都是出版行业发展的指示灯。

我们现在可以看到推广和传统技术在很大程度上都和技术战略有关系。推广不仅需要以产品为导向，追求单位产量的扩大，同时还需要以读者的反应为导向，因为在我们的这个时代里，开拓市场或者拓展读者的战略和技术开始高度关注书籍的复制和发行流通。如果可以把19世纪的历史故事概括为一部蒸汽推动供给的历史，那么20世纪就一定是市场推动需求的历史，在这个时代里，新技术并不像以前那样以生产大量的书籍为己任。如果这样理解品牌的话，那么它就会成为推销技术的一部分。无论我们在讨论米尔斯·布恩出版社、《数学年刊》《柳叶刀》杂志还是《孤独星球》，品牌都以销售为目的。在框架的主观性方面，品牌处于中心地位，在文本材料充裕的情况下，品牌是推广成功的决定性因素。

Ted Striphas（2009）讲述了一个故事，在20世纪20年代和 30 年代，美国的出版商雇用了“公关之父”爱德华 L. 伯内斯（Edward L. Bernays）来推销书籍。他所掀起的运动无关图书本书，而是关注倡导建设者和房主在家中设置书架。书架不仅是雄心壮志的象征，而且它们还将礼仪规范和自我提高元素同托斯丹·范伯伦（Thorstein Veblen）所认为的“炫耀性消费”结合在一起。此外，书架本身存在问题，需要解决方案——当然，解决方案就是购买放在书架里的书。[⊖]

> 在某些方面，设置书架并不仅仅是为了读书，在更多的情况下是因为书籍能够给房主带来受人尊敬的地位和自我满足感。（Striphas，2009，28）

这在过去和现在当然都不会影响到出版商的经营信条。使用行话来说，现在图书销售已经更多地“以顾客为导向”了。大型连锁书店开始关注和预测读者需求。过去的书店将自己的角色定位为“告诉读者应当读什么东西”，现在它们转变为“读者想读什么东西，就提供什么内容”（Miller，2007）。大幅折扣已经使图书在实际意义上变得更便宜，然而书店通过咖啡馆，以及图书展示想推翻精英人士格调（我们看到这一点正是从 W.H. 史密斯车站书店开始的）。Miller（2007）和 Striphas（2009）都在探寻在书店设计的规范方法，以国际标准书号（ISBN）为例，强调商业的商品驱动本质以及基于需求的实质特点。库存管理以及快速库存补足已经成为图书运行的标准。它们现在已经成为图书销售的切入

⊖ 这很有意思，也导致大家用一排盗版书来装点书架。此外，这是将书籍作为有文化的象征，而不是为了获取知识。这是象征中的象征。如果 20 世纪存在一种流行做派的话，那么就是它了。

点，这是一项既要拓展读者又要保证发行流通的任务。无论是在供给还是在需求方面，推广的策略和技术都已经在发展了。

出版和技术的紧密联系并没有减弱：无论是技术还是推广的定义，还是它们的联系以及历史实例。变化、反对、逆反以及暂歇等都可能发生。无论是通过框架这种传播机制还是在它们更加主观性的方面，推广和技术允许我们首先推行、创造框架。技术为我们的出版理论提供了大量的社会实践。推广不仅是一个关于确保曝光度的中介性抽象概念。它也是一个基于实际技术以及个人操作的真实过程。

出版系统

"系统"一词已经为人所熟悉。Angus Phillips and Bill Cope（2006）将书籍视为系统。Val Dusek（2006）将技术视为系统，而 Mod（2011）将出版看作系统。事实上，出版确实是一个系统。在出版的系统里，有 4 个基本元素，在社会实践中这 4 个元素联系紧密，密不可分。这 4 个元素分别是：媒介模式、审核、框架以及推广。在每个阶段，技术和社会情境的影响都同时存在，有助于出版。它们之间的关系呈现线性或者因果关系的为数不多。这个系统中充斥着反馈回路、强大的多元线路以及共同创造。它是一段时间里成千上万的平凡过程的集合体。问题在于，我们面对的是什么样的系统？

在回答这个问题之前需要我澄清几件事情。我们面对的是文化中介过程。当讨论文化工厂如何运行的时候，根据模式为了推广或者审核文本而架构文本是经常需要面对的基本操作过程。回归到媒介的双重性（既作为媒介又指那些躲在媒介后面的人），出版系统将这两者结合起来的同时显示出它们既相互区分又相互联系的关系。如果没有详细叙述媒介是如何成为这样，以及为什么会成为这样，那么媒介理论也就不复存在。这就涉及需要理解它们在媒介中是如何运作的。但是如果我们不先看一下它们受到现有框架以及推广技巧的影响、同时引申开来它们带来的社会和技术影响，那么我们就无法领会它们是如何在媒介中运行的。出版理论的四个元素让我们看到这两个过程是如何成为同一系统的一部分。我们正在面对一种被称作“创造性劳动”（Hesmondhalgh and Baker，2011）的活动。出版涉及生产东西，审核和推广不会无缘无故地发生。

虽然我将注意力集中在图书出版上面，但是这只是格局的一部分。无论出版的形式和语境是什么样子的，从这些方面来解读文化实践的多样性相对来说是比较简单的。无论你提到《光晕3》还是莎士比亚的《理查三世》，我们都能找到同样的基本系统。17世纪的出版业和21世纪的出版业是不一样的，但是这并不意味着它们深层次的制度原理也不一样。

文本可以从媒介中分离的个性特征，促使对出版的描述也可以从其他的过程中分离开来。也就是说，它可以从配送系统中分离开来（不像大多数的产品和物品），它是由符号或者信息的形式组合而成的。当审核和推广尤其被应用到文本内容上面的时候，伴随着所有它们的特点，出版的特征变得非常明晰。将出版与广播或者“流程逻辑”区分开来变得更加困难。从前人们可以声称，出版中推广和框架的本质与广播之间具有清晰的以个体为基础的差别。数字化的整合使这种观点变得尤为复杂。

整合也使Bernard Miege（1989）对于“出版逻辑”的描述变得不完整。在他看来，出版商决定哪些作品可以出版，组建出版队伍以及组织出版活动和再出版活动。这对如今绝大多数图书出版活动的描述非常准确。但是它没有解释过去的出版活动以及出版活动在未来如何演变。也就是说，它对于出版业的主流特征有一个浅尝辄止的解读，它失去了深层次的阐释价值。Darnton（2006）的传播线路在方兴未艾的出版研究和理论中还是一个主流的概念。然而他只是叙述了书籍或者媒体的运营过程，而没有解决文化中介带来的更广泛的问题。Adams and Barker（2006）重新将传播线路的重点聚焦在文本的物质过程上，这是正确的，因为这是文本本身所应享有的地位。出版有多重输入和输出的过程，因而不能简单地用传播线路就把出版的过程概括出来。这个暗喻在过去和现在都不恰当，但是它对于书籍的描述可以作为参考。但是，就杂乱的输入、输出过程而言，出版与一个东西更加相似，那就是“网络”。

Bruno Latour（2005）对于描述出版是如何作为一个网络而运作的，有一个重要的词汇表达。[㊀]按照拉图尔的说法，我们应当视出版为媒介性行动者网络[㊁]，而不是过多地将其视为传播线路上的一个节点。拉图尔反对寻求一些抽象概念，然后用它们做解释说明，例如将“社会的”作为形容词，或者将像“木头”或者“钢铁”

㊀ 拉图尔自身并不是特别喜欢“网络”这个词。例如对于Manuel Castells（2010）而言，他是用不同的方式来表达这个意思。但是“网络”这个词已经和与本领域不相关的“数字内涵”紧紧联系在一起。应当也可以这样说，拉图尔反对“应用”他的理论——研究应当能够体现他的思想。从最温和的角度来说，这正是此处的目的所在。

㊁ 拉图尔经常被认为是行动者网络理论（ANT）的创立者。

作为形容词一样。他认为好的解释得在行动者之间“寻求联系”。在代理的概念变得越来越大时，所有的对象，而不仅仅是人类，都应该被纳入到行动者网络或者出版系统中。[㊀]我们将能看到在网络中的技术因素和情境因素是如何有机地联系在一起的。它们在整个运动中不是被动发生的，而是根本组成部分。在出版、纸张、出版社、资金、会计总账、协会、法人团体、马车、汽轮、建筑、书脊的版权页等可能的“行动者”在网络中都发挥了一定的作用。[㊁]这里出版的形象源于在一段时间内，对于行动网络中多个行动者关系的仔细研究。

此外，拉图尔将物质要么看成非常被动的媒体中介，要么看成以出乎意料的方式改变它们关系的中介物。中介物不仅传递东西，而且还改变它们。比起将出版描述成中介物，有一个更恰当的表达，“中介物改变、翻译、扭曲以及修正它们应当要负载的意思或者元素”（Latour，2005，39）。拉图尔将出版的产品称作可能跨越不同知识和行动领域的“混合物”：它们是象征性的、经济型的、技术型的、基于对象的。在这个网络中，变化就是准则，当有物体保持不变的时候，一定有一些重要的力量使它们静止不动。出版关于不断变化，同时在某些方面，出版是几代人的

㊀ 所以碳原子可以扮演道德领域的角色，病毒能够产生政治后果。

㊁ 一个稍微扩大的行动者网络将包括广告、代理、艺术家、作家、资产负债表、银行、书店、读书俱乐部、资金、布料、编码器、计算机、合同、公司、设计师、电子书、编辑、出口商、胶水、墨水、投资者、互联网主机，技术支持、律师、图书馆、卡车、邮件、制造企业和工厂、手稿、营销、报纸和其他媒体、原始设备制造商、办公室、业主、纸张、摄影师、印刷机、印刷、专业机构、校对员、宣传员、读者、催单的商人、学校、股东、船舶、软件、译员、排版、印刷、高校、仓库、批发商……名单可以继续列下去！

重复工作衍生出来的连续体。如何从中介人的刻板认识中转变为现代化的出版商，是阿尔杜斯·马努蒂乌斯和威廉·钱伯斯兄弟所面临的艰巨挑战。他们也担心印刷量、印刷成本、库存管理、流通的可靠性、营销信息和销售机会。从艰难地编辑决定到困难的商业谈判，随着时间的推移，技能组合和挑战一直都显著地存在。

拉图尔可能不同意使用框架、媒介模式、审核以及推广等表达法。他可能会说这些概念都很抽象，或者它们倾向于使出版面临的现实情况过于简单化，而不是“重组”这些情况。然而，这种模式特别强大，也特别清晰，所以不容忽视。是的，这些网络和行动者都一直在变化，但是这些网络的某些方面有待做出解释。

|第5章|

媒介模式

审核、框架以及推广使我们理解了出版是如何进行的，但是它们并没有说明为什么要出版。它们是驱动出版发展的背后动力，它们影响目的同时，还影响了结果。我们不仅需要描述发生了什么事，还需要解释为什么。简而言之，我们需要对媒介模式进行仔细的研究。

在简单地使用推断法开展和引导对出版过程的研究之前，还需要交代更多关于媒介模式的东西。在模式中，我们找到了一个不可避免的社会元素。如果一个社会没有建立这种模式，那么在这个社会中基于这种模式而产生的出版就不复存在。出版的本质和概念范围必须得在一定程度上受到社会的影响，就像它受到潜在技术范围的影响一样。“社会”在这里是许多概念的简称，例如意识形态、经济学、政治学、生活方式和工作环境、资源的存量和本质、制度因素、法制框架、文化和智力环境等。一直以来，应当将情境的特殊性考虑在内。模式随着时间和空间的变化而变化——古代中国有自己的媒介模式，正如古代的罗马和当代的圣保罗及斯德哥尔摩一样。

同样地，出版经常有许多共时的或者非共时的和谐的或者严厉的模式。所有的模式从它们的社会中衍生出来，结果就是不可避免地将出版和出版作品与那些社会联系在一起（这种影响仅次于最原始的作者对作品的影响）。模式也将风险认定为出版的一部分。在供给链中承担风险是出版的一个重要部分，因为这个世界难以捉摸，所以在模式的影响下，出版项目就存在着风险。因而在出版过程中风险处处存在。价值与风险是紧密联系的。就一个给定的作品作为价值中的一环来说，它在模式的影响下起到了增值的作用，同时推广功能也使价值本身得到增大。

本章除了概括介绍媒介模式是如何运作的以外，还重点关注一个有趣的问题：出版模式在多大程度上是为了获得利润。虽然出版总是被当作一种商业活动，而且在某些情况下，就等同以赚钱为目的，但是事实并非如此。作为最为广泛流通的文本之一的基甸会派发的《圣经》并不是因为带来了巨大的经济利益而闻名全球。然而，在出版活动中必须得考虑经济因素。读者除了文本以外，就可以不需要使用别的资源，然而写作至少得需要更多的资源。如要出版作品，就意味着更多的资源需要投入使用。要建立推广型的框架，尤其是这种设计属于非手稿时代的产品，那么就需要资源，这是一种存在于读写之外的生产方式。出版，如同大多数人类活动一样，都需要一些特定的资源。

那么，即使出版不是以利润为导向的话，它也得将经济因素考虑在内。这在现实社会中是如何表现出来的呢？除了利润以外，还存在哪些模式呢？政治、社会或者意识形态的因素是如何渗透进来的？利润对于出版来说有多重要？这些问题现在依旧存在。如要回答上述问题，那么我们就得涉及经济学和从文化角度审视经济学的美学理论或者文化理论研究路径。正如我们将会在接下来两章所看到的，千变万化的模式在出版的未来发展前景中处于核心地位。如果我们不能理解在不同历史阶段的不同模式之间的相互影响作用，以及它们存在着为了利润和不为利润之间的细微差别，那么我们要想理解数字化时代挑战的影响，以及如何应对这个挑战，就会非常困难。

背景

在详细梳理模式发展的历史脉络之前，我们需要解释阐明一系列和模式相关的问题。

首先，“模式”对于我们来说是什么意思？总的来说，从学术的角度来看，模式指的是事物的表征。无论模式是以物质形态还是以思想形态表现出来的，它们都是为了向我们介绍已经存在着的事物。在科学领域里，尤其是在媒体和传播研究中，模式都是被用来解释这个世界。我们创造一个现实的模式，然后测试它能不能发挥作用，这已经成为比较媒介研究中的一个重要方面。例如，Daniel Hallin and Paolo Mancini（2004）已经创造了本地媒介系统的比较模式，这种方法能够更好地了解国际媒体之间的差别。这个媒体模式从总体上来说和本研究是紧密联系的，Hallin and Mancini（2004）认为这种媒体模式将模式化出版看作一种活动，而并没有将其当作出版的组成部分。

出版商倾向于在模式内开展活动，而不是利用模式来了解这个世界。比起模式的从属，他们更关注模式的用途。这种使用方式和以赚钱为主要目的的商业模式是非常相似的。商业模式和科学模式或者经济模式一样，都是以关于“世界如何运转”的设想为基础，设想的成功与否决定着这个模式的成功与失败。这些模式也可以应用在人际关系、地缘政治学等其他领域中，而不同之处在于这些模式被创造出来的原因并不一样。出版模式是以阐释这个世界为前提，但和学术模式不一样的地方在于，出版模式主要是为了指导行动。它们既是一种动机也是一种阐释。

模式应用的重点在于它们的包容性。虽然大多数模式的内涵范围较小，但是这里的模式开放、复杂，包含内部矛盾、对立以及未能调和的元素。在有些条件下它们是被人有意识地创造出来的，还有在部分条件下它们在宏观和微观层面受到无意识的影响。它们包括很多元素，从社会或者公司结构具体化到一本书的序言设计。尽管一个商业模式总是被人明确地提出来以及被施以狭义的定义，但是出版模式在很大程度上经常受到忽视，或者使用者们只能部分地理解它们的概念。⊖

正如框架的概念一样，这里的模式是一个具有丰富含义的暗喻。它是一个元模型，而不是一个刻板的描述。

请谨记在这种描述中没有什么是绝对不变的。在这里存在着两种关系：其一，一个既定的社会和它所提供的模式之间的关

⊖ 这种模式概念没有道理只能应用在出版上。它可以在文学、媒体以及传播研究等领域中有着更广泛的应用。事实上，虽然出版和内容的特殊性意味着模式在这个领域中能够发挥巨大的作用，但是所有的商业或者企业都可以通过这个模式来进行研究。

系。其二，使用的模式和出版（审核、推广和框架）的本质之间的关系。在上述的两种关系中，没有哪一种是纯粹的因果关系。从安东尼奥·葛兰西（Antonio Gramsci）、斯图亚特·霍尔（Stuart Hall）到特里·伊格顿（Terry Eagleton）、斯蒂芬·格林布拉特（Stephen Greenblatt），许多的思想家已经将成熟的修饰语引用到这种关系上，将意识形态重新修订为“中介”“同源结构”以及别的能够很好处理社会和文学之间关系的方式。这种修饰语开始设定界限、创造可能性、曲折改变、引导或者应允；换句话来说，它不是机械地引发问题，这种模糊性同样适合模式。此外，在实际中，世界的杂乱性也渗入模式之中，影响了模式的运行。出版商和别人一样，都无法完全控制所使用的模式，或者说无法控制使用它们的时候会发生什么。

这样就产生了一个关乎社会和文学的问题。如果一个人想彻底了解它们的关系，那么就必须得将出版的这个因素考虑在内。在创造和传播文本的过程中，出版不应当是一个事后才需要考虑的问题。它构成了文本和书籍的一部分。因此，出版理论与出版如何和社会问题相联系的概念在描述语境和文本如何联系在一起时是必不可少的。像弗雷德里克·詹姆森（Fredric Jameson）这样的理论家快速地将“历史”视作文本传播的指导性原则，而没有确切研究历史是如何在作品形成的第二阶段（出版）中显露自己的。文学理论需要出版理论。[⊖]

⊖ 这绝不是否定出版产生了庞大珍贵的知识体系和书籍历史，同时也不是说文学研究从此方向偏离，只是为了重申事实。

为了利润

关于产生在莱茵河边的印刷术，有一个具有教育意义的故事，该故事讲述的是赚钱对于出版模式来说有多重要。在约翰尼斯·古腾堡在美因茨和斯特拉斯堡度过的几年时间里，他在研究用印刷重现文本的技术。他知道自己会收获颇丰，但是花费不断增加，最终他被迫首次在斯特拉斯堡以及之后返回到美因茨时两度使用风险投资。尽管古腾堡家境殷实，他还是需要当地的一个投资家约翰·福斯特（Johann Fust）的支持。福斯特分别于1450年和1452年[⊖]借给古腾堡一大笔钱，总共有1600块荷兰盾。然而福斯特只是一个投资家，他和别的同行一样，将自己的人安排进领导岗位，其中很著名的有彼得·舍弗（Peter Schöffer），他的任务是帮助古腾堡在工作间里开展工作。15世纪50年代，就在这个铁匠铺子里，印刷术在西方世界里横空出世。尽管古腾堡在技术上面取得了至关重要的突破，但是一个很重要的麻烦隐约可见。古腾堡欠了福斯特的钱以及一大笔利息，导致双方最终在1455年对簿公堂。一方被誉为创造了具有重大历史意义的发明家，另一方是一个商业银行家，而最终只能有一方能够赢得官司。福斯特和舍弗最终占有了几乎所有的材料和工业生产设备，接着开了一家成功的印刷厂。古腾堡只能从头开始。古腾堡是否遭到福斯特和舍弗的陷害，最终一无所有，狡猾奸诈的幕后推手是否快速地从他的技术中牟取暴利，像这样的争论风行一时。无论如何，从出版的早期来看，有一件事是肯定的，资金和资金产生的利息决

⊖ 和许多风险投资家使用的方法一样，有证据表明福斯特借到钱之后，再转借给古腾堡，从中赚取巨额杠杆利润（Man，2009）。

定着谁握有制胜王牌。

在美因茨，逐利的特性从一开始就已经融进印刷业之中，并且一直以来都是这样。如果经济性被认为是在资源匮乏的情况下资源的优化配置，那么我们认为出版本身就拥有“经济性”，这不应该大惊小怪，但是这仍不能解释为什么出版经常要以利润为导向，或者更坦率地说，是以资本为导向。马克思认为珍妮纺纱机成为一个赤裸裸的提款机，是由于使用的情境和组织形式造成的。同样，印刷机从内在本质上来说并不是以创造资本为目的的。在生产和维护技术（像珍妮纺纱机或者印刷机）时确实需要资源投入，但是资源并不需要通过资本方式呈现出来。复印技术和资本主义在历史上存在着或有或无的关系。尽管如此，纵观历史，出版在资本主义中总是处于技术变革领先的地位，在其他领域，如工业过程和结构、知识产权、虚拟产品（“知识经济”“创新产业”）交易，去除在商业事务中的管制和政府干涉、自由市场、奢侈品和消费品（书籍是圣诞节礼物的首选之一）、工会组织、赞助和广告，公开展示自由浏览产品的零售经历的创新、跟踪和监控技术（像 ISBN）、网络购物的开始、产品设计、营销、商品交易会以及出口市场等方面也遥遥领先。延续至今的这一系列创新是对那些认为出版是一个保守过时的工业的有力驳斥。

这种资本主义或者逐利的基因最终表现为文化体和信息体是（或者能够看作）商品或者可交易的资产。在市场指定的效用或者市值方面，它们是有价值的。此外它们经常带来高昂的固定生产成本、生产风险，在公开市场里需要投资产生一定的回报。古腾堡的例子非常恰当地说明了为什么一个好的信贷系统以及强劲的资金流经常成为出版业健康生态系统的先决条件。资金不足的出版商长期以来都是脆弱不堪的，同时希望得到资金赞助。不可预知的需求、苛刻的债权人、沉没成本和微薄的利润意味着各种形式的（紧急）债务融资，如贷款、可转换债券、注资、收购和减价出售，在出版商的分类账里都是常见的。

将书籍看作资产有双重含义。书本和书本里的文字都是可交易的商品。在出版发行的过程中，你不仅是在销售图书，你也在销售一系列的文字。对于那些将书籍看成商品的出版商来说，他们就像古典经济学中所假设的理性行为人，他们寻求利润最大化以及最大限度地降低投资成本。这是以利润为导向的出版业中最基本的模型（这也是任何以利润为导向的活动的最基本模型）。

在这样的情况下，整个出版活动都可以设定在资本主义经济的语言之下——纵观历史，增加的顾客（读者）的边际成本有下降的趋势，并且只要边际成本没有超过边际收益，那么出版商觉得有利可图，总体来说都会继续出版书刊。文化经济学仍然是经济学的一种。出版是一种在著作权、纸张、复印机等方面的投资。这是一个细致的库存管理过程，平衡、操纵市场供需，使其产品和活动能够安全地躲过弹性定价结构的影响，从而赚取利润。和别的任何产品一样，经济学家也为文化产品创造了需求函数。出版背后运行的模式即成功地利用了需求曲线。版权是这些创造垄断的模型的一部分，在这样的投机实践中，这个模型能够减少风险，激励投资和保障回报，在一定程度上主导价格和实用性（St Clair，2004）。

使用审核、框架构建、推广等手段从推广作品的潜力中创造盈余资金，同时基于减少的边际成本提高效益。这种盈余资金在早期的框架构建和推广过程中是必备的激励因素。无论你在观察出版的哪个流程或者部分，这个基本模型都有可能会出现一些变化。这就产生了一个独特的企业结构，在这个结构里再生产（框架构建、推广）受到紧密地控制，以便能够创造利润，但是鉴于适应市场情况需要一定“富有创造力的自主性”，主要生产过程还是比较宽松的（Ryan，1991；Hesmondhalgh and Baker，2011）。[⊖]令人惊讶的是，这种样式在广泛存在的模式远离正常方式的地方依然存在。例如，在15世纪，与封建欧洲的大多数地方相比，神圣的罗马帝国的美因茨有着强大的行会和手工传统，这里是企业的乌托邦之所。然而，即使在这里，资本主义萌芽也不是不可避免的。但是，请注意，这种基本的盈利模式不一定意味着推广的最大化。反之，它意味着使用最有利于确保盈余的模式。通常，这是推广最大化的近似反转：出版商经常看到较低的风险和成本溢价，因此更有可能获得正收益，以更高的价格出售更少册的书刊。以利润为导向的模式使用推广来保证利润，而不是作为自己的目标。

在实践中，虽然我认为模式很少是铁板一块的。它们是复合体、混合体，具有多个组成部分和功能，在各种水平上同时运作。虽然盈利模式是最为重要的，但这种模式包含一系列有趣的外部特征。一个很好的研究例子是18世纪英国和法国之间的审查制度

⊖ Hesmondhalgh and Baker（2011）的观点认为，对富有创造力的自主性的需要和对控制（以便能够赚最多的钱）的需求之间产生的紧张关系是创意产业的关键结构因素。两者之间的过程是他们所谓的“创意管理”，这是一种我称为盈利模式和非盈利模式之间的航行、“平衡行为”：“经理需要调和艺术价值与经济学；需要调和新颖性和熟悉性；需要调和现有需求与市场转型；需要调和立体整合与外包；需要调和系统与个人灵感（Hesmondhalyh and Baker，2011，82）。与模式一样，创意管理需要历史和政治条件，而不仅仅是一个亟待解决的商业问题。对于Ryan（1991）来说，它是使公司化过程合理化的一部分，两者都试图减少创作过程的自主性或非理性。

差异。当议会允许《新闻出版许可法》（1662）失效的时候（在宫务大臣的支持下，仍然对戏剧进行审查），名义上英国在 1695 年就已经放弃了官方的审查。几年之后，威廉·圣克莱尔（William St Clair）在其不朽的《浪漫主义时期的阅读国度》（2004）里详细探讨了一个新的垄断组织系统是如何在英国出版界中生根发芽的，结果之一是统治阶级在事实上允许了该时期的出版活动能够开展下去。

在《安妮女王法令》颁布和版权法引入之后，文本就处于一个专为出版者利益而设计的系统中。出版经过合并联合，形成垄断组织 Conger，这个组织是一个封闭的类似共济会的联合网络，拥有并在其中交易版权。版权是有时间限制的，但出版商利用自身的财富优势，同时在法院的帮助下，找到了不受时间期限影响的方法。

在高度垄断期间，伦敦图书行业是经济史上完全垄断的典范。现代监管机构已知的每一种限制性贸易惯例在这段时间里都有体现，包括卡特尔、合谋、价格垄断、掠夺性定价、寻租、重复性诉讼和无根据的诉讼、市场准入壁垒、市场分割、信用固定，集体性拒绝交易、排斥合资企业、转售价格限制、捆绑和纵向非价格约束。（St Clair，2004，101）

然而圣克莱尔认为限制图书供给，不仅是为了提高图书价格，而且还有一定的政治寓意在里面。通过这种价格机制，图书就不能流入普通大众手中。潜在的“危险”想法就只能在那些想避免它们广为扩散的人群中传播，因而影响力会大大减小。图书印刷实际数量的减少、高价格、购买人群的局限性以及大量图书掌握在宗教群体手中等因素，总的来说，产生了一种限制不良作品自由传播的机制。

法国的审查机制和英国是很相似的，因为英国当时处于英国皇家特许出版公司的影响之下。当时图书作品的所有权和国家审查机制相结合，以登记簿（the Register）的形式存在，所有要出版的书籍都要被登记在册接受审查。在旧制度（尤指1787年法国大革命前）和自从科尔贝尔总理当政时期以来，法国采用了包含两大部分的官方审查系统。首先，在出版之前，需要提交给审查委员会进行审查，这个就像在登记簿一样，经过批准之后，才会授予所提交作品的专卖权。随后，在出版之后，图书贸易检查员就会寻找非法或者煽动性材料及其生产者。从1723年开始，进入该国的包裹会被检查是否为非法印刷品。在18世纪的前半期，启蒙运动开始了，新兴资产阶级的图书阅读量越来越大，然而法国的精神支柱——上帝和国王受到越来越多的质疑。图书审查机制的目的就是要保护国王和教会的利益。从某种程度上来说，这个目的是达到了，到1789年，巴黎审查办公室的工作人员已经升至160人，在提交审查的图书中，有10%到30%的图书禁止出版。1659～1789年，他们将接近1000名违法者送入巴士底狱，其中17%的罪犯在这段时期被囚禁起来，未获释放（Darnton and Roche，1989）。

然而这只是冰山一角。反君主制者和无神论者从来没有联手攻击保皇党的人。事实上，这个审查系统的内部规则非常松弛，还有妥协甚至是审查者和出版商达成共识。出版是一种建立于公共需求之上的商业行为。如果出版商不能出版人们想要阅读的内容，那么到了一定阶段他们就一定会破产，并且出版的工作一定会转移到国外。当审查员意识到国际市场的重要性以及本国出版业易受影响的时候，他们想避免这种情况发生。资深审查长马勒塞布（Malesherbes）想使这种审查机制更加松弛、灵活和可供协商，他想故意模糊审查机制规则的权限，这样才能产生大量模棱两可的规则。他想要平衡公开市场、自由表达以及政府政策之间的关系。[⊖]同样，像伏尔泰和卢梭这样的思想家、作家并不是不屑于同审查员合作，达成共识。乍看起来，英国出版业中逐渐兴起的自由放任主义、受版权驱动的重商主义模式与国家权力集中在君主专制身上形成鲜明对比。然而两相对比，就会发现英国以利润为导向的模式（显然以金钱为中心是没有原则的）其实和法国的模式之间没有太大的差别。在实际操作过程中，两种模式都需要与贵族达成一致意见。以利润为导向的模式并不仅仅是为了利润，它还考虑到政治因素的影响，反之亦然。公共和私人问题，原自由市场和统制经济制度、审查制度和言论自由等因素都没有出现极端化倾向。

以利润为中心的模式是出版业的重要组成部分。金融创新（从订阅到股份制风险投资）以及商业经过几个世纪的发展变得越来越成熟，同时技术一直在发展，读者人群在扩大，这些都促使出版变化发展、不断壮大。创业精神和重商主义的主旨是一样的。营业利润率、现金流以及增长等概念一直以来都萦绕在出版商的脑中。理查德·纳什（Richard Nash）说过："书籍不仅是消费者资本主义的重要组成部分，而且实质上还开启了消费者资本主义"（2013）。正如这个例子所表述的一样，甚至在出版业最显而易见、

⊖ 事实上，现在对于18世纪法国的审查机制的研究表明审查员并没有像专业的"文化中介"那样产生压制性的影响，详情请看Adkins（2012）。

最简单普通的模式中都有复杂的组成部分和影响。它们“在创意–商业关系的概念上错综复杂”（Hesmondhalgh and Baker，2011，85）。利润并不是其终极目标。

不是为了利润

出版商不仅仅是资本家，还需要集审美家、知识分子、文化专家、趋势观察家和敏锐的批评家等众多身份于一体。如果没有专业判断，出版商就很容易被区分出来。此外，这不仅关乎“高昂的”作品利润，虽然它确实可以这样；有一些出版商围绕写作承诺建立身份标识，似乎这些身份标识如果不与利润追求相矛盾的话，那么就会高于这些利润追求。纵观整个历史，很多的出版商以“出版不是为了赚快钱”为傲。无论报酬激励还是报酬抑制，他们觉得负有责任出版那些具有内在价值的作品。现在不以利润标准为衡量标准的出版还广泛存在。

在Pierre Bourdieu（1993）的著名论述“文化场域”（cultural field）中，他将这样的出版商描述成在“限定生产”的领域中工作，这与在“大规模生产”领域中工作形成了鲜明的对比。前者不是在经济激励下开展工作，而是为了自身象征资本的增加。实际上，它将自己定位成与大规模资本市场相对立的，在大规模资本市场中，文化生产只是工业生产的一种形式，寻求规模和投资的可观收益。对于Bourdieu（1983）来说，限定生产领域的逻辑产生了一系列不受大众市场约束的困难性和自我对称性。“文化正统”或者“献祭”，而不是利润，是这些亏本商品背后的小型、受教育程度高的小团体的目标。

布迪厄认为文化生产出现了限定生产和大量生产的两极分化，因而出现了一系列的相对概念："纯艺术""商业艺术""放浪不羁的人""资本家""左岸""右岸"等（Bourdieu，1993，64）。然而在他对出版商的描述中，有一个更加细微的差别。

> 后者（出版商和画廊老板）的身份都是模棱两可的，通过这些身份，经济的逻辑输入进"为人类生产"的出版商的亚领域（Sub-field）的中心。他们得具备经济沉淀（在该领域的某些部分下，这对于出版商来说是完全陌生的但与使用限价和剥削的出版商是很接近的）。出版商或者画廊老板同相应的艺术家或者作家之间结构的同源性意味着前者的特性与后者很接近，这就像是信任与信念（假设在每一边都存在着程度很大的误解的基础）之间的关系。这些"庙宇中的商人"通过"哄骗"艺术家或作者使他们同意替自己承担法定职业范围内他们不感兴趣的部分来维持生计。（Bourdieu，1939，39）

这里布迪厄将出版商描述成处于美学以及市场需求之间的形象。为了取得成功，出版商必须得是经济与文化的双重代理人。在双方不可避免的"错误识别"中，他承认这种紧张情况可以转化为与作者之间的矛盾问题。然而，尽管布迪厄在这里谈论限制生产领域（"为人类生产的出版商亚领域"），他实际上已经创造了两种场域的形象，将商业出版从非商业出版中区别开来，可能至少准确地描述了在 20 世纪巴黎的实践情况。但是从广义上来说，创造两种形式：一种关于利润；另外一种关于美学。这是一种过于简单的描述。实际上，利润模式与非利润模式经常杂糅在一起，形成一种混合物。

模式有可能既关乎赚钱又能同时取得文化正当性。Bourdieu

（1993）的描述经常在两个亚场域中发挥作用。实际上，它们都融合了利润模式与非利润模式。模式拥有无数的组成部分，有些可能以制度为基础，正如 Powell（1985）对出版商决策的记录，或者可能是对于一个给定的主题专门设立的。无论哪一种方式，它们都有可能将资金因素和非资金因素结合在一起考虑。

模式与审核过程都不能简单地被描述出来。正常的情况是无数表面上互不相容的模式能够很好地一起配合运作。非资本主义出版有一段很长的历史。正如以利润为导向的出版在金钱以外还有别的考量，非盈利模式同时也不是这么直截了当。

David Throsby（2001）使用了一个参考词将文化和经济学两个截然不同的领域融合在了一起——两个领域都涉及“价值”理念。

在历史上的绝大部分时间里，一个表面上非盈利性的或者非资本主义的模式占据着统治地位，那就是“赞助”。可以确定的是“赞助”仍然是一种经济体制，如果它不属于资本主义经济体制，那么就更加接近莫申（Maussian）提出的“礼物交换”经济体制。既然图书需要出版发行，那么资助人和客户的关系很显然还是交易型的。典型地说，这涉及回报赞助人——这里暗指赞助人不仅在某种程度上占有文本材料，并且在深层意义上激发或者促使作品被创作出来。我们将赞助行为与作者联系在一起，作者名利双收，为了报答赞助人，成了他们的帮手[⊖]，这些赞助人获得了许多福利，例如现金、享有声望的头衔（像英国的桂冠诗人或者皇家史官），以及像官员、外交官或者牧师等挂名虚职。此外，“款

⊖ 例如，威廉三世向一些关系好的作家提供了政府部门工作的岗位和福利，当威廉三世向民众大肆征税以资助战争的时候，这些作家做了有效的宣传工作。

待”[⊖] “恩惠”、各种形式的保护以及在政治、社会或者艺术界、公信力、销售和介绍中享受的贵族权威都是补偿作者的一部分（Griffin，1996）。社会资本和金融资本可以相互替换。

人们将贡献和资助作为一种策略使用。Roger Chartier（1995）曾讨论过伽利略的案例。1610 年，这位伟大的天文学家当时在帕多瓦大学（University of Padua）担任一名数学老师，但是和当时的很多人一样，他想将更多的时间投入研究领域，他需要一个赞助人资助他从事的研究工作。于是，他为了表示诚意，将自己的著作《星际信使》（*Starry Messenger*）赠给了科西莫二世·德·美第奇大公爵（Grand Duke Cosimo II de’ Medici），这使对方非常高兴。更有诚意的是，伽利略将他观察到木星拥有众多卫星的情况都告知了大公爵，这在当时古典宇宙学和占星学影响下，是非常罕见的奉承人的方式。[⊜]他的方式奏效了。美第奇大公爵赐给伽利略一个研究岗位，他可以在那里开展自己的研究，免遭学生的打扰，任何一方都是赢家。不仅仅作家在努力获得这些资助，同样的出版商也会踏入赞助的领域，他们甚至经常推迟出版，以便赞助人能够提前收到即将出版的稿件。事实上，出版商都在互相竞争，争取得到资助：

> 不仅作者和译者将书籍赠予王子，而且售书商也会这么做，这种阿谀奉承的结果导致有时候一本书的作者和售书商之间会产生竞争关系。（Chartier，1995，34）

⊖ 例如，乔叟从爱德华三世国王那里获得一项终身福利，即国王每天赐予他一加仑酒。虽然乔叟可以选择接受现金，但是谁会拒绝终身享用国王赐予的美酒呢？

⊜ 伽利略甚至将自己观察星体的望远镜赠送给了大公爵。

因此，我们不能说当作者在努力寻找资助的时候，出版商掌握一大堆的资产负债表账单并且坐拥一大笔利润。资助行为已经渗入文学作品生产的各个环节，它的组织形式是建立在并不能完全用金钱的得与失进行衡量的模式之上的。

这种“把戏”之所以能够取得成功，在于赞助行为的无私性。开明的赞助人总是坦白无私、乐于行善；同样，受助人也认同那些胜于己者。尽管这样，我们确信在大多数的情况下，对利益的精确衡量是不可避免的。当代英国首任首相罗伯特·沃波尔（Robert Walpole）身体力行了这种双重性，他不仅是当时最大的赞助者之一，同时还是一个极其精明的经营者。赞助行为和这种对立关系从来都没有离我们远去。㊀现代主义者也有他们的赞助人，㊁正如我们今天也有自己的赞助人一样：艺术馆拥有者像查尔斯·萨奇（Charles Saatchi）或者拉里·高古轩（Larry Gagosian）的身份定位在投机商和伟大的美第奇式的赞助商之间，然而像英国石油公司（BP）以及德意志银行（Deutsche Bank）这些跨国公司都是艺术的主要赞助商。国家一直行使着赞助商的职责，文化部门以及公共资助的艺术机构都一直在促进文化经济的发展。高校以及研究资助者如同近代的大公爵一样，充当着学术赞助人的角色，释放研究的能力。所以这种对立局面仍然存在，每个人都知道这种用不同词语表达出来的关系涉及彼此之间的利益诉求。

资助行为可能不在乎利润，但是它关系到权益和交易。它经

㊀ Dustin Griffin（1996）认为辉格党对18世纪文学的阐释尤其模糊了赞助在文学生产领域中盛行的程度。

㊁ 以詹姆斯·乔伊斯和书店老板西尔维亚·比奇为例，如果没有后者的帮助，那么我们可能就无法欣赏到一些现代主义文学的佳作。

常同逐利模式融合在一起。一个作家可能在资助下就能操纵出版商的资本运作形态。没有人会谴责查尔斯·萨奇，或者在上述论断的影响下谴责罗伯特·沃波尔完全出于利己主义在艺术上面进行投资，尽管谴责在此处有一定的道理。资助行为从来都不是出于毫无私心的高贵责任感。它一直都涉及利益互换。与此同时，资助行为也表现出政治性的一面。赞助行为可能会维护一个政治制度，阐明政治信仰，创造派别和获得支持，以及传播宣传，赞助行为本身就代表着某种政治宪法。在赞助人、作家或出版商的心中，政治、美学、文学和经济学等都是不可分割的。资助行为在赚钱、维护别人利益和促进高等艺术的事业发展之间做出选择，都不是错误的。为了理解这些模式，我们不能看美学时不关注政治，看科学时不关注经济或看宗教时不考虑不信教者，在任何模式中这些元素都有可能混合出现。

高校出版社体现着这种混合关系。今天它们的身份非常复杂，既要促进高校学术研究的进步，还不能因此耗费高校过多的资金。如果运气好的话，它们在资金上面还能够支持母校研究机构的建设发展。简而言之，这就是它们的模式。在大多数的情况下，衡量一所高校出版社的发展状况主要看知识的传播情况，这就是为什么学术出版机构已经在同行审评制度中采用了严格、昂贵的质量控制系统。就资助行为和出版过程来说，它们的潜在情况很少能够如此浅显易懂。

根据若干统计，剑桥大学出版社（CUP）是世界上现存最古老的出版社。在《皇家宪章》（*Royal Charter*）的影响下，它成立于 1534 年，毫无疑问它是最古老的高校出版社（尽管它直到 1584 年才开始印刷出版，1585 年牛津大学出版社才刚刚成立）。尽管剑桥大学出版社的历史悠久，但是直到1981年颁布法令，才正式确立了该出版社与剑桥大学的关系。1976年，该出版社因从事慈善事业获得了仅此一次的免征税收的特权。高校出版社的法令在语言上与1534年的最初宪章形成了鲜明的对比。1984年法令内容如下：

> 大学应设有大学出版社，专门用于印刷和出版，以促进所有科目知识的获取、发展、保存和传播；促进教育，宗教，学习和研究；促进文学的进步和良好文化修养的养成。（Black，2000b，77）

然而16世纪的专利特许证上增加了以下的文字：

> 文具商和图书印刷商遵照前文的方式被授予一定特权，他们中的任何一位都拥有法定和无可争辩的权利，印刷所有经前述校长或者助理以及三个博士批准过或者即将批准的图书。只要他们愿意，他们也拥有在自己所在的大学里或者我们国家别的任何地方展示出售所有的图书或者在别的地方印刷过的图书的权利。（Black，2000b，75）

在1981年的法令里，除了提到出版社和高校拥有同样的目标任务以外，没有提到出版追求利润的字眼，甚至没有提到出版的动机或者模式。和高校本身一样，如果出版社不在乎“知识”和“研究”，那么它存在的意义是什么呢？1534年的法令对此的描述更加模棱两可，没有提到传播知识是出版的内在原因。与1981年的法令没有明确提到商业性形成鲜明对比的是，1534年的法令文件中明确提到图书的出版发行是为了销售、赚钱，而非传播知识，现在似乎已经成为出版的重要原则。对于当代已经非常适应出版经济化的出版商来说，他们看到过去的很多模式和现在的模式迥然不同，并对此感到很好奇。

鉴于位于伦敦的英国皇家特许出版公司的严格管控，印刷《圣经》变得非常有利可图，在过去的很多年里，《圣经》成为出版社主要印刷的产品，这座一直以来都独立自主的大学（剑桥）摆脱了公司的控制，招致了伦敦市其他高校的非议。出版社需要利润，尤其是出版社承诺每年给所在高校缴纳一定的费用，作为高校允许其在校园里开展出版业务的报酬，印刷各种版本的《圣经》就变得非常重要（Black，2000b）。

出版社没有补贴，所有的费用都需要自己承担。因此当时的很多图书的学术性程度比学术研究机构预想得要低，或者说与如今高校出版社的出版质量形成鲜明对比。出版社需要印刷商业畅销书，这样才能确保销量以及快速重印，这只是为了支付所需费用。整个17世纪，剑桥出版社作为分包商逐渐承接了当时伦敦大型印刷商和图书销售商的工作，这些工作能够很稳定地抵消该出版社的日常开销。由一个叫作托马斯的人分别于1590年和1591年印刷出版的《圣经》可以作为非常好的例子。它们拥有可预见的需求、丰厚利润，同时也非常安全（除了伦敦当局会收取法定的费用以外），此外鉴于他只是一个印刷工，利润对他来说非常可观。

然而只从商业价值方面考虑剑桥大学出版社是行不通的。剑桥大学出版社的成立受到宗教的影响。清教主义在剑桥大学有很深的根基，同时大学里的很多研究员当时撰写了关于清教主义的神学内容，而一般温文尔雅、避免争论的出版商和教会人士都会避免涉及此类内容。剑桥大学在1534年取得印刷权，在1584年剑桥大学开始印刷教员撰写的易引起麻烦的文章，这些文章涉及教政体制，他们认为民众需要了解这种体制。尽管这个出版社在当时的规模很小（与同时期普朗坦出版社的规模比起来，显得相形见绌），它只有一台印刷机和几个学徒，但是它很契合剑桥大学对自身的定位，因为它们都不受当时宗教以及伦敦当局的管辖，它们只对国王负责。

随着时间的推移，剑桥出版社里的学术气息越来越浓厚。在17世纪末的时候，一位名叫理查德·本特利（Richard Bentley）的学者（此后他担任剑桥三一学院的院长）成了一名出版商，此外一位有天赋的荷兰印刷工科尼利厄斯·格罗尼万尔德（Cornelius Groeneveldt）也加入了这个出版社。剑桥大学出版社的规模扩增到拥有4台印刷机，并且有一群称作管理者（现在被称为理事）的学者监管着出版社的运作。本特利将自己和出版社看作知识的引导者，他在1713年出版了第二版的牛顿的《自然哲学的数学原理》，这是科学史上久负盛名的一本书，在此之前已经停止印刷出版。令人欣慰的是，不像该出版社之前出版的书，这本书在商业上大获成功。直到1755年，该出版社在章程里明确提出来了“社会公益”的概念，甚至这在当时意味着什么，很多人还是不清楚。如果当今的剑桥大学出版社是一家学术型的出版社，那么我们至少可以说这个出版社的发展历程既不是完全追求利润，也没有完全不在乎利润，但是我认为这个出版社一直处在出版的常规领域里。同时请注意1981年法令和现实情况之间的差距。阅读这篇法令，就会使人忘记剑桥大学出版社是一个高效的跨国公司，营业额高达2.5亿欧元，有2000名员工，在多年中从日积月累的知识产权中赚取了高昂的利润。如果认为“社会公益”和赚取利润之间不能同时存在，那么就大错特错。

通过仔细观察研究就会发现，赞助系统和大学出版系统很明显不以赚钱为目的。尽管就它们本身而言并不以赚钱为目的，但是它们仍然在模式的影响下，努力达到相应的目标，无论要求学生学习热力学原理，还是说服作者在写作时考虑政治因素。在这种“目的”的含义下，它们和逐利模式很相似，它们都是为了达到某种目的才进行出版。有鉴于此，我们无法找到不带任何目的的模式。一些模式尽管表面上不以利润为目的，但是利润还是渗透其中。大多数商业项目除了考虑资金以外，还会显示别的标准和考虑。如果出现的模式不是呈现混合形态的话，就会令人感到惊讶，因为出版必须得考虑经济因素，同时它在瞬息万变的环境中同别的元素一起竞争，那么出版就得积累和配置资源。

甚至在其他经济体制的社会中，我们仍然能够看到一些复合模式。以东德奥夫堡出版社（Aufbau）为例。奥夫堡出版社成立于 1945 年二战后柏林的一片废墟之上，在东欧社会主义初期的时候，当局对文化的管制比较松弛，因而可以自由出版。和位于西欧法兰克福市的 S. 菲舍尔出版社（S. Fischer）以及汉堡市的罗沃尔特出版社（Rowohlt）等比起来，奥夫堡出版社仍然是战后德国最大的文化出版社之一。随着时间的推移以及苏联对该地区的影响力越来越大，该出版社既能满足社会主义共和国政治上的需要，还能够满足写作和思想上严格的审美标准。他们出版托马斯·曼（Thomas Mann）、约翰·哥特弗雷德·赫尔德（Johann Gottfried Herder）以及海因里希·海涅（Heinrich Heine）等人的经典作品。奥夫堡出版社变得越来越受欢迎，同时向西欧出版了很多珍贵的作品，该出版社在东欧出版业中占有一定的市场。这并不容易，但是即使在最严格的情形的制约下，这种模式也不会仅限于这种或者那种方面。

模式得依赖于编辑的心情或者一个跨时代的社会经济形态。更有可能的是，它是两种方面的结合体，同时还包括了一系列别的要素。模式是各种价值的集合体：声望和宗教信仰，文化权威和审美判断，这些模式在涵盖基本资源问题的同时产生大量回报。即使我们重点关注出版业中的利润模式，我们仍然不能忽略它们的复杂性，同时不能忽略出版模式中除了狭隘的金钱以外还存有别的特征。

四部百科全书：四种复合模式

我们可以将百科全书作为很好的例子，有以下原因。它们的历史悠久，可以追溯到罗马时期以及老普林尼（Pliny the Elder）的《博物志》。“百科全书”这个词源于对希腊语的误译，大致可以翻译成“所有知识”。加上它们悠久的历史，它们产生了图腾式的社会影响和区域扩散。人们除了在罗马发现了《百科全书》以外，还在东亚、拜占庭、查理大帝的法兰克王国以及中东阿拉伯帝国等地区发现各个版本的《百科全书》。无论我们在哪里发现《百科全书》，它们都承载着人类无尽的知识，记录着文明的发展和人类的聪明才智，呈现重要的出版作品以及研究挑战，还对资源产生了深远的影响。⊖

在历史上两个最大的出版项目，分别来自中国的明朝和清朝。

⊖ 罗伯特·达恩顿（Robert Darnton）提到过《百科全书》，“只有将整个世界调动起来，才得以使此书与世人见面。拾荒者、栗子采集者、金融家和哲学家等都在《百科全书》的完稿过程中发挥了一定的作用。《百科全书》的物质形态与它承载的知识信息是一致的。作为一个物质形态和承载思想的工具，《百科全书》是一千多种艺术和科学的集大成者”（1979，522）。

两大项目都是为了囊括人类的整个文明才编纂的百科全书。两大项目以今天的标准来看，规模仍旧巨大。明初的百科全书《永乐大典》以明成祖的名字命名，此书于1403年开始编辑修纂，但是它的数量可与数字化时代媲美：全书22 937卷，11 095册，约3.7亿字（Hu and Yang，2010）。实际上，此书包罗万象，从农业到宗教，包含了官方档案库的大量文本资料。《永乐大典》没有广泛流通过，但是就其内部和自身而言，就已经是某种意义上的图书馆了。它的规模只被《四库全书》超越了。清朝花费了大量的人力和物力修撰《四库全书》，想要超越《永乐大典》。《四库全书》共计约8亿字（这是狄德罗编纂的《百科全书》的44倍）。《四库全书》的规模如此之大，以至于总编修官纪昀（或纪晓岚）必须得写一本书来记叙这个工程是如何组织完成的。[⊖]正如《永乐大典》一样，《四库全书》并不向社会公开出版发行，因而出版范围比较狭隘，手抄7部《四库全书》分别藏于专门修建的楼阁里，这些楼阁始建于1772年，直到1782年完成，其中的一个楼阁位于紫禁城里。

是什么原因促使人们想要完成如此规模宏大的工程？毫无疑问，我们面对的模式必定规模宏大。这些作品是文化的最高点和阐释形式。这些作品能够产生，只能处于这样的背景条件之下：掌握绝对权力的阶级统筹巨大的人力物力，而无实质性的回报对于权力阶级来说并无大碍。这些作品已经成为学术传统和智慧（这可以追溯到中国第一部百科全书，公元220年的《皇览》）的一部分。

⊖ 让大家了解这个规模的大小："《四库全书总目》著录《四库全书》书籍3 461种，79 309卷；存目书籍6 793种，93 551卷，几乎囊括了清代乾隆以前中国历史上的主要典籍，《四库全书总目》全书共200卷，包括4部44类66属"（Hu and Yang，2009，48）。

此外，我们看到正在运行中的模式的历史或者时序元素：作为对已经发生事情的总结归纳，《四库全书》被创作出来，它的模式得到确定。《四库全书》的模式一方面是想巩固清朝满族的合法性地位，另一方面也是想记录人类创造的知识。尽管这些伟大的成就不是为了在投资上面获取巨大的经济回报，但是各种有着巨大影响力的权力模式仍然在各个层面上运转着。通过一种很特殊的方式，这些作品维持着皇族权力。统计中国书籍的总量极易产生一个负面影响，那就是导致乾隆皇帝和他的大臣们了解了什么样的书籍应当禁止出版流通。

欧洲也有一系列相似的模式，这些模式按照历史顺序发挥作用。可能所有的百科全书中最出名的莫过于狄德罗和达朗贝尔（d'Alembert）编写的《百科全书》。这部作品经常被当作启蒙运动作品中的典范，它是和早期的百科全书像以伊弗雷姆·钱伯斯（Ephraim Chambers）于1728年编写的《百科全书》相呼应的。这部作品包含的范围更广、更加精确，同时符合即将到来的理性科学潮流。正如中国的百科全书，单单这部作品的相关数字就能显示艰巨的挑战和宏大的目标：1751～1765年间共出版了17卷的文章，1762～1772年共出版了11卷的图片，除了最初的28本对开卷之外，还有一些补充的材料，总共包含71 818篇文章和2885页插图。解放知识成为一开始刺激狄德罗和达朗贝尔编纂《百科全书》的模式，尽管最初的出版商拉布·雷登（Le Breton）和他的商业伙伴只能部分地接受这种动机。对于完成这么一项重大的工程，既需要利润动机也需要非利润动机才能将所有的成员团结在一起。

在《启蒙运动的生意》中，Robert Darnton（1979）事无巨细地重构了接下来的《百科全书》应当是什么样子的。狄德罗最终意识到他的任务是不可能完成的：唯独一部作品是不可能囊括人类所有的知识的，出版商对于这种认识不以为然。

狄德罗在1777年完成了《百科全书》的编纂工作之后，出版模式从大幅昂贵的对开本转变为便宜的4开、8开本，印量增加、传播范围更广。Darnton（1979）编织了“巴罗克”式的陈述，涉及巴黎、里昂、瑞士的出版商，在一系列的合同、混合模式以及想从启蒙运动中获利的欲求。他将其中两个主要人物——位于巴黎的查理·约瑟夫·潘库克（Charles-Joseph Panckouke）以及位于里昂的出版商约瑟夫·狄普兰（Joseph Duplain）——称为不遗余力想要赚钱的“巴尔扎克”：

> 《百科全书》的历史展示了启蒙运动最著名的出版商行贿勒索、伪造账单、偷窃认股册、暗中互相监视、笼络不择手段的同盟者的过程，将变节和阴谋发挥得淋漓尽致。（Darnton，1979，531）

启蒙运动一开始是一个大胆而又有意义的尝试，它用理性之光启发民智，而启蒙运动最终堕落成一场肮脏地争夺出版权的战场，这显示了成为几个世纪出版业标志的无原则商业敏锐度。荒谬的是，这种商业性竞争反而为这种具有争议性的著作拓展了曝光范围和读者群体。印刷数量的增加意味着书的售价降低，也就会意味着会有更多的人购买这本书。[1]一方面来看，资本模式和学术模式相互矛盾，然而另一方面它们也可以看作相互兼容、相互

[1] 非常有意思的是，Darnton（1979）提到，传统权力中心和阶层的人员，而不是经常与法国启蒙运动和法国大革命联系在一起的重商主义资产阶级，成了《百科全书》的主要读者。这提醒我们无论一个出版商的模式是什么样子的，他们最终都无法控制“谁会阅读这些书籍”，以及更重要的——他们的模式能否成功。

补充的。尽管这样，这里的情形会更加复杂，不仅涉及赚取利润的出版商和智慧的作者。潘库克尤其和《百科全书》的项目有着千丝万缕的联系，这是明智的承诺与追求利润的渴望纯粹的冲动的混合体。

潘库克非常赞同那些书（哲学家写的书）中的观点。他与那些哲学家建立了密切的联系，并且自己也编写了一些哲学类的书籍。但是最终他似乎受到某种类似19世纪强盗资本家精神的启发，他选择投机，因为投机自身已经成为一种目的，对于他来说，已经成为一种生活的方式。（Darnton，1979，393）

出版这部《百科全书》花费了大量的时间和资源，同时这些资源用得恰到好处。《大不列颠百科全书》（*Encyclopedia Britannica*）是英国对狄德罗和两个中心（是英国和法国启蒙运动时，思想和书籍文化探讨的两个中心）的反击，但是它模仿德国版《百科全书》的形式，并且此书是以普通人为读者对象，而不是供学者使用。在《大不列颠百科全书》的历史上，此书经历了15个版本的印刷，正在运行的模式变化都不大。第9版（1875～1889）突然采用了维多利亚分类学。由哲学家托马斯·斯潘塞·贝恩斯（Thomas Spencer Baynes）编辑，并由神学家和东方学家威廉·罗伯逊·史密斯（Willian Robertson Smith）协助，它被称为“学者版”的《百科全书》。在这个学术印记很强烈的《大不列颠百科全书》之后，目标读者还是回归到原来的1768～1771版本关注的普通大众。在20世纪变更所有权之后，《大不列颠百科全书》不仅属于英国人，而且属于美国人。此书目标读者再一次回归到普通大众身上，成为一个家庭的必需品，成为中产阶级英美消费文化的重要组成部分。多年来，所有权的变更导致模式的更迭，这反过来导致内容的变化。在整个过程中，《大不列颠百科全书》的准确性不仅反映了对真理的承诺，而且还反映了一个商业主张：它的读者群建立在对品牌的信任之上，不能确保准确性将会产生商业风险。

现在，我们转向某个没有人料到会产生的东西，一个和早几个世纪的中国项目一样激进和广泛的模式和百科全书。现在我们都习惯了维基百科（Wikipedia）。如果时间退回到 20 世纪 90 年代中期，你提出了维基百科的想法，每个人都会认为你疯了。现在的维基百科是一个新启蒙运动的项目，一个宽松的、一直都在变化的知识银行（一个会使早期的狄德罗产生兴趣的东西），以及鼓励卓越的儿童参与的、由斯托曼（Stallman）、莱希格（Lessig）等人主张的开放式许可运动，（始于 20 世纪 80 年代，一直都在进行中）。维基百科不是基于风险资本，不想转变依靠利润，而是依靠志愿者捐赠数百万人的时间，纯粹是为了使人们能够获得的人类知识的总量增加。历史上第一次，令人难以置信的《四库全书》的规模已经被超越：截至 2012 年 8 月，维基百科有 285 个版本（语言），超过 2200 万条目，其中 400 万是英语类的条目。

根据 Alexa 网站排名（2013），就访问量而言，维基百科是世界上第六大网站。通过比较可以得知，《大不列颠百科全书》从 1989 年的 40 万条目增长到 2007 年的 70 万条，没有哪一个追逐利润的驱动力可以为这样一个巨大的项目提供资金。只有与中国古代朝廷旗鼓相当的权力机构才能动用这么多的资源，但是当今世上还不存在这样的一个机构。维基百科在某种意义上代表了百科全书出版的一个全新模式：完全分散，使命的“纯粹性”，此外与《大不列颠百科全书》甚至《百科全书》注重商业性相比，这种新模式更加注重分门别类，例如宗教出版。然而，这种描述并不是很准确，因为维基百科的发展历程还是有一定的变化。维基百科创立之初，完全是为了追求商业利益，和现在的使命大不相同。

一个叫作吉米·威尔士（Jimmy Wales）的年轻市场分析师创立了维基百科。威尔士拥有一家叫作Bomis的网络公司，这个公司存储网页目录，在历史悠久的互联网时代里通过贩卖广告赚取利润。最终创建免费在线百科全书的想法既可以带来广告利润，同时还推广知识，这标志着它与《大不列颠百科全书》的模式并不一样，书商在一段时间里通过直接向顾客和机构进行销售《大不列颠百科全书》，才能带来利润。这个项目一开始叫作Nupedia，它是由威尔士和他的合作伙伴拉里·桑格（Larry Sanger）一起运营的，这个项目将会把信息内容发布到网上，别人可以免费浏览，但是生成的内容在上传到该网站上之前，会受到严密检查，每个条目都会严格标注来源，同时通过各个领域的专家同侪评阅（peer review）确定之后，才将内容发布到网上。该项目在2000年上线，很快一个问题就出现了，发布内容的人不愿意经历这种烦琐的过程，整个运作过程显得非常笨拙呆板。而维基百科使用的是沃德·坎宁安（Ward Cunningham）研发的wiki软件，它一开始作为Nupedia的旁系计划进行试验，看内容能否在主平台上面经过审核之后大规模快速地呈现出来。维基百科是新型的众包文化中的一种，其发展结果非常引人注目。与Nupedia不温不火的增长速度相比，维基百科在上线仅仅一年后，也就是在2001年，拥有的总条目就多达22 000条。

一开始维基百科倾向于赚取商业利润。Nupedia刚上线的那一年，Bomis 在互联网泡沫中遭受重创，急需资金。随着通信量的增加，服务器、带宽以及其他费用都在节节攀升。Bomis 拥有维基百科，并承担着它的运行费用。2002 年，当威尔士提出在网站上面投放广告的时候，整个团队一片哗然，[⊖]因为他们想让维基百科免费开放，维基百科的成功依赖于志愿者做出的贡献，需要大量的编辑人员管理网站，并且要保证网站内容的高质量还得依赖一部分的志愿者。实际上，该网站的存在价值源于工作人员兢兢业业做出的贡献。随后该网站的所有权在 2003 年被转交给了维基媒体基金会（这是一个慈善机构，致力于在公共领域里自由传播知识），因而这是维基百科后天性的变化，而不是先天性的，这种情况是自然发展的结果。现在已经形成制度结构，正式确立了维基百科免费开放的模式，并且维基百科在 2011 年收到的捐赠数额高达 2750 万美元（这已经足够支付日常运作费用），它的黑客精神（突破一切阻碍的理念）、协同工作的分配模式以及开放式许可等形式都最终确定下来。如果没有 Bomis 一开始的资金支持，它可能现在就不是这个样子，我们现在可能就见不到维基百科了。

百科全书历史上的四个阶段给我们提供了四种综合模式。百科全书以各种形式呈现出来，因而它们有很多的模式。在每种情况下，我们都能看到模式是混合出现的，并且符合最终产品和实际情况的特点，当然这里的叙述是复杂情况简单化。实际上，在书籍历史上参与编纂鸿篇巨著的人员数量庞大，如果事无巨细地对这些模式进行分析的话，就会发现它们会更加复杂。只有我们

⊖ 这个建议首次提出来之后，维基百科网站上面几乎所有的西班牙人都辞职不干了，导致网站上面西班牙语的网页比预期要少很多，虽然这种情况最终被扭转了过来（Lih，2009）。

弄明白了这些百科全书处在什么模式下以及为什么选择这种模式，我们才能真正理解百科全书能够发挥什么作用。

风险、理性、多样化

正如有各种各样的出版商一样，模式也在施加各种各样的影响。“价值”这个灵活的概念将上述所有的不同之处联系在一起。“价值”在最近的出版领域和别的媒体领域中是一个至关重要的讨论话题。人们常说的价值链，就是出版的各个部分都致力于在收回成本的同时创造收益，即创造剩余价值的方式。此外它还有一定的经济内涵，一定量的资金或者利润能够带来一定的市场价值，而市场价值又能够换取一定量的商品和服务。然而价值仍旧可以被归入别的范畴中，[⊖]例如，文化资本、符号资本、威望或者影响力，也都有一定的价值。我们可能用或也有可能不用经济规模来进行衡量这种情况，但无论采用哪种方式，价值都是真实的，即使只是因为人们相信它是真实的。我们可以从旧的法兰克福学派的文化产业论文中获得深刻见解，也可以从后期的文化、社会和经济学更具体的工作中获得修正和批评。我们可以思考信贷安排如何不需要完全基于利己主义计算，而信任、声誉和友谊也可以这样。我们不需要详细说明模式的组成情况或管理情况，我们只

⊖ 正如大卫·索斯比所描述的：“在经济领域，价值与效用、价格以及个人或市场赋予商品的资产有关。在文化的情况下，价值存在文化现象的某些属性中，可以以特定的术语表达，例如音符的阶调值或者绘画中的颜色值，或者一般来说表示一个作品、一个物体、一个经历或一些其他文化事物的优点或价值的词语”（2001，19）。

需要为它们在实践中如何运作制定规则即可。除了详细的研究之外，我们也别无他法。

模式通过框架构建和推广将价值从文本内容中提取出来，而审核和推广则是通过文本设计为内容增加价值。经济价值最为重要，因为出版需要资源，而资源又不是免费的。我们必须得一直关注价值（美学的、政治的、宗教的等价值）是如何渗透进出版业之中的，它们都在动机与机遇的复合体中共存。我们所称的“单一模式”是一个例外。⊖

价值的到来也会带来一定的风险。在如今的出版业中，承担风险是一个出版商的必经过程的一部分。他们将资金预付给作者，生产产品，为其生产而支付费用，拥有一定的库存量，投资于书的营销和推广。出版商的一切都需要投资，但不能确保能够得到相应回报。在缺乏资金的情况下，想要出版是不现实的。在许多国家，这种风险承担的角色在退货系统中得到了体现，零售商并不是定期从出版商那订购固定的书籍数量。如果一本书没有卖出去，零售商可以将这本书退还给出版商，这通常会对出版商的预算带来灾难性的后果，所以销售的风险从零售商转移到了出版商。

出版经过几个世纪的发展，存在至今，而上述的情况在某种意义上至今一直都存在。古腾堡在研制印刷机的过程中承担着所有的风险，他通过使用自创的工业生产模式确保自己从福斯特那借的钱能够有借有还。他需要为项目庞大的研发（R&D）、人工成本、昂贵的纸张及其他生产物资和购置设备等投入大量的资金，

⊖ 例如，单一模式是一个完全致力于赚钱而没有其他目的的模型，或者它仅仅支持一个特定的事业，且没有其他目标。不管是哪种，都会产生相当奇怪的、甚至是坏的终端产品了。

他得一个人独自承担这些风险。Conger组织意识到这一点，于是不遗余力地转移风险，使自己的工业生产变成良性循环，并且使出版环境尽可能地没有风险，直到政府介入（这也是一种熟悉的样式）为止。减少在没有确定读者数量的书籍出版上面的风险投资，成为出版业时至今日的一个核心特征。

我们有可能构造一个无风险的出版模式，这里的模式依据出版合同的内容来运作，此外有一个第三方能够承担所有的风险以及内在的利润率。不出所料的是大多数出版商肯定都会喜欢这种模式。然而，这个世界仍然难以预料、难以捉摸。在确定无疑的赌注中，事情的发展方向也有可能跟人们的预想背道而驰。模式的正确与否需要依据现实情况来进行判断，因为它们的有效性和现实性就像一个时常不肯合作的伙伴一样。这就是为什么当人们努力增加产品价值时，几乎不可能将风险从出版中转移开来：鉴于这个世界内在的不确定性，在模式的各种条款下，你仍旧可能会失败。总有一个人来承担这个风险，从历史和结构的条件来看，出版社必须得成为风险承担者。

让我们回归到之前阿尔丁出版社的例子，以便对这个系统的运行状况一探究竟。就阿尔丁出版社来说，我们从一开始就注意到其内部有一个多面模式在运作。阿尔丁出版社的合作伙伴和投资商追求收益、稳定就业以及可能还追求影响力，这些目标通过出版都能得以实现。阿尔丁本人寻求到了一个机会去巩固希腊语在课程教学以及同时代人心中的地位。任何一方的主要目标都是希望能有可靠的经济回报，于是在这个项目上面投资了一大笔钱。各种经费的投入都是希望能够有所回报，但是正是它们整体发挥作用，才取得了成功，以及给投资人带来了收益。阿尔丁出版社的模式非常独特，它产生于文艺复兴过程中至关重要的时期，以及诞生在欧洲最富裕的地区之一，这里最为开放，同时主张向东方学习，同时在这个时间上书籍的历史逐渐开始形成。如果身处1500年最和平的共和国（威尼斯）[㊀]之外的话，阿尔丁模式可能就无用武之地。在审核和推广融入这个模式形成的过程中，它们也从中吸取营养得以成长。所有的推广策略表达了一系列复杂、特定的模式，那些小型精致的书籍正是受到严格审查模式的产品。

总之，因为模式最终涉及价值，所以它们创造了这一风险“副产品”。风险和价值是同一故事的两个方面。无论是什么样的模式，出版商总是会采取策略使价值最大化而风险最小化。《永乐大典》的编纂工作在当时仍旧有可能会失败，没有将大量的信息编纂进去，这会让皇帝恼羞成怒或者解雇这些犯了过错的工作人员。虽然我们不能完全详细地重构其涉及模式的形成过程，但是我们可以看到潜在的风险会导致项目失败，可能还会带来非常不好的影响，尽管这些模式不容小觑，还有稳定的资金支持。同样，维基百科也有自身的风险，它可能收不到足够的捐款以支付其庞大的主机托管费用，或者它可能屈服于压力，关闭或限制开放的编辑过程。维基百科上面总是充斥着各种胡言乱语以及虚假信息，这造成了一定的风险，致使那些辛勤工作的成果受到负面影响。和价值一样，风险并不需要资金支持，所以我们无法回避风险。在出版业中的文化资本、象征资本以及智力资本受到投机，也有可能丧失或者增加。如果现在价值广泛应用在拥有许多读者和模式的文化以及传播的研究中，风险就会不那么显而易见：我们在

㊀ 威尼斯共和国当时称为“最和平的共和国”，直到它在1797年拿破仑的进攻下，最终解体。

文化生产中很少提到美学风险或者宗教风险，可能是因为这很难去观察，同时如果事情出现差错的话，就会更难去识别这些风险。与冷眼旁观的评论员相比，危险对于身临其境的行为人来说更有切肤之痛。

在接着论述之前，我想提三点。价值、风险同出版、理性选择相关，出版与公共领域相关，同时模式理论对我们的出版结构有一定的指示作用。

首先，理性选择理论（RCT）是经济学中的一个理性化的概念，即在特定的环境中，行为人在自身理智的情况下展开行动，同时深谋远虑。在这种条件下，出版商在自身的模式以及模式执行过程中，将会三思而后行，以便能够使价值最大化，尽管这里不需要精简节约，同时使风险最小化。虽然我相信这里的理性选择理论非常有用，但是我不认为它能够完整全面地描述这种模式运行的状态。这个理论没有对在潜意识或者非理性的情况下出版作品给予应有的重视。同样，尽管理性选择理论考虑到情感收益或者美学价值，但是它们之间的真正内在联系受到低估。虽然理性选择理论里的很多模式都被用于学术性的实用研究，但是也不尽然。这就是症结所在：在很多情况下，出版商都是有意识地利用模式，但是仍然会存在一些盲点。简而言之，我们在一定程度上需要通过理性选择理论来研究模式，但是我们需要一种内部有细微差别的描述，这种描述既包括很多对于理性选择理论的批评，同时还将理性选择理论同模式运行的特定社会形态联系在一起。

其次，模式将出版与社会联系在一起。就算不是很明显，出版的整个过程也是不可避免地同社会、经济和技术有所联系。模式是第一个感受到这种广泛背景压力的地方。那些百科全书只有在那些切合它们时间和地点的模式下，对于人们来说才是有用的。有时候我们创建了新的模式或者甚至发明了新技术以及知识，然而在某种程度上经过一定现实的考验才能成为现实，只有适用的模式才能长存。因为权力通过社会得到分配，所以权力通过出版就能得到分配。然而这并不一定在同样的模式或者样式中出现，因为出版对于懒散分类和纯粹功能主义来说是多种多样的。我在这里留下一个开放式的问题：出版在多大程度上扎根于社会的主要利益之中，并且在多大程度上反映了社会的主要利益？

这种社会关系同时也指出了出版的另一个深层次方面：在这个社会中出版得到发展，只是这种关系的一部分，同时还包括出版是如何塑造这个社会的。出版改变了人们的思想，对于公共领域有着重大的影响，它就如同私人想法的大陆与公共思想的海洋之间的滨海地带。当温斯顿·丘吉尔（Winston Churchill）说道："没有所谓公共的舆论，只有公布的见解。"我们可以想象他正在进行相似的思考。我们没有足够的篇幅可以详细地研究这个说法。解释这个公共领域本身就是一个像书本一样长甚至更长的项目。然而需要注意的是这其中一定存在着某种联系。亚历山大·哈拉斯（Alexandra Halasz）使用"同量"（commensuration）这个词来将印刷市场与公共领域联系在一起，[⊖]在这种关系中，我们可以理解出版的效用，以及在理解文本和社会是如何相互联系中的一个至关重要的因素。

⊖ 她写到"市场和公众领域是相互建构的，但是却不能共存"（Halasz，997，167）。它们并非相同，但是相互联系。市场创造了公共领域，但是它又不能控制公共领域："同量的概念容易受到文本信息的影响，该文本信息考虑到在公共领域里的建构不确定性，此外不需要根据资本运作缩小话语场域"（Halasz，1997，171）。

最终，为了和卡尔·马克思（Karl Marx）相契合，我们不仅要去阐释出版，而且要改变它的含义。为了达到这个目的，我想冒险做一个适度的规范性总结。有很多可行的模式会令人感到满意。限定了可行的模式数量的社会，无论这些模式是什么样子的，与那些拥有大量出版模式的社会相比，上述社会都有更多受限的出版部门，因而也会有更受限制的公共领域。更多的模式就会带来更多的观点、更多的思维方式和存在方式。这种自由度可以创造更好的条件，以至于创新作品以及不同的作品能够产生出来，同时通过筛选在同等条件下相互竞争同时共存的想法，能够创造更大的机会可以开展真正的辩论和取得进步。因而模式的多样性总是会受到欢迎。想一下只有像独裁政体这种有限模式的僵化社会：它们有固定的观点，如果有进步的话，也是非常缓慢，最终与灵活先进的社会相比显得脆弱不堪。我们很难假装模式的多样性正是其中的一个重要因素，但是事实上确实如此。

我们应当肯定在出版的领域里确实有着大量可行的模式。尤其是在英美的出版业中，甚至在数字化时代带来挑战之前，有证据表明当时的模式种类变得越来越少，很狭隘，只以利益为导向，这导致出版内容范围的缩小。André Schiffrin（2001；2010）对于出版公司化（安德烈的噩梦最终来临）的愤怒控诉似乎言过其实；然而，上述言论描绘的情景将会得到大西洋两岸（美国和英国）大出版社雇员的轻易认同，即便别人的反应并不是如此厌恶。㊀零售

㊀ 对于公司化还有另外一种观点，即它将懒散、工作效率低下的出版社变成了现代化的、富有成效的组织，不仅产值和利润得到提高，而且对于顾客的需要有了更友善的回应，此外，它的市场影响力增大、产出量增多，还有更好的能力承担和吸收风险。如果出版社没有发生这种转变，那么这种观点认为它们必定会死路一条。

商和出版商合并，超级代理商及其巨大进步的兴起以及资金在文化产业中加快流动的逻辑都带来了一系列的结果：独立的书店逐渐倒闭；小型的独立出版社就数量而言正在蓬勃兴起，它们发展读者群，同时还在等待机会；在很多国家，政府明里暗里的支持成为书籍世界的一个重要组成部分；巨大的风险以及利润的缩小，尤其在公开市场里，意味着出版在很大程度上受到公共政策的影响；像法国和德国这些国家设立的统一图书零售价在支持大量的出版商、售书商以及模式方面取得了巨大的成功；支持媒介多元的言论被认为只是在掩盖问题。

针对这种观点，我们需要一定的现实主义，同时得认识到公开、公共以及理性的话语仍然是存在的以及令人满意的。这种情况不应该被过分夸大。英国和美国仍然有大到不可思议的模式范围，同时，在任何的出版环境中都存在着多种多样的模式。这只是一个程度和发展轨迹的问题。如果我们关注写作以及公共领域，那么我们就应该注意营造模式真正能够发挥作用的条件。

|第 6 章|

解决问题，迎接挑战

在将出版历史与理论梳理了一遍以后，我们粗略地勾画出了出版运作的流程。我们不应该逐字地来理解图 6-1，它只是简要地表达了出版的各个过程是如何联系在一起的，以及它们是如何相互作用，才构成了出版系统的整体。模式对整个过程加以巩固，同时还向这个平衡过程中引入了风险和价值。审核过程发生在框架构建和推广过程之前；推广过程出现在框架构建的整个过程中，它们共同形成了文化中介的概念。

在图 6-1 中，没有提到“书籍”这个词，也没有必要提它。出版过程已经涵盖了所有的文本材料，实际上任何文本内容都已经包括在内。当它面对数字化时代所带来的挑战时，这个特征变得尤为重要。错误地描述了出版过程中的身份特性，例如将内容推广者说成是图书生产商，这就是挑战的实质所在，因此，身份特性的转变为解决问题提供了关键性的方法。一旦出版商认识到框架构建标准的阶段性特征，同时还认识到出版随时随地都一直存在的特性，那么他们就可以着手为未来的出版制定稳健的策略。

在图 6-1 中也没有出现“出版人”，出版人承担着出版的活动职能。每一个人都可以成为一个出版人，同时越来越多的人将会成为出版人。出版拥有结构性、功能性的特征，那些称自己是出版业内的人最终发现自己和出版毫不相干。不论一个人称呼自己是什么，只要他的言行举止确实像一个出版人，那么他可能就是一个出版人。一个人与文本内容的关系，是判断他是不是出版人的重要依据。

回归到前言中提到的问题，我们可以发现整本书中提到的出版模式确立过程、审核过程、框架构建过程、推广过程都是为了解决之前的那些问题。我们能想到的任何关于出版的有效的、高明的观点都应该符合图 6-1。

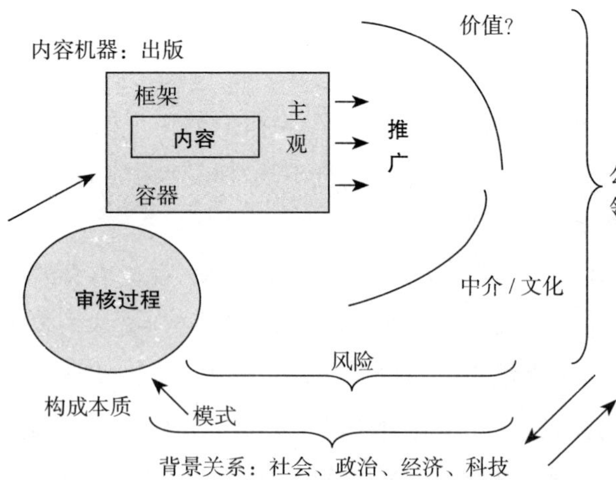

图 6-1　内容机器（出版系统）运行图

这张图必须能**解释出版的公众性和机构性，以及是什么让事物公之于众**。早期使用“出版”这个词时要么表示让某种事物为人所知，要么最常见的情况就是表示在像教堂这种机构场景下让某些事情公之于众。现在出版的大多数定义，不论是书面定义还是日常生活中的定义都是围绕着“公之于众”。此观点的不足之处在于没有讲清楚“公之于众”的具体含义。在多大程度上，某个事物才算是公之于众？用“推广”来代替“公之于众”，对于我们来说更容易理解。推广是一种经过框架、基于模式的中介过程，致力于提升文本内容的阅读量、影响力或者价值，机构背景也会施加一定的影响。机构能够促进推广机制发挥作用，同时也需要其发挥作用。因而，与社会上其他机构相比，古老的机构更需要出版。推广是一个简单化的概念，如果它不简单的话，对我们就毫无用处了。“公之于众”的范围极其广泛，包含内容的多种形式以及多年以来完成的工作，但是却没有特指实实在在的东西，而推广过程两者都兼顾了。

和“公之于众”一样，文化中介或者信息中介很容易被人提及，但是它们却并不那么容易被表述清楚。因此对于出版的描述应当能够**解释出版充当中介的职能角色**。不对它进行详细解释，可能无伤大雅，但是我们却不能得到实质性的答案。内容的结构框架以及审核和推广的本质特征为我们提供了中介的实用开放理念。此外，出版是一个主动进行的过程；它不是一个被动的模型，因而内容出版不会受到一定外力塑造的影响，这就是为什么那些对文学或者甚至对信息历史感兴趣的人都应当关注出版研究和出版理论的原因。

这就需要我们**对多种多样的历史情况进行解释**。大约在公元前 3200 年，在美索不达米亚地区人类首次通过书面的形式进行交流，初级形态的出版在当时算是正式形成。当时就已经具备出版的所有必备要素：文本内容、泥板、将楔形文字刻录下来（内容框架）的尖铁笔、传递信息的方式、泥板代代传承、教授别人阅读和写作。最初的记录系统比较像会计系统和资产负债表，还有什么比记下债务人更为重要的吗？因而记录系统在当时尤为重要。5000 年之后，如今的技术和经济体发生了翻天覆地的变化，我们的审核、框架构建以及推广能力都取得了巨大的进步，然而我们仍旧对出版存有需求。在整个研究过程中，我们从完整的历史上精挑细选了一些研究案例：14 世纪的中国、15 世纪的纽伦堡、16 世纪的威尼斯、17 世纪的伦敦、18 世纪的巴黎、19 世纪的纽约以及 20 世纪的西雅图等。我们在这些不同历史时期都能够看到出版活动，说明了出版虽然是在不断地变化，但是它还是有一系列相对稳定的目标、需求和功能特征，这和法律的概念非常相似。虽然人们对法律话题一直争论不休，同时它还不断变化，但是在历史的长河里，它仍然具有相对稳定以及可供识别的特征。我们只有从历史观的角度来审视出版理论，才能创建一个跨越整个历史维度的出版概念，这意味着我们现今不能轻而易举地将“出版人”的概念概括出来，我们必须得关注历史上出版的各种形式，找出它们的共同点和样式。上述整个系统来自对历史的解读，而不是将历史代入上述系统的解读。

如果我们要将这种出版历史观放在特定的环境中来研究的话，我们也得**解释已经存在的不同的出版媒体形式**。例如，期刊出版和小说出版就很不一样；出版电脑游戏和报刊出版也很不一样。它们分属不同的经济领域，吸引来自不同文化背景下的不同群体，然而它们有一个共性：内容。虽然我主要关注图书出版，但是图书只是框架的一种形式，用别的形式来代替图书进行分析，是非常简单易行的。例如，音乐出版只是音乐产业中很特殊的一个环节，然而以我的观点来看，整个音乐产业只是音乐“出版”的一个环节。在音乐产业背景下，音乐出版本身只是一个子系统，是一种特别的模式。出版的模式和框架形式是多种多样的，因而它看起来不像一个整体。模式确立过程、框架构建过程以及推广过程等基本结构是相同的。不同出版产业之间的差距非常大，我们需要投入更多的精力才能理解它们的不同之处。然而，如果我们未能发现它们之间的共同之处，那么我们就不能理解是什么让出版变得既重要又特殊。

最终，关于出版的看法必须能够**解释方方面面的概念和关系，例如（经济）风险、出版与内容、做市之间的关系**。在任何的模式中，风险来自不可避免的失败可能性。风险与另外一个基本概念联系在一起：价值。内容框架的形式是出版必备的一个要素。将媒体的概念比喻成内容容器，再通过特定的方式将这些容器传送到顾客手中，内容呈现的灵活性或者主观性在出版运作过程中发挥着基础作用。最终，做市将我们的注意力再次集中在推广过程上面。

这里的所有要点都没有特别大的争议性。在这里很多被创造出来的概念都是为了讨论出版、媒体或者书籍历史，这些概念同时在行业争论中也经常出现。这里的看法比较中肯适度，能够解释在长期复杂的活动中存在的困难。许多意见看法在推进辩论和描述潜在模式、趋势或者甚至在促成实用简单化方面都是有价值的。提出问题，不代表就能解决问题；这些论证与最终结果相差甚远，事实上，我希望它们能够在出版理论的初期就引发更深远的辩论。500 年的历史是一段很长的时间，我们肯定能够发现一些反例和有问题的例子，它们在促进出版理论发展的过程中发挥了重要的作用。

迎接挑战

出版与数字化网络在好几个领域中展开竞争。开放式结构和聚合化倾向正在改变内容和形式。继而，这使“去中介化”的出现成为可能，因为新旧行为人都将出版商从利益链中剔除出去，而出版商曾经在这个利益链中占据主导地位。最后，数字化技术对于支持出版业长达 250 年发展的知识产权有着一定的负面影响。从长远以及深层次的眼光来看，我们应当重新审视这个挑战。我们最好将现存的价值链从出版业的传统价值链中区分开来。底下陈述的所有内容都是我们熟悉的数字化出版过程。从内容、框架和模式、审核和推广等方面来叙述，为我们提供了一个新的视角。

我的目标并不是去陈述出版商应当做什么，这应该是出版商们自己需要考虑的问题，以我的经验，他们一直都非常关注这个问题。我们应当养成一种有别于产业化的僵化的思维方式。对于数字化出版的评论存有一个问题，那就是它的存在时间较短，这个问题受到预算、出版计划、项目启动以及消费者技术发布等因素共同的影响。用两年、五年或者甚至十年的时间来思考数字化出版带来的实质影响都显得时间过短，和别的新媒体一样，它可能得需要几十年甚至上百年的时间才能将自己的形态完全呈现出来，即使到了那个时候，它也不会停止变化。我需要着重强调的是面对这些变化，出版一直都有应对之策。向出版注入的资金流从未断裂，出版商业贸易也一直未曾停止。出版商一直都没有逃避创新、提前规划和棘手难办的问题。然而，这些都不是出版引以为傲的资本。

出版人最不用担心的是一直变化的内容和新媒体种类、格式的出现。我们需要新技术、操作方法和成本结构。然而有两个紧密联系的原因，可以解释为什么上述不是一个重要的问题。首先，新媒体即代表着时代的出版标准。尽管媒体历史在一段时期内近乎停滞，但是其中的图表、口述内容、书写文本、印刷、听觉、视觉的内容发展速度仍在不断加快，现在数字化媒体比以往的发展程度更高、发展速度更快。古列尔莫·马可尼（Guglielmo Marconi）在 19 世纪 90 年代晚期进行无线电传播试验，短短 30 年之后，约翰·罗杰·贝尔德（John Logie Baird）就首次展示了电视机。从 β 制式到蓝光制式，一系列的格式出现了，又很快消失。此外，新媒体刚开始出现的时候总是会受到人们的抨击，直到人们将注意力转移到别的地方才会停止。虽然柏拉图在有生之年（大约在公元前 400 年）德高望重，但是他仍然反对用文字将《斐德罗篇》（*Pheadrus*）记录下来。柏拉图认为文字使我们变得懒惰，不愿意去记忆东西。文字记录显得呆板，不能反复重述自身内容，它的受众对象只有一个，此外，它不像演讲一样有着良好的灵活性以及可以当场解释遇到的问题。最终写作沦为生动演讲的一个“幻影”，同时它还不能探寻事实真相。和很多人一样，柏拉图对此会讲出鸿篇大论。从一开始教会谴责印刷机的发明，直到后来人们对于电视产生了道德恐慌，其中还包括像 Neil

Postman（2005）发出的辛辣批评，同时人们对暴力电脑游戏产生担忧，新媒体饱受批评、担忧以及不确定性。它同时给老牌媒体也带来了挑战。融合代表了媒体之间互动的一大变化，但是这些变化是悠久传统的一部分。即使我们可以跳出阿德里安·范德维尔（Adriaan van der Weel）称作“书籍规则”的特定信息结构，我们还是未能跳出“出版规则”。

其次，请记住当我们用历史观来看待问题的时候，应当回归到“去中介化”的概念。一开始的时候，大家认为现在的去中介化现象只是一种“部分的去中介化”；当新媒体和老牌媒体之间开展互动的时候，这种去中介化现象就会出现更大的复杂性，这种现象不会简单地就消失不见，因而去中介化现象存在的价值就会变得更加复杂。一些媒体理论家已经预测到了这一点，同时其极简模式被人们概括为雷普法则（Riepl's Law）。沃尔夫冈·雷普（Wolfgang Riepl）是 20 世纪早期纽伦堡规模最大的报社的编辑。1913 年，他形成了自己的媒体法则：新媒体不会取代老牌的媒体，但是新媒体会依附老牌媒体，并且会和它们融合在一起（Küng，Picard and Towse，2008；Parry，2011）。毫无疑问，新媒体会产生重大的影响——广播、影院、电视和互联网等的来临彻底改变了老牌媒体的使用、创造和传播方式，但是这并不意味着老牌媒体就会消失不见。雷普法则时至今日仍未被推翻。虽然大家认为电视机的普及会导致广播退出历史舞台，但是广播改变了自身的输出内容就可以存活下去。它一开始迎合了摇滚乐爱好听众的口味，之后又以播报广播秀和脱口秀为主。同样，视频、DVD 以及电影流媒体都没有让影院消失，雷普的这一观点值得大家注意。虽然一些数字化的追随者大放厥词，认为纸质书籍似乎已经消失不见了，但是事实上并非如此。我们应当记住，永远不要低估媒体形式的灵活性，尤其是书籍的灵活性。

围绕图书出版的所有问题都是紧密相关的。出版人是愿意在媒体中一个微不足道而又十分安逸的岗位上任职，例如像书法家这种深奥难懂的职业，还是想重新整合各方优势，保持竞争力？Paul Saffo（1998）的怪异新词“去中介化”在这里就能发挥用武之地了。萨福认为新技术带来了新的机会，那些新媒体从业者应当好好把握这些机会。他们引领创新，因而拥有一定的优势。然而很快，这种创新就成为大家共同执行的标准。虽然数字化降低了新媒体从业者的交易成本，但是这并不意味着旧媒体从业者就不会使用数字化新技术。无论我们称呼它为“再中介化”还是“去中介化”，雷普法则提出来的黑格尔式媒体运动并不是没用的，它并不是“汽车来临导致马车[⊖]破产”这个层次上的意义。出版的产品灵活多变，有良好的适应性。因而，我们一定可以通过某种形式来出版图书。无论我们经历了什么样的技术革命或者经济革命，只要对内容有需求，那么出版在满足这种需求的过程中就会发挥重要作用。

换句话来说，文本框架一直都在变化，这也很正常。当文本框架发生变化的时候，推广方法也会随之发生改变。在博客空间中经过的审核过程就算不比修道院图书馆多，也会和它一样，但是我们仍然目睹到一场跨时代的机遇正在发生：模式正在经历短暂而又巨大的变化，是因为它们的技术、社会、经济基础已经开始崩塌。从广义上面来说雷普的出版、出版人理论并没有消失，但

⊖ 在这里大量使用马车比喻去中介化，并无不妥，请见 Stross（2012）。

是那些建立在此理论之上的模式可能是当今整个出版业中最薄弱的一个环节。

这不是一个技术性的问题，如果真有问题的话，那也是市场的问题，尤其是数字化市场的逻辑问题。数字化经济学将规模和流量引以为傲，因为数字化出版业中的使用者所需的边际成本要低于，甚至远远低于那些在传统出版业中所需的边际成本，这又回到拥有长尾分布、战略保守以及寡头趋势等特征的中心化形态过程。在这个世界上，价值从内容的所有权转换到内容和读者的融合（这完全改变了经济基础、模式）以及传统审核和推广的融合。所以这又回到大平台以及他们管理价值的能力，而这一点和传统媒体从业者是有关系的。新模式如雨后春笋般涌现，我仍然还不知道它们是否能够与拥有“出版逻辑”（Miège，1989）的旧模式、知识产权模式共存，或者能否取而代之。

在中心化形态、分裂化以及给知识产权带来挑战等层面上，旧的出版模式正遭受攻击。中心化形态青睐大型网络公司和相关组织机构的模式。出版商无法参与竞争，因为进入这个竞争领域的时间较晚，相对来说，现在它们规模比较小，以至于不能弥补技术、经济以及市场份额的不足。⊖谷歌、苹果、亚马逊等大型网络公司都有一套属于自己的商业模式，如果这种模式与出版的工业化模式不是相对立的话，也不可能像书店的基本商业模式一样，与其共存。内容销售可能只占它们未来商业活动的一小部分。事

⊖ 并不是他们没有尝试使用纵向融合和横向融合，以便创造规模和承担大型数字化出版的协同效应。企鹅出版社和兰登出版社的兼并、环球音乐收购了百代唱片是两个典型的例子。数字化并不是这种兼并融合的唯一驱动力——新型受欢迎的管理者、全球化和零售的基本力量都发挥了一定的作用。

实上，它们从与大多数当代出版商模式对立的内容自由流动过程中获得了大量的利益。除了编辑和营销以外，当代出版业中模式的很大一部分正是将生产、传播、物流和会计等联系在一起：将内容传达到读者手里的具体内容需要专门知识、资金以及已经建立起来的运作过程，大的平台都可以完成这些过程。如果出版商在这些基本领域中不再占有优势的话，那么他们的模式就会变得非常脆弱。

作家和新型的有着良好适应性的出版人都很青睐碎片化，这些出版人没有沉没资本、管理费用以及资产负债表上面显示出的债务负担。出版人依赖框架构建、审核以及推广来增加价值，但是对于生产商和消费者来说，完成上述过程的准入门槛较低使人们怀疑他们是否拥有一直增加价值的能力。如果有些人认为成为一名作者需要有文学印记的话，那么成为一名作家当然也需要。同样，音乐家也经常讨论这个问题，他们在媒介方式的选择上面经常摇摆不定。出版人的身份和相应的价值链紧密相连——换句话来说，出版人和现存模式之间的关系非常紧密，除非出版人改变自身的价值链和模式，要不然上述过程会对他们构成极大的威胁。新旧出版人如有别的选择权，他们就会前往利益格局（例如新模式）对自身更有利的地方。

上述运动的一个特征是围绕知识产权展开的竞争，这并不是无关紧要的问题，据预测，知识产权在美国、英国等国家的贸易出口中占据最大的份额（Howkins，2001）。这种有时间限制的垄断产品能够保证得到出版业的投资。它们是古老的 18 世纪的产物，靠版权费自给自足的绅士阶层维持着知识产权，而这破坏了网络化世界发展的可能性。实际上，就创造者和推广者得到合理补偿（解释“合理补偿”是另外一个问题）的情况没什么争论。围绕版权法的问题在于谁真正从中获益：是有实实在在劳动的生产者，还是从你的观点中无耻牟利的公司。这些问题中很多关于大幅折扣和像ReDigi公司推出的二手文件服务都是围绕知识产权框架问题中的子问题。这些问题涉及谁会接触到什么条款以及花费多少钱。甚至双方在这个问题上面花费了很多钱，这个问题现在不能闭口不谈。事已至此，出版人只是刚开始创建基于非传统知识产权的新模式。

在网络时代里，出版人的基本商业模式正是他们唯一的弱点。虽然这个商业模式深深地扎根在框架构建和推广的数字化发展历程中，但是它的影响在模式中得到了极大地体现。它们依赖强大的外部网络，导致自身脆弱不堪。用哈佛商学院专家学者Clayton Christensen（1997）的话来说，出版商现在正面临着“颠覆性创新”。克里斯坦森对公司创新、繁荣和死亡抱有熊彼特式的理解，因为颠覆性创新对于既成的商业模式产生了巨大的破坏作用。㊀绝大多数公司都在关注现存模式延续发展的“可持续性创新”。颠覆性创新投资受到忽视，不被看好，因为其利润率低、规模小，此外最关键的是公司的主要群体一开始并不需要这种投资。这就是为什么这种颠覆性创新非常危险，因为标准管理实践极其反对受到任何影响。然而“颠覆性创新”一再重新布局整个工业，甚至整个社会。先前让一个组织变得强大的属性现在突然让它们变得很脆弱。包含商业活动在内的“价值网络”已经分崩离析。往往现存的经济体在颠覆性创新的影响范围减小的情况下，不会支

㊀ 此处参考了奥地利裔美籍经济学家约瑟夫·熊彼特，他在《资本主义、社会主义和民主》一书中让“创造性破坏”变得广为人知。

持它们昂贵的成本，同时只有经过改革的公司，往往是新公司才能存活下来。接下来让我们分析一下创造性破坏。Christensen（1997）的理论毫无疑问非常具有颠覆性：不要让顾客需求、会计以及非常明智的管理原则来决定公司内部的资源分配和策略形成。Christensen（1997）反对“去中介化现象”，Saffo（1998）却认为“去中介化现象”绝不简单，应当予以重视，所以他们的观点乍看起来是对立的，但是实际上联系却非常密切。他们都认为“去中介化现象”和“再去中介化现象”都是可以避免的，它们依赖于公司做出的决定。

颠覆性创新的“戏剧”正在出版模式中上演。虽然出版人对于数字化深感不安，但是他们在内容领域中向新入行者做出了大量的让步，一部分原因是当没有人阅读电子书的时候，向数字化中注入的投资必定会血本无归，如果只有怪人才会使用互联网，在数字化上面投资想要赚钱，就是一个遥远的梦想。他们担心会影响现有的销售额，因而采取了一种保守的策略，从某种程度上来说，这种策略是完全合理的。

一方面，出版商可以从雷普法则以及媒体的层次性结构中获得安慰。绝大多数的内容形式都不会消失，而是会在重新洗牌的市场格局中寻找到自己新的位置。另一方面，他们应该要注意“熊彼特——克里斯坦森”争论：在商业历史中，很多组织机构就算不破产，也难逃变得无关紧要和衰退没落的厄运。[⊖]虽然出版一直都在延续，但是出版正面临着在媒体总市场中份额逐渐减少的问题

⊖ 兰德尔·斯特罗斯（Randall Stross）再一次提到在 1912 ～ 1995 年间美国最大的私人公司有一半都消失不见了。

（这个倾向始于 20 世纪初）。用克莱·舍基的话来说，这个问题在于“用一个词（出版）来代替替商业、生产方法、产品、文化，这一系列的事物都被压缩到一个概念里了”（Keen，2010）。

这种分析说明了如果出版商要想在数字化挑战中能够赢得先机，那么他们需要找到可以在新的框架和推广中运作的模式，它们可能是什么呢？

附文：当然，这里的叙述并不是灵丹妙药，并不能对问题药到病除，这本书只是一本理论书，而不是为了提供策略，所以它对未来没做什么预测。这里引用电影剧作家威廉·高德曼（William Goldman）的一句针对好莱坞的格言：没有人会知道哪部电影会赚钱（即使这样也无法阻止他们的猜想）。我的兴趣是这些潜在的运动和趋势，在这样的背景中，研究分析论证、导向以及想法似乎大有收获。

做市

数字化技术是我们社会转型和经济转型的一部分，它可以追溯到社会学家丹尼尔·贝尔（Daniel Bell）所谓的“后工业化社会”，以及在此之前商业作家彼得·德鲁克（Peter Drucker）提到的“知识工人”。无论我们称呼它为“信息资本主义”（Arvidsson，2006），“注意力经济”（Lanham，2006），“网络信息经济”（Benkler，2006）或者“访问时代”（Rifkin，2000），在这个世界如何运作方面，发生了一系列巨大的改变，这些改变绝大部分来自后工业化趋势或者非物质化生产趋势，以及一系列新技术融合的倾向，这种转变经常被夸大其词，我们不是生活在一个虚无缥缈充斥着电子邮件和图形设计软件的世界里。我们仍然需要产品，它们仍然需要从 A 这个地方去 B 这个地方。现在仍然存在着各种困难，并且数字化技术对于公司、商业和社会的实际影响并没有它的极度狂热者所说的那样大。这种转变也不是得依赖信息技术才能够产生。实际上，这种到做市的转变可以回溯到 19 世纪中后期的第二次工业革命，这次工业革命带来生产力质的飞跃并使消费经济得到空前发展。然而，这并不是说没有发生过变革。

在解释框架和推广方面，我认为它们并没有在数字化的时代里消失，而是以一种新的形态呈现出来：框架从实体传播机制转变为数字化呈现过程和信号传递过程；推广从生产传播单位内容转变为获取注意力。这两个变化都是整个转变的一部分，但我们必须再次强调，这一转变的起源比人们开始通过增加印量进行推广还要早。它们其中的印刷生产力、数字化技术以及相对较高的可支配收入，改变了框架在推广的运作中最为重要的部分。

让我们关注 Richard Lanham（2006）围绕“注意力”经济学的言论。对于莱汉姆来说，现在“注意力”已经成为一种新型的货币，因为内容随处可见，数量庞大，人们免费就可以接触它们。对于内容拥有者来说，主要问题在于不能获得足够多的“注意力”，而这种情况在内容稀缺的情况下是不会发生的。结果，他认为那些能够获得和创造“注意力”的人将会成为“注意力”经济中的新资本家，他还引用了马塞尔·杜尚（Marcel Duchamp）以及安迪·沃霍尔（Andy Warhol）的例子，这两位艺术家通过使用一些引人注目的基本素材而赚足了眼球。上述论断并不新颖。从蓝筹股到初创公司的商业都得逐步依赖于它们来吸引顾客注意力的能力，顾客注意力不再是为了达到某种目的的手段，其本身就是一

种目的。[㊀]

这对于出版商来说，意味着推广过程还将继续。现在它意味着通过宣传、营销和正确使用元数据将人们的注意力吸引到一件作品身上。推广已经从供给侧问题转变为需求侧问题了，推广过程针对的就是注意力。几年之前，出版工业的边缘化领域会与晦涩难懂的仓储及存货技术有一定的联系，而元数据即为该边缘化领域中专家使用的概念。现在，在大多数工作流的中心，出版商都认识到它作为在线销售技巧的重要性。

好的元数据不会引导人们去购买书籍，但是坏的元数据却会无形中这样去做，而这是数字化出版的根本问题。市场营销的重要性不断提高，从小册子和早期书展会的小幅通知，到昂贵的跨媒体宣传活动。挣扎求生的街边书店加快了这种趋势，因为它们作为发现图书的最好渠道的角色，面临着影响力越来越小的问题。然而，如果把这种变化当作一种与内容相脱离的转变，那就大错特错了。好的内容更容易被推销出去；事实上，靠内容自身的质量来做宣传，那要好得多。在做市的环境下，高质量的审核可能与好的内容一样重要，或者更加重要。

厂家直销的销售模式已经形成，导致品牌资产价值的增长，这也是大转变的一个普通组成部分。设计、流畅的生产、面向客户的企划，零售渠道的所有权和对客户关系管理（CRM）的监督都是品牌培育过程，这种过程旨在实现品牌群体的价值。起源于读者群的网站正在重组，加快了这种过程的发展。出版业的未来可能是专业图书营销人员与作家合作，共同打造作者品牌。

㊀ 这是可持续的吗？最后结论还有待分晓。

出版从来都不是简单地将内容呈现出来。在某些情况下，尽管在很大程度上只是将内容呈现出来，但是在推广过程中总是还需要加入一些别的东西。然而，出版一本书和打开一个市场之间的差距还是非常大的，这不仅出现在数字化的背景下，在以前传统的图书出版背景下也是这样。在信息化经济下，对于消费者的“注意力”、时间和资金的需求比以往任何时期都要强烈。“融合”意味着出版人得在媒体生产的整个领域里相互竞争。你可以趴在桌子上刷脸书、观看《谋杀》或者玩愤怒的小鸟，这和你看一本书一样容易。有些图书出版商矢口否认别的媒体领域会与出版领域展开竞争（我已经和他们其中的很多人都展开过辩论）。他们认为，如果人们想要读书的话，就自然会去读书。不幸的是，这未能抓住融合、信息经济和注意力经济的本质。从根本上来说，现在其他媒体领域中的框架形式、推广方式也都和书籍一样，因为它们也越来越关注于做市，而不是大量生产产品。为了能够与其他的媒体相抗衡，出版过程需要采用新的框架形式和推广方法。

“开放”再研究

现在几乎所有的东西都可以是“开放”的，事实也经常如此。尽管大家对于“开放”已经产生疲惫，同时也对这个概念（大公司对“开放”青睐有加）没有了原先的兴奋，但是我们不应该忽视这个词语对于出版的重要性。如果对于“做市”的关注构成了一种新的商业形态的话，那么“开放发布”就是一种新的模式。

围绕开放存取和自由发布，存在着一个简单的问题：免费是不是一种可行的商业模式？我们已经看到出版得与资金联系在一起，因为出版需要资源，没有人认为这会改变，就算是在互联网和开放发布的情形下，可能所需的资源会越来越少，但不是彻底不需要资源。新闻记者罗伯特·莱文（Robert Levine）非常有说服力地写到一个关于免费的问题："这是新媒体领域中的第22条军规：你必须得免费发布一些内容，才能吸引读者，但是事实证明这没多大用，因为读者只会对免费内容感兴趣"(2011，78)。

为了解决上述问题，学术领域的出版商现在找到了一种方法。所谓的"作者付费"模式——现在成为学术出版过程的一个重要部分，其中的"作者"是指"研究资助人"。虽然科学、技术和医学等出版领域率先使用这种模式，但是有证据表明人文科学和社会科学领域现在也开始逐渐使用这种模式。像开放评审体系这种低成本工具，以及公开专著出版这样的免费工具正在改变学术出版的资源影响力。新的研究潮流，特别是数字化人文科学，不仅威胁到重新整合人文科学研究的整个认知体系，而且还威胁到其传播：在大多数专著出版商目前的工作中，很难看到他们将如何开展研究（研究的产物是数据集、软件、交互式演式等）。[⊖]

学术界正在推动一场变革。由于准入门槛较低以及受到创业精神促进的影响，新服务如雨后春笋般涌现。科学公共图书馆（PLOS）拥有一系列高质量期刊，并且承诺提供非营利性OA服务。PeerJ甚至更为激进，它放弃了作者付费模式，而采用了交会费的方式，使用者需要缴纳一笔99美元的初始费，他们缴纳这笔

⊖ 使数字人文科学和开放获取受到广泛接受的主要障碍可能不是源于出版，而是学术界本身的机构。除非对不出名的期刊、出版方法和研究成果给予同样的重视，否则很难看到它们将如何取得实质性的进展。目前，尽管挑战变得越来越明显，但是对上述三者的保守偏见仍然存在。

费用不是为了获取期刊论文，而是缴纳费用之后他们就可以终身通过这个平台来发表自己的期刊论文。所有的论文在这个网站上面都是免费的，并且该网站上面有一个提示器，显示这个服务每一年节省了多少研究经费。PeerJ 的极低文章处理费给像斯普林格（Springer）和爱思唯尔等赚取丰厚利润的行业领导者带来了严峻的挑战。

人文与社会科学也顺势而动，英国政府非常支持 OA，导致 OA 在英国发展迅猛。一项耗费巨资的期刊项目——人文科学开放图书馆（Open Library of the Humanities），被立志打造成人文学科领域里的 Xiv，PubMed，或者 PLOS——这是一项高水平和组织严密的研究中心。Knowledge Unlatched 项目要在出版商与图书馆之间建立合作关系，这既能让前者赚得收益，对后者来说也是一次不错的交易，使 OA 可以提供更多的免费作品。对于 OA 还存在一个问题，那就是访问高校资源和出版商发布平台的途径比较分散。如果没有一定的集中性，那么终端用户就不能从这个支离破碎的空间中获得最大利益，像开放获取图书目录（Directory of Open Access Books）这样的项目可以解决上述问题。整个高等教育研究界都在大张旗鼓地搜寻这种免费信息。

免费内容正成为学术交流中的常态标准，至少很多的专业学者都想要获得免费的信息，这些免费信息不会淘汰掉带有哈佛以及芝加哥这样顶尖大学的印记的著名品牌。然而，这已经促使那些需要花费大量管理费用的出版商重新审视它们的企业和内容模式。当一系列新入行者可以花费少量的费用或者不用花费文章处理费，那么绝大多数需要花费高昂的企业就面临着一个很直白的选择：要么适应 OA，要么就变得毫无竞争力以及对于作者没有吸引力。

在学术和科技以外的领域中，这种模式也传播开来。英国《卫报》开创了其编辑艾伦·拉斯布里哲（Alan Rusbridger）所说的“开放新闻”，这是一种利用技术重新整合整个新闻企业的具有协作性、联网性和实时性的手段。该报刊旨在成为一个数字化本地组织，拥有免费内容、众包模式和其他开拓性的新闻实践、数据显示的新技术、完全的社交媒体整合和对于社论透明度的承诺。随着《卫报》每月的在线订阅量在 2013 年超过 8000 万有效用户，它一跃成为世界第三大报刊企业，从某个层面来说，它使用的策略是成功的。只有三分之一的读者来自英国，剩下的读者群体都来自海外，这在前数字化时代是不可想象的。但可以说，这也带来灾难性的后果：该组织损失巨大，由于自身的资产雄厚，才最终幸免于难。因此，该政策从长远的眼光来看可能是失败的，但现实情况没得选择。我们来做一个大的假设，如果“开放新闻”能够运作，那么它可以使身处困境的报纸行业的商业模式免遭数字化引发的崩溃。

开放出版不是以产品为导向，而是以服务为导向。这种分析解释了为什么教育发行商培生（Pearson）会收购像自助出版平台 Author Solutions 这样的企业，将公司转向服务，而以牺牲产品为代价。尽管在自助出版社区里受到严厉批评，Author Solutions 主要作为收入多元化的方式之一和对去中介化冲击的防范受到了企鹅兰登书屋高级行政长官的重视。另一方面，一家像谷歌这样的广告服务公司会收购 Zagat 和 Frommers 出版社，不是为了靠知识产权获得利润，而是为了扩大自身的服务能力和营销能力。出版商开始以不同的视角审视内容，例如，使用培生和哈珀柯、林斯（Harper Collins）的服务，为其部分内容创建（不可否认的限制性）应用程序编程接口（API）。有可能以数字化的自然方式进行多产的、智能的和合法的内容再利用。无论是在消费者方面还是在教育方面，这都是朝着重新思考的方向迈出的一步。

向服务转型反映了在数字化的世界里，内容框架变化演进的本质。在类似的世界里，非常有必要将内容打包起来，以便能够流通。虽然这种变化一部分涉及做市，还有一种变化在于，价值转变为工具，服务转变为包装内容，而不是包装行为本身。生产方式的创造是生产的新方式，出版本身并不需要这样。然而，这等于承认出版已经变成更加公开、多样以及具有竞争力的方式，此外这种方式不随大流。该原则是：不要在淘金热中淘金，而是在淘金热中卖铲子。新模式一直在发展变化，这里的框架不仅用于出版，而且还用来作为补偿销售收入减少的服务，这里的案例不胜枚举，例如，奥莱利媒体发布了图形文件创作和管理软件；刚成立不久的 Atavist 公司创造了一种基于服务性软件的数字化出版平台 Creatavist ；企鹅出版社已经建立了一个作者合作以及同业反馈网站 Book Country。很多这样的服务一开始研发出来是供内部使用的，后期才会向外部推广，这里有一点需要注意，出版商一直以来在专卖权系统和 IT 领域里的投资都并不是很多。

教育出版在这里可以作为一个研究服务的很好的案例，因为教育出版总是出版业中受到服务驱动影响最多的板块之一。教育出版商向学校提供了服务，即向它们提供了教科书和课程教学需要的材料。为了实现教学目的，教科书是一种很自然的教学手段。数字化课程，无论是融合了纸质课程和数字化课程，还是完全就是数字化的，都具有良好适应性、拥有多媒体、更加适合在学期内的教室里给学生上课、更加人性化以及对于各方来说都能带来更多的利益。像 CourseSmart 这种新服务能够为教育出版创造更加纯粹的服务环境。然而，这里的一种新模式也许可以取代传统的出版商。大规模开放在线课程（MOOC）正在颠覆整个教育领域。无论是像课程时代（Coursera）和优达学城（Udacity）这样提供商业课程的供应商，还是像伯克利、耶鲁这样的顶尖级大学，MOOC 不仅提供教科书行使的基本功能，而且还提供教育本身的功能：它们模仿中学和大学里的课程设计和教学方法，并且提供资格认证。如果一个人想学编程的话，与编程教科书相比，编程学院是一个更好的选择。

如果优达学城可以被视作发布商，那么它的内容就会经过明确的设计、建模，成为一种服务。它和高校一样在很大程度上都是一个教育发布商；在某个程度上，这两者之间似乎还有细微的差别。无论“内容即服务”（CaaS）是向世界财富 500 强公司出售商业书籍，还是将书籍放置在飞机上，供乘客消遣，它都是出版资产负债表中一个实实在在的组成部分。内容经过可框架构建、推广以及当作一种行为过程而不是一个具体的事物。你不是买一本书，而是买一种能够帮助你的方法。虽然这一直以来都是图书出版的一种元素，但是它作为价值的一种而变得尤为重要。

写作内容总是需要修改、编辑以及完善，作家需要经过一定的培训。会议、集会、演讲和活动都变得越来越受欢迎，因为这种活生生的经历存在的价值能够反映内容的价值。同样，人们需要发现内容、促销内容以及宣传内容。品牌需要内容按照国际标准进行发布。总是会有拥有充裕资金的个人以及组织机构花钱请某人做这项发布工作。并不缺乏基于服务的商业发布机会。倾向“公开”或者专注在服务上面只是一个建构可行商业模式的挑战，但是它也是一个重构无关销售部门、权力或者观众的出版动力机制的概念挑战。

作家 Steven Johnson（2010）指出在公开系统中写作的价值得到提升。他的意思是当文本内容能够自由轻易地结合在一起时，出人意料的联系、新思想、大量的奇思妙想以及创造性联想都有可能出现。在启蒙运动时代的自由形式的写作的“备忘录”中，从约翰·洛克（John Locke）到托马斯·杰弗森（Thomas Jefferson）等思想家的语录、思想和观点被随机地记录下来，以混杂而又多产的形式出现。约翰逊（2010）认为，我们将文本锁定在现在的人工孤岛而危害了整个文学生态系统。我们没有进步，反而倒退了。从本质上来说，这就是整个“伯克曼学派”（Berkman School）的立场：当开放式方法能产生更大价值的时候，我们用限制性做法破坏了我们的创造性经济和知识经济。虽然传播内容在现在非常容易，但问题是能得到相应报酬已经变得更加困难，开放出版需要找到由伯克曼所推测的管理增加值的方法。

尽管开放式方法与做市联系在一起，但是从产品到服务行业的转变早于数字技术的产生，结果恶化了挑战而不是使挑战的轮廓得以出现。公开出版不是迎接数字挑战的唯一方法。当它被视为向服务方向前进的步骤，而不是错过的收入机会时，那么它看起来就会更有趣。毕竟，报纸可以证明你比以往任何时候都能找到更多的读者，挖掘更多的潜在客户，即使你不太愿意从中牟利。在更广泛的情况下，版权和知识产权的未来处于立法平衡之中，一方面，它们的地位得到加强；另一方面，又会对它们放任不管。

除了更强大的游说，出版商应该至少探索如果他们的基本模式的基础彻底崩溃的话，那么他们应该选择如何去做。

塑造新的出版商

Faber&Faber 出版社的 CEO Stephen Page（2012）在报纸上发表过一篇文章，发问道：“网络时代好的出版物是什么样子的？”他的文章在 FutureBook 会议小组的推动下，为出版商提供了许多明智的建议，包括从“三个维度”来查看版权，注重消费者，并认识到必须由发布系统以新的方式创建和共享价值。本次分析支持所有的上述行为。原讨论小组提到“新出版商”。什么是新出版商？我们需要一个新出版商吗？和出版过程中的任何元素一样，这些问题引发了一场热烈的辩论；除了新出版商将发挥更大的作用以外，自然没有达成别的共识。这个想法值得付诸实践，因为现状与未来的希望和威胁并不吻合。构建“新出版商”是响应数字网络的核心概念。

一方面，构建新出版商的概念并不稀奇。当伦敦的威廉·卡克斯顿（William Caxton）和巴黎的约翰·海林（Johann Heynlin）向各自城市引进印刷机的时候，就已经表明他们是新出版商了。在整个 18 世纪里，由于出版商的现代地位逐渐确立下来，从雅各布·汤森到约翰·默里二世（John Murray II）等人物都是新出版商，他们是文化世界的经纪人；在 19 世纪，那些受到蒸汽技术深刻影响的人也就是新出版商；最近，自 20 世纪 60 年代和 70 年代以来，由一系列兼并和收购创造的全球性、高度专业化以及与

MBA 相关的企业也属于新出版商。装订好的打印纸创造了更多的共性，每项都从根本上重塑了出版商的作用。这不是否认重塑角色的时代挑战，人们只是将它放在适当的历史背景中并且鼓起勇气来面对——这在之前就已经发生过，并且很可能将再次发生。

Page（2012）的分析关注两次转变，这两次转变已经被讨论过了：对于知识产权采用一个不同的方式以及以顾客或者做市为导向的方式。当已经具备所有直接联系顾客的工具时，还要经过整个工业化流程将被认为是浪费时间。如果做市关系到推广的转变，同时公开获取是对出版所使用模式的变更，那么审核是什么呢？互联网加剧了而不是减少了对于审核的需求。如果内容很多且所需费用较低，那么要找到正确而恰当的内容的价值就变得非常大。在网上已经有一系列的算法工具可以为使用者提供内容。到目前为止，他们的缺陷在于无法推出新产品，最具破坏性的是，Eli Pariser（2011）称之为“过滤泡沫”的倾向：这是与新奇性、独创性和意外性相对立的自我参照。我们的文化体验锁定在一个取决于我们以前选择的循环里。在我们常规的品位之外找到完全新的东西的神奇机遇已经不存在了。

因此，一方面，作家和内容生产商不再需要中间人的“允许”才可以制作出版，因此，前所未有的数量的内容如洪水般袭来。另一方面，审核环境的工具只在一定程度上是有效的，并且无法消除对人类交互的需要。折中的方式是枯燥无味的。但不幸的是，它是一个有用的专门术语：信息整合。审核从注重选择转变为注重信息整合。大型技术公司正投入越来越多的资源去解决信息整合面临的问题，通过收购和建立大型团队，以确保其性能保持一个有吸引力的整合信息平衡。[⊖]从青少年的卧室到VC会议室，数字化的媒体世界特别关注信息整合的问题，并且将其认为是互联网世界的根本谜团之一，出版商对于信息整合也给予了一定的关注。信息整合和选择是不一样的，因为前者是一个较为松散的框架结构，它涉及委托创作较少，而更多的是关于内容整合；涉及创作和二元选择审议较少，而更多地涉及安排、促成和修饰。信息整合也是发展的一个元素，将一件作品中的最好要素和编辑发展过程中最好的要素呈现出来。这里没有枯燥无味的规则或者定义，这就是为什么它只涉及强调，而没有更深入的东西了。当出版商是把门人的时候，他们可以做出选择。现在每个人都可以出版发行，他们就可以通过技术性的信息整合而发掘读者。在他们审核的过程中，出版商一直都是内容的整合人；现在的问题在于他们如何接着行使这个权力，并且在数字化的环境中发挥媒介作用。

信息整合对于出版的未来如此重要的部分原因在于：出版的所有过程并不能完全被机械化所代替。信息整合算法在越来越庞大的数据云中筛选信息，以供我们人类理解消化，谷歌搜索算法在所有的算法中是最有名的。当任何过程都可以实现自动化时，也许像信息整合、排字、翻译或者商品预订等过程也可以。然而，信息整合不仅仅是为了提高效率，它也是为了迎合个人品位、风格和判断。信息整合因为自身的模糊性，以及自身具有的独特视

⊖ 例如，推特公司收购了一个叫作Summify的初创公司，以增强自身整合信息的能力，也因为这个原因，苹果公司收购了Chomp。谷歌公司现在拥有专注于内容的大型团队。现在有很多的初创公司从原始网页2.0的标签类站点，例如美味书签（Delicious），再到新成员，例如飞丽博（Flipboard），Summly，以及Pocket等。像Brain Pickings这样的整合信息的网站现在已经越来越受欢迎。

角让用户感到惊奇而展现出价值。因为我们得面对纷繁芜杂的信息内容，很多信息的质量很差，因而信息整合就显得尤为重要和不可或缺。智勇双全的新旧出版商能够塑造出信息整合的过程。此外，信息整合的能力还表现在出版专业的范围内，在这个领域里，斯坦福大学的计算机科学学位没有艺术和人文主义的学位重要。直觉告诉我，信息整合将成为 21 世纪重要的理念之一，它将深入以出版为主导的绝大部分经济体中，并且彻底改变它。需要投入更多的努力，才能对这个改变做出解释，请关注这个领域。

一些初创公司以及刚发展起来的机构可以作为新出版商的案例。例如，加拿大兰登书屋（Random）拥有一个博客网站 Hazlitt，该网站设计之初主要是为了达到与 Salon.com 网站同样的宗旨精神，而不是为了给用户提供传统网站一样的发布场所。事实上，绝大部分的出版商都有自己的博客或者在汤博乐（Tumblrs）上面都曾申请过账号，那些完全是门外汉的出版商才会把这些博客当作是纯营销工具。相反，他们会将这些博客变成一个社区群体，并且链接到别的图书、产品和作者上去。Unbound 采用了 Kickstarter 订阅模式，并且将这种模式应用到出版业中，在这里整个社区群体成了把门人，出版商只是简单地将一系列待出版的作品整合在一起。与电视节目制片人合作，创造适合多媒体环境的出版途径的新方向正在兴起。出版成为跨媒体融合的一部分：编辑成为生产商、内容成为营销方式，同时营销以毫无问题的方式成为内容。新出版商如出版一样种类繁多：Touch Press 会围绕参考主题，开发一些质量上乘的 iOS 应用软件；Frisch & Co. 为欧洲的生产商创造了数字化翻译的机会；Byliner 专门从事书本长度的文本内容和长篇幅新闻报道之间的内容；OR Books 注重将重要的内容直接销售给顾客；Written World 将小说写作变成一种游戏；Open Book Publishers 和 Amberst College Press 在公开获取和数字化专著写作中处于领先地位等。这些出版商还只是冰山一角；新加入者更大的系统，其新模式、机制和焦点都繁荣发展、令人困惑并令人愉快。[⊖]我列出这些出版商并不是想从中选出优胜者，只是想说明新出版商的多样性。

现在的出版商在建立新模式的过程中，必须寻找能够将他们的资产从品牌中转移到关系中的方式。在这些环境中，需要调整产品的系列组成。例如，他们得重新思考标准的操作规范，从同本领域其他对象展开激烈竞争到“竞合”、合作、分享和建立关系网，作为承受新压力的一种方式（Kung，Picard and Towse，2008）。例如，单个出版商在不与别的出版商合作的情况下，建立一个可与亚马逊或者类似主要生产链中一员匹敌的零售链将会是非常困难的。他们需要互相合作，同时内部也需要合作，减少生产过程中的大量费用以及提高多媒体内容的传播速率、功能和吸引力。

Brian O’Leary（2012）曾经说过出版商应当从内容容器转变为内容语境。虽然我认为框架的本质意味着我们不能完全离开内容容器（这是一个毫无用处的比喻），但是奥利里以语境为起点的出版已经大大地推崇了它。他认为新出版商不仅应当出版作品，并且要很积极地管理阅读消化的语境——在有很多内容的环境中，所以我们推理，如果语境不比内容多的话，也会有着和它一样多的价值。他写道，内容“不再仅仅是一件产品，它还是解决读者

⊖ 欲见详细列表，请参阅 Bhaskar（2011）。

问题的价值链的一部分”（O’Leary，2012，15）。语境主要关系到元数据——它涉及标记、链接、精心制作的元数据与开放的应用程序接口（API），这些是语境化出版的核心主题。它与 Craig Mod（2011）不谋而合，发布的线性阶段重新定义一个循环或“可写”出版模型（也称为反向价值链），其中出版是一个正在进行的与作品的互动过程，并从中获得额外的好处。史蒂芬·佩奇在他的新出版商讲座中总结得很好：出版商应该成为一个“读者和作家之间的创造性接口”（Page，2012）。这样的出版是什么样子的？需要什么样的联盟、分拆和重组才能产生这样的工作流程？

出版商与作家的关系是不稳定的。也许我们将回到 Bill Ryan（1991）称之为“表演经理人”的时代，例如大卫·盖里克（David Garrick），约翰·沃尔夫冈·冯·歌德（Johann Wolfgang von Goethe），让·拉辛（Jean Racine）和格奥尔格·弗里德里希·亨德尔（George Frideric Handel）在工业革命造成角色分离之前，他们结合了业务经理、指挥和艺术家等多重角色于一身。J.K. 罗琳可能只是冰山一角。同样专业的出版可能倾向于已经可用的内容的事后完善；因为自我出版向标准化靠拢，所以传统出版的位置转变为新的结构性角色。

反应敏捷的组织设计变得有意义，因为整个格局比以前变化更快，更不可预测。出版商可能开始思考企业家 Eric Ries（2011）所倡导的“精实创业”。从本质上讲，这意味着他们的工作流程得围绕着学习进行展开。

莱斯认为，高效的初创企业有一个目标，那就是尽可能快地了解消费者想要什么，以及搞清楚公司在哪方面可以增加价值，这意味着公司不仅需要生产产品，而且需要评估、学习，然后快速制定应对措施——这就是他所谓的“验证学习”。犯错误、认识错误、纠正错误不是工作的必经过程，而是其目标。所有商业假设都有待检验；创新是不断专注于客户结果，最终用户（读者）就是真理。

对于出版商来说，存在着一个问题，那就是经过大量投资之后，它们的最小可行性产品（MVP）(这是精实学习过程的本质）总是很晚才被生产出来（Munro，2013）。同行评审和用户反馈是出版过程的一部分，但是与数字化商业比较起来，它们就显得微不足道，其中像 A/B 和多变量测试这样的技术决定了公司的应对策略。出版商还没有一个可供测试的产品，而总是推出一个没有经过验证用户需求的完成品。即使是由大出版社推出的新书和系列书籍，也要经历一个比电视节目更为特别的测试过程。寻求更好的最小可行性产品，或至少寻找不用付出全部沉没成本就能够不断推出迭代产品的方法，这样不仅可以在艰难时期部分地降低过程中遇到的风险，而且在变化无常和竞争激烈的数字市场中，通过学习可以逐渐优化内容框架、模式以及推广手段。其他的方法要么让人什么事都不做，要么让人用困难的方式继续学习。虽然应对型出版将会在文化上和组织结构上产生巨大变化，但是它对于读者来说未尝不是一件好事。出版商将不仅从策略上受益，而且从他们与最终客户更为密切的合作关系中受益。

灵活应对方法的优势源于仍然比较模糊的新出版商的概念。在接下来的几年里，新出版商的概念很有可能仍然会模糊不清。在这种情况下，按照 Christensen（1997）的说法，我们不应该提前制定相应策略。在这里详细陈述商业或产品计划是没有用的。创造适于学习和关注的条件才是明智之举。像整合信息一样，数据很容易风靡一时，但在这种机制中它存在的价值是显而易见的；

出版商在以前缺乏丰富的数据，意味着他们得努力评估，深入了解自身的成功和失败。收集数据、深入挖掘信息，然后进行分析，改变了现实情况，这为大量实验、深入学习，最后形成自己的策略提供了可能性。如果更好地使用最小可行性产品很重要的话，那么更好地使用数据则同样非常重要。

我们已经取得了很大的进步。像培生催化剂实验室（Pearson Labs Catalyst）和麦克米伦数字化科学中心（Macmillan's Digital Science）这样的新业务部门处在创业投资基金、创业孵化器和内部创新中心之间。出版商一直都是投资对象，所以为什么不扩大投资范围呢？专注于耗费巨资的尖端技术，同时受到灵活性、颠覆性以及初创公司“快速失败”的“咒语”的影响，与出版品牌相比，他们更有可能在创业孵化器 Y Combinator 或 TechStars 上面投资。公司和产品往往成为围绕内容的工具和服务，而不是成为内容供应商。很可能最终在大型的技术组织中，原先的出版方式成了一个小的组成部分。无论发生什么，如果按计划进行的话，作为实验室，它们能够促进颠覆性创新的发生，并提供一流的宝贵信息和收入。

只有通过实验，出版商才能改变他们的审核、框架构建、推广、模式确立等方式。只有通过实验才能应对艰巨的挑战，接触不同媒体之间可行模式的行为以及围绕它们产生的问题：如何从其他数字和媒体组织的注意中获得价值；如何转向服务而不是生产产品；如何重新设计围绕读者的出版过程，而不是按照现有的工作流程和行业需求来行事。我们知道它们关系到出版的核心领域在数字化背景下如何演变。我们只是不知道它们会在哪里结束，我们也不知道集中化和碎片化的压力是否会太大。

自我定义

出版是一种适应的过程，它一直都在变化。出版商总是不明白他们的职业处于长期不稳定的状态之中，在书籍出版的背后，是飘忽不定的，这就需要出版人将适应性、即兴创作和灵活性等结合起来。从佛教的观点来看，这一点就不足为奇，因为万事万物都是变化不定的，同时也是转瞬即逝的。所幸的是，大多数出版商不断变化标题、作家、产品和市场条件，从变化更新的角度来看，他们做得不错。

最为重要的是，创造新出版商和迎接数字化挑战不是一个商业问题，而是一个概念性问题。什么是出版商？如果图书出版商给出的答案在任何时候都是“书籍的生产者和出版商”，我们就能够比较容易理解为什么在过去 200 年来，他们一直反对技术变革。如果他们认为自己是框架构建者和推广者，以及在最大的意义上认为自己是内容出版商，他们极有可能会选择面对技术和经济变革的无情现实。如果出版商将“推广的未来比当前的商业模式更为重要”这一句话谨记于心，那么就会更好。一般来说，出版商聪明机智、灵活多变，并且有着令人羡慕的商业生存能力。

然而，存在的问题仍未解决：2012 年，阿歇特出版公司（Hachette）出版了一份文件，粗略地叙述了它作为一个出版商做了什么，以及为什么它是有价值的。[⊖]公司不会无理由地发布自我界定的文件。从根本上来说，这意味着出版已经成为组织网络，

⊖ 参见 Greenfield（2011）。该文件使阅读变得更加有趣，这可以归纳为三个关键点：出版商是内容整合人，风险资本家和营销专家——他们认为，今天还是与以往一样都需要出版商。

不再是别的网络上的节点。在很久以前，出版商是社会的关键交流网络。过去 50 年来，通过不断的兼并和收购，出版商的规模越来越大。从网络的角度来看，这种不断增长的规模对于出版再次成为真正的网络可能是起着决定性而非消极的作用。

在解决利润丰厚的商业问题和策略问题之前，出版商首先必须重新定义他们的使命、角色和身份。像鲍勃·斯坦（Bob Stein）这样的思想家在几十年里一直坚持这个论点。CEO 常常会口头承诺这样去做（Garside，2012）。实际做得最好的方法在于对出版做一个基本的、专门的论述。对于出版身份未能正确认识，有如下危险：不能理解支持新内容的框架和推广形式的新技术、实践方法，以及对新模式（例如网络中的集中化）的运作方式缺乏真正的了解。如果像 Douglas Rushkoff（2010）所说的那样，编码就是新的识字方式，那么出版商在掌握识字能力之前还有一段路需要走；难道这就是他们维持生计的方式吗？⊖历史告诉我们，当它想改变的时候，出版就会发生一次华丽的转变。

结尾

数字化挑战是真实存在的。我没有关注出版商的日常活动，只是对出版史和理论做了一个总体叙述。请将这一点铭记于心，数字化出版还会出现别的情况吗？我已经提到了去中介化的分层性质，并提到印刷书籍不会消失。与出版行业即将破产这一说法

⊖ 这是克莱·舍基（Clay Shirky）所呼吁的一个观点，他认为出版是一项新的读写能力，这个能力不仅有用，而且是 21 世纪的一项基本技能（Keen 2010）。

相比，更为显著的是出版商的地位日趋没落。难道未来不是这样的吗？

有这样一种情况，即技术是缓慢变化的。在整个20世纪，人们持续高估了新技术的影响力和渗透力（Edgerton，2006）。出版并不是一个持续不断的技术发展过程，它还包括倒退期和停滞期（Raven，2007），毕竟，印刷机在300年内几乎没有什么变化。出版商不是一下就融入广播、电影和电视等新媒体之中，虽然它们拥有许多听众和观众，但是它们的影响力也没有大到可以将出版市场瓜分掉。此外，还存在着数字商业模式能否应用在出版上的重要问题。在极端情况下，我们正走向纯粹的垄断形态，所有的文化通过各大门户网站呈现出来，其中还包括奥威尔主义和各种各样的元素。通过内容赚取利润基本上是不可能的；内容是免费的；价值累积到一定程度就会形成垄断，而不是形成创造者或其他中介；并且由于缺乏足够的质量控制和艺术家激励，文化生活的一般结构遭到削弱（Keen，2008；Levine，2011；Lanier，2013）。

另一方面，在这种环境中，用詹姆斯·布里德（James Bridle）的话来说，可能“文本会呈现出新的价值”。当面对多种多样的歌舞类娱乐方式时，坐在桌前，享受阅读乐趣的价值就会显现出来。Cory Doctorow（2011）也这样认为，读者不想要花哨的功能，他们只是想聚精会神地阅读一个好故事。一个重要的观点认为，书籍、杂志报纸在数字化环境中地位没有削减，反而变得越来越重要。[1]书籍的独特性、内容以及实体结构是这个虚无缥缈世界中的重要资产。

---

[1] 详情请见Bosman（2011）的例子。

我们也可以规划另外一种未来：专注于文本、阅读和印刷，生产出精美的图书以及使图书拥有较高的经典编辑价值。到目前为止，出版商已经存活下来了。大多数读者对于在书架上摆满的图书都很满意，这样的商业模式才是正常健康的。

这里所写的一切都有待检验：这个总结可能是最好的，但实际上却未必如此。如果出版只是融入技术或大媒体之中，或不做任何改变，只是纯粹依靠自身长期留下来的、缓慢过时的内容，如果出版都选择这样的发展路线，那么内容选择和内容本身就会更加糟糕。这不是一个过渡方式，这完全是一种倒退。我可能是错的，但是情况存在着转机；如果不抓住这种机遇的话，那么还有什么用呢？

|结语|

内容机器内部

出版现象之所以有趣，是因为它具有多样性。在人类活动的历史与空间范围内，出版活动一直在进行。因为这个原因，本书的研究必有不足之处。为了最大限度地了解出版过程，在实证、分析、注释、规范等方面都需要投入更多的工作。在本书中，我从一种情境跨越到另一种情境，从一个思想家跨越到另一个思想家。一些人认为我为研究出版举的例子只是管中窥豹，本书中的总结无法让读者能够更全面地了解出版，但是我希望本书中的不同例子能够或多或少地让他们觉得满意。此外，我认为我们的社会实践是多种多样的，并且受到各种因素的制约，因此任何一种高度概括的理论都具有一定的风险性，需要投入大量的人力物力来验证该理论的真伪。但是如果我们对于任何研究都是浅尝辄止，没有进行深层次、有意义的解释工作，那么我们生活的生成机制就会显得更加无用。如果我们这样做，那么我们正是“只见树木不见森林”，我们甚至都会忽视还有“整片森林”的事实。

对于出版的任何论述，都需要内容理论作为支撑。本书中对于内容的解释只是一种概述。尽管这里没有做详细的论证，但是关于内容是什么以及如何运作，都有多种假设。我觉得公开陈述自己对于内容的理解是很有必要的。然而，如果假装我们不需要内容理论的话，那么我们在研究起点上面就犯了错误。此外，我们对于内容的看法，应当能够解释出版是如何在不同的形态下发挥作用的——《费加罗的婚礼》、流行歌曲以及“江南 Style”都属于音乐内容，并且都已经得以出版。我们对于内容的看法能够将它的不同方面串联在一起吗？或者孤立地看待内容，导致我们未能理解这些截然不同的东西为什么都属于音乐内容并且都能够被出版？

这些问题变得越来越重要。在我们的高等院校里，师生对人文学科抱有偏见。怀有敌意的政府部门以及投资者从实用主义标准出发，对人文学科发起了抨击。具有讽刺意味的是，这种情况发生在知识产权、出版产品、创意产业、版权以及文化产业等在国民经济中发挥越来越重要的时候。人文学科能够培养出机智敏捷的人才，同时若要在商业和品位之间达成平衡，需要人文学科在未来继续发挥作用。

相比较“文学”与“美术”而言，出版研究以及对“内容”和“出版”等领域的分析受到人们的冷落和忽视。它们在整个研究领域中应当受到人们的理解和重视，这才是合情合理的。对它们予以重视不仅是对人文学科严重偏见的反击，而且是它们自身具有的研究价值所决定的。它们是我们文化生活和经济发展的必要组成部分，而真正的问题在于对它们缺少应有的关注。

出版人自身没有从学术的角度特别关注出版过程，这就是为什么我认为自己的言论影响不大。如果不能从哲学的视角来看待这个问题，仅仅维持现状都很困难。有些人会认为过多的反思反而有害，就像一个运动员如果在关键时刻陷入沉思的话，往往会错失良机。我却不赞同这样的说法。

当然，出版不仅是一个学术类的问题，它更是一个实际应用类的问题，它涉及根据预选的模式来决定如何去生产、销售、传播、框架和推广内容。然而随着数字化研究路径的形成，以及互联网成为一个民主发布的平台，出版过程失去了把门人的地位。渐渐地，出版的影响力越来越小，它的实际应用类问题和学术类问题渐渐融合在一起。要想成为一名成功的数字化出版人，你需要首先了解数字化出版的影响。对于那些顽固的传统主义者来说，这种思想转变会让他们惴惴不安。

这一点非常重要，因为它关乎出版的发展。当然可以肯定的是出版商并不一直都是规规矩矩的。他们撒谎、剽窃、做假账并且狡猾地拖欠债务；他们在金钱面前可以一而再，再而三地放弃各种原则；他们操纵作者和别的任何可以操纵的人；他们由于欲望作祟或者更糟糕的是出于想快速赚钱的目的，而出版一系列诽谤他人以及会引起非议的材料，这已经污染了整个社会环境；几乎所有的出版商都“顽强”地抵制在技术、经济或者社会等方面发生的变革；他们实行垄断的政策同时建立相关的垄断组织，保护自身的利益。用詹姆斯·雷文（James Raven）的话来说就是，他们之间的交换带有“苦味和野蛮”（2007，364）。从另外一个角度来看，出版商这样做也是人之常情：投机取巧、贪得无厌、渴望生存，更渴望繁荣发展。

尽管出版拥有这些缺点，但是它创造了我们的社会环境和话语方式。几千年来，出版一直都是社会的一个必备功能，它是我们拥有文明的一个关键所在。几个世纪以来，它构成了科学和文化的基础，同时也促进了它们的繁荣发展。一个浓厚多样的出版氛围能够促使这个社会中的人善于思考、勤于思考。出版既是社会变革的催化剂，同时也是人员聚合的黏稠剂，它是一个普通的中介形式，但是它的影响力却是无法估量的。出版划定了一个社会知识系统的范围，将书店、高校、图书馆、中小学、报刊、广播电视、兴趣爱好以及商业等囊括在内。出版发生变化，将会产生重要影响，因为在一定程度上它决定“我们是谁”“我们知道什么”以及“能够知道什么”，同时它还决定用什么方式记录、阅读以及创造思想。

因此，问题不在于出版在未来是否继续存在。如果有什么不同的话，那就是出版在网络化世界中比以往显得更为重要和普遍。真正的问题在于有些人以“出版人”的身份自居，固守传统而不自知。

出版是内容机器，因为几个运作流程就可以成为出版，出版同时也是一种社会机器。然而存在着一个问题：机器时代已经终结。尽管使用蒸汽动力的机器在报刊业中率先得以使用，但是图书出版商花了很长时间才开始接受这些机器。幸运的是，在当时对于图书出版商来说，竞争不像如今这般激烈。过去的欧洲人在家就可以接触到酒、纸牌、炉火，也许还能接触到乐器，但是他们过去没有平板电脑、智能电视机、电脑以及电子游戏机。早期的出版商能够运用到的出版材料并不多。如今，每一年仅是英文书就有成千上万册被出版出来。现在对于出版的重新定义要从“内容机器”向“内容算法”转变。在未来的某个和古腾堡时代离我们一样遥远的时间里，图书可能就会被称作“内容算法”。

为了能够用理论术语将一个概念表述出来，在一定程度上将这个概念变得抽象，是有必要的。当我们用内容框架和推广的方式来表达出版的时候，当我们创造一个像“模式”这样的概念时，我们越来越不被常人理解，这就是理论的发展过程。然而，从内容机器的内部来看，这一点也显得滑稽可笑。

首先，人类创造了出版，同时出版业塑造了一群人。出版业人群的社交能力强、生活多姿多彩、见解深刻、求知欲强、思维敏捷以及灵感丰富。他们中不是所有的人都可以成为圣人，但是其中很多人都成为伟人。从抽象的视角来看，出版不仅去除了出版中激动人心的主观性，而且在某种程度上还去除了出版从业人员的人格魅力。从约翰内斯·古腾堡到约翰·莫里，加斯东·伽利玛到阿尔伯特 A. 克罗夫，萨穆埃尔·菲舍尔到詹贾科莫·菲尔特里内利，这些都是我们熟知的名字。当然也有一些伟人的名字是和出版社联系在一起的，例如在苏尔坎普出版社（Suhrkamp Verlag）里的西格弗里德·翁泽尔德（Siegfried Unseld），乔纳森·凯普（Jonathan Cape）出版社里的汤姆·马斯开尔(Tom Maschler)。不幸的是，这未能反映出出版的真实情况。多年以来，欧洲人和美国人一直垄断出版，很多出版商都是按照家长式的运作，在一小块范围内进行出版活动。同时它还忽视了大人物背后千千万万的普通人。自人类文明开始以后，他们将汗水、技艺、专业化水平以及激情全都毫无保留地奉献在出版领域里。我们期待人们的认识能够发生改变，事实上改变正在发生。

出版业正与众多发展如日中天的数据中心以及人员密集的初

创公司展开竞争，我们将出版看作一项传统的事物，而它现在依靠网络影响的系统却发展得越来越大。它需要新的内容呈现形式和模式。如果出版仍然跟人打交道的话，那么这将会是一群不同的人：一群开发人员和社会媒体专家、股东和风险投资家、系统建构师和软件工程师、业务开发主管和首席信息官、用户体验设计师和 SEO 顾问、赞助者和数据科学家、品牌设计师、后端代码研究人员、也许还有古怪的编辑人员，还有一些我们甚至难以想象的角色，然而那就是我们需要做的事情：重新对出版的身份进行定位——它是什么，它意味着什么以及它是如何运作的。以前人们就这样做过，现在还需要再做一次。真正的问题在于谁将会实施这种行为——是出版商，还是他们无法控制的网络？时间将会证明一切，让我们拭目以待。

互联网+传统企业转型
推荐图书

联网力:传统行业互联网化转型的原动力

作者：杨学成 ISBN：978-7-111-50700-0 定价：49.00元

北京邮电大学经济管理学院副院长潜心力作！
罗辑思维创始人罗振宇鼎力推荐

打通：传统企业向互联网+转型的7个关键要素

作者：何伊凡 ISBN：978-7-111-50925-7 定价：39.00元

互联网+转型必读装备书，全面呈现传统业向
互联网+转型的理念、工具和方法
雷军、陈春花等强烈推荐！

激活个体：互联时代的组织管理新范式

作者：陈春花 ISBN：978-7-111-51742-9 定价：49.00元

这是一本连接过去、现在和未来的书，这是一本重新定义管理的书，这还是一本“活书”，由你和陈老师一起书写。

事业合伙人：知识时代的企业经营之道

作者：康至军 ISBN：978-7-111-52803-6 定价：39.00元

合伙人时代已经到来雇佣制即将破灭，合伙人将取代职业经理人。有潜力的员工会以事业合伙人的身份来主导自己的事业与未来。